中国审计评论

第 20 辑

晏维龙/主编

中国财经出版传媒集团
中国财政经济出版社

图书在版编目（CIP）数据

中国审计评论. 第20辑 / 晏维龙主编. —北京：中国财政经济出版社，2023.8
ISBN 978 - 7 - 5223 - 2493 - 7

Ⅰ.①中… Ⅱ.①晏… Ⅲ.①审计－评论－中国 Ⅳ.①F239.22

中国国家版本馆 CIP 数据核字（2023）第 166401 号

责任编辑：陆宗祥　　　　　　责任印制：张　健
封面设计：卜建辰　　　　　　责任校对：张　凡

中国财政经济出版社 出版

URL：http://www.cfeph.cn
E - mail：cfeph@cfeph.cn

（版权所有　翻印必究）

社址：北京市海淀区阜成路甲28号　邮政编码：100142
营销中心电话：010 - 88191522
天猫网店：中国财政经济出版社旗舰店
网址：https://zgczjjcbs.tmall.com
北京财经印刷厂印刷　各地新华书店经销
成品尺寸：208mm×281mm　16 开　13.5 印张　295 000 字
2023 年 9 月第 1 版　2023 年 9 月北京第 1 次印刷
定价：38.00 元
ISBN 978 - 7 - 5223 - 2493 - 7
（图书出现印装问题，本社负责调换，电话：010 - 88190548）
本社质量投诉电话：010 - 88190744
打击盗版举报热线：010 - 88191661　QQ：2242791300

《中国审计评论》编委会

主　　　编：晏维龙

副　主　编：陈　骏　陈汉文

执 行 主 编：王士红

编辑部主任：马轶群

编辑部编辑：任　磊　南永清　蔡闫东

主 办 单 位：南京审计大学国家审计研究院
　　　　　　　中国审计学会审计教育分会

目　录

军队审计客体：一个理论框架

　　王会金　郑石桥 …………………………………………………………… 1

基于 AHP – DEMATEL 的国家审计人员工作压力及管理研究

　　刘国城　陈嘉琪　陈意正 ………………………………………………… 11

内部审计促进组织落实国家重大政策措施的路径

　　——基于政策措施落实难度和执行主体能力的分析

　　李　曼　陈紫昀 …………………………………………………………… 30

中央部门内部控制缺陷及其改进研究

　　——基于2014—2021年中央部门预算执行审计结果公告的视角

　　池国华　蒋志远　叶　昊 ………………………………………………… 43

知识流动视角下审计学科的知识来源、知识扩散与学科特征演化研究

　　——基于1982—2022年知网引文数据库的分析

　　贺鹏皓 ……………………………………………………………………… 57

数字化与企业内部控制质量

　　韩冬梅　马圣楠　刘建梅 ………………………………………………… 79

内部控制质量与企业杠杆操纵

　　喻　彪　杨　刚 …………………………………………………………… 111

商誉减值与审计费用

　　倪古强　展鲁溪 …………………………………………………………… 131

审计质量能否助力高杠杆企业的股权再融资实施？

　　李元祯　李　萌　曲　亮 ………………………………………………… 151

审计师与高管之间的社会网络关系影响审计重要性吗？

　　郑石桥　胡欣怡 …………………………………………………………… 178

美国联邦监察长制度的发展及启示

　　江振春　邰丽玉 …………………………………………………………… 194

军队审计客体：一个理论框架

王会金　郑石桥

（南京审计大学，江苏　南京　211815）

> **【摘　要】** 以经典审计理论为基础，从军队资源类委托代理关系出发，提出一个关于军队审计客体的理论框架。军队委托代理关系分为合约类委托代理关系、监管类委托代理关系和资源类委托代理关系，在合约类委托代理关系和监管类委托代理关系中不存在审计客体，在资源类委托代理关系中的代理人是审计客体；不同情形下的审计客体也不同，军队责任单位和军工项目是军队审计客体的两种类型。军队责任单位本身可以作为审计客体，其主要领导也可以作为审计客体，且主要领导作为审计客体具有必要性和可行性。军工项目作为审计客体只适宜于具有较大不确定性的军工项目，并且要在合同中约定审计权及审计结果运用。
>
> **【关键词】** 军队资源类委托代理关系；军队经管责任；军队审计客体；军队责任单位；军工项目

一、引言

军队是捍卫国家主权、统一、领土完整、安全和发展利益的钢铁长城，是国之重器。然而，军队在经济资源的筹措、分配、管理和使用中，仍然可能存在各种问题，因此，具有纠偏功能的审计，对军队建设能发挥重要的保障作用。军队审计保障作用的真正发挥要以科学的军队审计制度为前提，理论自信是制度自信的基础，正确地认知军队审计的各个基础性问题，是科学地建构军队审计制度的基础。本文聚焦军队审计客体这个重要的基础性问题。

作者简介：王会金（1962—），男，汉族，浙江东阳人，南京审计大学原党委副书记、副校长、博士、二级教授、博士生导师，主要研究领域是审计理论与方法。郑石桥（1964—），男，汉族，湖南耒阳人，博士、二级教授、博士生导师，主要研究领域是审计理论与实务。

现有文献关于军队审计客体形成两种观点：一是军队单位观；二是军队经济活动观。不少文献都没有贯通经典审计理论。本文拟弥补这个缺憾，以军队资源类委托代理关系为基础，提出一个关于军队审计客体的理论框架，以深化人们对军队审计客体的认知，并为科学地建构军队审计制度提供理论参考。

二、文献综述

现有文献中，未发现有专门研究军队审计客体的文献，但有一些研究军队审计的文献涉及了这个问题。总体来说，这些研究形成了两种观点，本文称之为"军队单位观"和"军队经济活动观"。

军队单位观认为，军队审计客体是军队中一定层级的单位，具体观点各异。例如，"军队审计部门应进一步加强和改进对总部机关的审计监督，加大'同级审'力度，实现对总部机关审计的制度化、常态化和规范化"（易有明，2010）[1]；军民融合发展的诸多领域，军内的单位、部门作为审计客体受军队审计部门管辖，军外的单位作为审计客体中的国有单位受国家审计机关管辖（张祥，2011）[2]；"国防动员机构和对象的多元性决定了国防动员审计对象的多元结构"，"国防动员审计不同于一般的常规审计，审计对象往往十分分散，隶属关系复杂"（何欢，2011）[3]；"从受托经济责任的角度来看，作为军队审计客体的军队所有单位和各级领导干部就是军事经济资源经管责任者"（朱殿骅，吴健茹，2018）[4]。

军队经济活动观认为，军队审计客体不是军队的单位，而是军队单位开展的经济活动，具体观点各异。例如，军队宏观审计客体为军事经济领域中的宏观管理、宏观效益及其有关的经济活动（张兆群和赵宏坤，1994）[5]；"军队审计客体是指军队各级、各部门、各企业、事业单位财务收支及等有关经济活动及其载体"（郑启航，2002）[6]；"审计客体是指军队各级部队、部门及其他单位的财务收支及有关经济活动"（肖文八，2003）[7]；"审计客体就是审计监督的对象，军队审计监督的对象是全军的财务收支及其有关的经济活动"（黄薇，2005）[8]；"军队审计工作涉及军队的事业、装备物资、基本建设、领导干部经济责任、专项工作等方方面面"（吕闽晖和吕敏蓉，2015）[9]；"在一定时间范围内对审计对象各项经济活动的审计监督，对所有负有经济责任的领导干部进行审计监督"（刘彦和刘家兴，2017）[10]；"军事工程审计全覆盖就是针对各类军事工程中的军事公共资金、军队资产、资源保护和军队领导干部履行经济责任实行全覆盖"（马保卫和李兆东，2017）[11]。

上述两种观点中，本文赞同军队单位观。根据经典审计理论，审计谁属于审计客体，而审计什么则属于审计内容，军队经济活动观是将审计内容混同审计客体了。当然，持有军队单位观的现有文献中，很少从军队资源类委托代理关系的角度来分析军队审计客体的。本文拟弥补这个缺憾，以军队资源类委托代理关系为基础，提出一个关于军队审计客体的理论框架。

三、理论框架

本文的目的是以经典审计理论为基础，提出一个军队审计客体的理论框架。审计客体的核心问题是审计谁，军队审计客体也不例外。根据经典审计理论，资源类委托代理关系中存在审计需求，无论是基于委托人的审计需求，还是基于代理人的审计需求，审计客体都是代理人，既可以是一个组织单位，也可以是这个组织单位的主要领导（郑石桥，2021；郑石桥和宋海荣，2015）[12-13]。根据上述理论，本文首先梳理军队委托代理关系，分析存在审计客体的军队委托代理关系；其次，在此基础上，具体分析军队资源类委托代理关系中的审计客体；再次，分析军队责任单位领导干部作为审计客体的必要性和可行性；最后，分析本文的观点与现有文献之观点的关系，以进一步深化对军队审计客体的认知。

（一）军队委托代理关系及审计客体的存在性

军队是国之重器，消耗的经济资源也是巨量的，在军队经济资源筹措、分配、管理和使用中形成了复杂的经济关系，这些关系的双方都存在或多或少的信息不对称。因此，根据信息经济学，这些经济关系都属于委托代理关系（张维迎，2019）[14]。基于委托代理关系中的权责安排和矛盾解决机制的不同，委托代理关系可以分为三种主要类型：一是合约类委托代理关系；二是监管类委托代理关系；三是资源类委托代理关系。

合约类委托代理关系是以完备合约为基础形成的委托代理关系，由于有完备的合约，双方都必须按合约来履行责任，也只能按合约来要求对方，对于任何一方的违约行为，对方可以通过司法诉讼来解决。通常来说，从节约交易成本出发，在合约类委托代理关系中并不存在审计需求，当然也没有审计客体。

监管类委托代理关系是监管方和被监管方之间的关系，在这种关系中，监管方只能按法律法规的条款来实施监管，而被监管方也必须按法律法规的规定接受监管，对于被监管方的违法违规行为，监管方可以进行行政制裁，对于监管方的违法违规行为，被监管方可以通过行政投诉和司法诉讼来解决。在这种关系中，相关的法律法规发挥了类似完备合约的作用，因此，这种关系实质上是以相关法律法规为合约的合约类委托代理关系，从节约交易成本出发，这种关系中通常也不存在审计需求，当然也就没有审计客体。

资源类委托代理关系中，委托人给代理人以充分的授权，通常是激励不相容、信息不对称、合约不完备、环境不确定同时存在，代理人可能出现代理问题和次优问题，因此，委托人和代理人都可能存在审计需求，因此，存在审计客体（郑石桥，2021；郑石桥和宋海荣，2015）[12-13]。

各个国家的军队经济制度都体现为相关的法律法规，根据《中华人民共和国宪法》《中国共产党章程》《中华人民共和国国防法》《中华人民共和国预算法》《中国人民解放军财务条例》等法律，我国军队委托代理关系的基本框架如图1所示。

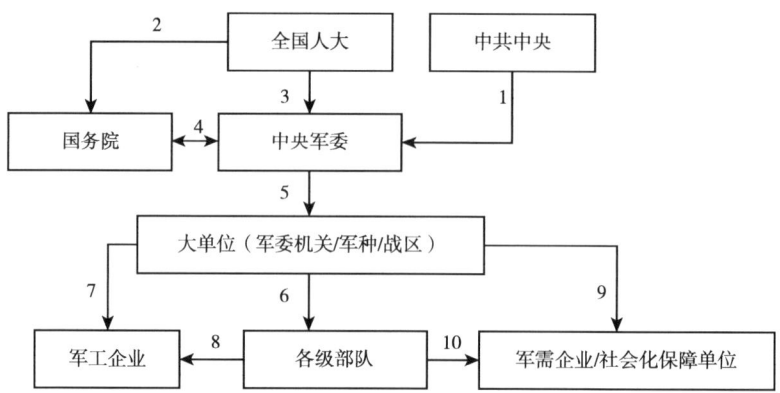

图 1　军队委托代理关系

图 1 所示的 10 种具体情形的委托代理关系，可以分为四种类型：

1. 资源类委托代理关系，关系 1、关系 2、关系 3、关系 5、关系 6 都属于这种类型。这些关系中存在审计需求①，当然也就存在审计客体，审计实务中，以关系 1、关系 2、关系 3 为基础的审计业务尚未开展。

2. 监管类委托代理关系，关系 4 属于这种情形。国务院与中央军委在军队经费管理方面存在相互协作、相互监督的关系，这种关系中不存在审计需求，也没有审计客体。

3. 合约类委托代理关系，关系 9、关系 10 都属于这种类型。通常来说，军队各级单位可以与军需企业及社会化保障单位之间签订完备合约，因此，这种关系中不存在审计需求，当然也没有审计客体。

4. 权变型委托代理关系，关系 7、关系 8 属于这种类型。这些关系都是因为武器研制和生产而形成的，通常也称为"军工项目关系"。这里的权变主要体现为军工项目的不确定性，在某些情形下，军工项目的不确定性程度较低，项目的价款及产出都可以事先确定，因此，此类军工项目可以签订完备合约，这种军工项目审计就属于合约类委托代理关系，不存在审计需求，当然也就没有审计客体。在许多情形下，军工项目的不确定性程度较高，要么是所需要的投入无法确定，要么是项目实施之后的产出无法确定，甚至是两者同时存在。在这种情形下，军队各级单位作为委托方，必须给作为承担单位的军工企业以充分的授权，这种情形下的军工项目关系，实质上是资源类委托代理关系，存在审计需求，当然也就存在审计客体。

总体来说，在军队委托代理关系中，只有资源类委托代理关系中存在审计客体，而合约类和监管类委托代理关系中并不存在审计需求。

（二）军队资源类委托代理关系中审计客体的具体分析

军队资源类委托代理关系中存在审计需求，所以，这种关系中的代理人也就是军队

---

① 王会金、郑石桥："军队审计需求：一个理论框架"，《会计之友》2022 年第 20 期。

审计的审计客体。下面，我们来分析各种具体情形的军队审计客体。

图 1 所示的军队委托代理关系中，属于资源类委托代理关系的有 8 种具体情形，不同情形下的审计客体不同。

关系 1 是中共中央与中国共产党中央军事委员会在军队管理方面的关系，中共中央是委托人，中央军委是代理人。从理论上来说，中共中央存在对中央军委就军费管理职责履行情况进行审计的需求，中央军委及其主要领导是审计客体，但审计实务中并未开展这种审计。

关系 2 是全国人大与国务院在军队经费管理方面的关系，全国人大是委托人，国务院是代理人。从理论上来说，就军队经费管理，全国人大存在对国务院就军费管理职责履行情况进行审计的需求，国务院及其主要领导人是审计客体，但审计实务中并未开展这种审计。

关系 3 是全国人大与中华人民共和国中央军事委员会在军队管理方面的关系，全国人大是委托人，中央军委是代理人。从理论上来说，全国人大存在对中央军委就军费管理职责履行情况进行审计的需求，中央军委及其主要领导是审计客体，但是，审计实务中并未开展这种审计。

关系 5 是中央军委对军队各大单位（军委机关、军种、战区）的领导关系，中央军委是委托人，各大单位是代理人。中央军委存在对各大单位进行审计的需求，审计客体可以是各大单位，也可以是各大单位的主要领导。

关系 6 是军队各大单位（军委机关、军种、战区）对各级部队的领导关系，各大单位是委托人，各级部队是代理人。各大单位存在对各级部队的审计需求，审计客体是各级部队及其主要领导。需要说明的是，军队各级部队之间同样存在资源类委托代理关系，集团军及相当单位对师旅及相当单位的领导关系、师旅及相当单位对团及相当单位的领导干部、团及相当单位对基层单位的领导关系，都属于资源类委托代理关系，这些关系中上级都存在对下级的审计需求，下级单位是审计客体，可以是下级单位作为审计客体，也可以是这些单位的主要领导作为审计客体。

关系 7 是各大单位（军委机关、军种、战区）与军工企业之间因武器装备而形成的关系。

关系 8 是各级部队与军工企业之间因武器装备而形成的关系，这两种关系的性质相同，都是因为武器的研制和制造而形成的关系，通常也称为"军工项目关系"。当军工项目存在较大的不确定性时，此时的军工项目关系实质上就是资源类委托代理关系，军队单位存在对军工企业进行审计的需求，但是，需要注意的是，并不将整个军工企业作为审计客体，而是将军工企业内部与军工项目相关的内部机构作为审计客体，这种审计客体简称为"军工项目"（与此相一致，其他各种情形下的审计客体也就可以简称为"军队责任单位"）。由于军队单位作为军工项目委托人，通常无法将军工项目审计结果与军工项目主要负责人的个人利益联系起来，并且，军队单位也不是与军工项目负责人形成项目委托关系，而是与军工企业形成这种关系，所以，军队审计中，通常不以军工项目负责人作为审计客体。需要特别说明的是,军工项目作为审计客体,需要在该项目的合同中明确规定,因为在高度不确定性环境下的军工项目虽然具有资源类委托代理关系的实质,但是,从表象来说,双方还是有合同,如果不在合同中约定由委托方对承制方就项目相关事项进行审计,则有违约之嫌;同时,还要在合同中约定好审计结果的运用,如将审计结果作为财务结算的依据等。当然,也可以在相关的法律法规中明文规定这种审计权及审计结果的运用,此时的明文规定就可以替代合同约定。

以上所述的8种具体情形的军队资源类委托代理关系中的审计客体,归纳起来如表1所示。

表1　　　　　　　　　　　军队审计客体

标识	委托代理关系	委托人	代理人	审计客体
关系1	中共中央与中国共产党中央军事委员会在军队管理方面的关系	中共中央	中央军委	中央军委及其主要领导(实践中尚未开展)
关系2	全国人大与国务院在军队经费管理方面的关系	全国人大	国务院	国务院及其主要领导(实践中尚未开展)
关系3	全国人大与中华人民共和国中央军事委员会在军队管理方面的关系	全国人大	中央军委	中央军委及其主要领导(实践中尚未开展)
关系5	中央军委对军队各大单位(军委机关、军种、战区)的领导关系	中央军委	各大单位(军委机关、军种、战区)	各大单位及其主要领导
关系6	各大单位对各级部队的领导关系	各大单位	各级部队#	各级部队及其主要领导
关系7	各大单位与军工企业之间因武器装备而形成的关系※	各大单位	军工企业	军工项目
关系8	各级部队与军工企业之间因武器装备而形成的关系※	各级部队	军工企业	军工项目

#各级部队之间还存在资源类委托代理关系,下级部队及相当单位是审计客体。
※仅限于不确定性较高的军工项目。

以上分析了各种具体情形下的审计客体,与此相关的一个问题是如何理解军队审计全覆盖。2015年,在中国共产党第十八届中央纪律检查委员会第五次全体会议上,中央军委主席习近平强调"军队审计没有禁区,要实现审计全覆盖,军队所有单位的经济活动和各级领导干部履行经济责任的情况都要接受审计监督"。中央军委于2019年10月发布的《关于加强新时代军队审计工作的意见》明确提出,"持续推进审计监督全覆盖"。一些文献分析了影响军队审计全覆盖的因素并提出了实现军队审计全覆盖的措施(刘学云和徐波,2016;葛建友和彭战武,2018)[15-16]。

本文认为,实现军队审计全覆盖的前提是正确地理解军队审计全覆盖,如果错误地理解了军队审计全覆盖,即使实现了这种全覆盖,其实际价值也不大。现有文献及军队审计实务对审计全覆盖有多种层面的理解(陈惠强,2018)[17]。本文认为,从最基本的含义来说,军队审计全覆盖需要从两个层面来理解:

1. 从法律意义上明确"军队所有单位的经济活动和各级领导干部履行经济责任的情况都要接受审计监督",从审计客体来说,就是军队所有单位和各级领导干部都纳入了军队审计客体的范围,这在2017年1月1日起施行的《中国人民解放军审计条例》中已经做到。

2. 以什么频度对纳入审计客体军队单位和领导干部进行审计。目前,有三种观点:第一种观点是每个年度都审计一次,也就是每年对所有的审计客体都审计一次,这是许多非审计人士根据词义来理解审计全覆盖而得出的结论。很显然,这种观点有失偏颇。虽然军队审计是应对军队经管责任履行中代理问题和次优问题的机制,但是,审计本身是有成本的,如果对一些代理问题和次优问题很少的单位也进行审计,则难以产生审计效益,以年度作为审计频度并不一定符合成本效益原则。第二种观点是将审计客体区分为重点单位和非重点单位,对重点单位是每年都要审计,而对于非重点单位是在一个周期(通常是五年)内至少审计一次。这种做法看起来有道理,但是,问题的关键是如何区分重点单位和非重点单位,如果区分不当,则可能导致审计资源的错配,并且重点单位和非重点单位也不可能一定是五年不变化,所以,这种观点实施后的效果难以保障。第三种观点是风险导向年度计划模式,对全部审计客体每年都进行风险评估,以评估结果为基础,按风险高低来选择纳入年度审计计划的审计客体。这种方法的关键是如何进行风险评估,《中华人民共和国国家审计准则》提出了一个基本的方法,美国审计署也有较成熟的方法(魏昕,2008)[18]。上述三种观点中,本文主张风险导向年度计划模式,因为分为重点单位和非重点单位的方法可以看作简化的风险导向年度计划模式,重点单位可以看作高风险审计客体,而非重点单位可以看作风险不高的审计客体。

当然,对军队审计全覆盖,还可以从资金、审计内容、审计目标等角度来理解,限于本文的研究主题,这里不展开讨论。

(三) 军队责任单位领导干部作为审计客体的必要性和可行性

通过以上分析可知,8种具体情形的军队资源类委托代理关系中,有5种情形的审计客体是军队责任单位,对于这种审计客体,既可以将军队单位作为审计客体,也可以将这个军队单位的主要领导作为审计客体,前者是各类审计的普遍做法。那么,军队责任单位主要领导为什么要审计客体呢?我们从必要性和可行性两个方面来分析。

从必要性来说,在中国当代环境下,军队审计如果不能将审计结果与军队单位主要领导的个人利益密切关系起来,则这种审计发挥的效果是会大打折扣的,审计发现的问题难以整改,并且对以后同类事项的预防作用也不大。因此,军队审计要真正发挥作用,必须使军队审计的主要领导重视审计结果及其运用。但是,如果将对一个军队单位的审计结果直接与这个单位的主要领导的个人利益密切关联起来,这是有失公允的。其原因是,我军实行党委领导下的首长分工负责制,即使是军队单位的主要领导,也不能将军队单位履行军队经管责任的结果作为这个人单位主要领导个人履行军队经管责任的结果。因此,必须在鉴证军队单位经管责任履行情况的基础上,通过责任界定或认定来确定这个单位的主要领导应该承担的责任份额,并在基础进行责任评价,这样得出的审计结果就具有客观公平性，将这种审计结果与领导干部个人利益密切关联起来，就能实现促进领导干部更好地履行其承担的军队经管责任之目的（郑石桥，2018）[19]。

从可行性来说，关键在于分清楚军队单位经管责任履行情况和军队单位主要领导个人的经管责任履行情况。如果无法对二者进行区分，那么以军队单位主要领导干部作为审计客体也就不具有可行性。前面已经提到，我军实行党委领导下的首长分工负责制，即使是主要领导，其本身也是有分工的，因此，可以一定程度上将主要领导履行军队经管责任的结果从这个军队单位履行军队经管责任的结果中分离出来，这就为将军队单位主要领导作为审计客体奠定了基础。

正是由于上述必要性和可行性，我军早在1988年就开始探索军队领导干部经济责任审计；2004年12月，当时的四总部联合发布《军队领导干部经济责任审计规定》；2013年9月2日，中央军委发布《关于加强和改进军队领导干部经济责任审计工作的意见》；2020年6月，中央军委发布修订后《军队领导干部经济责任审计规定》，领导干部经济责任审计是军队审计业务的重要类型。

（四）本文的观点与现有文献观点的关系

本文以上提出了一个军队审计客体的理论框架，为了进一步深化对军队审计客体的理解，我们用这个理论框架来分析关于军队审计客体的现有观点。本文前面的文献综述指出，现有文献形成关于军队审计客体的军队单位观和军队经济活动观。军队单位观认为，军队审计客体是军队中一定层级的单位。本文从军队资源类委托代理关系出发，将军队审计客体区分为军队责任单位和军工项目，军队责任单位包括"军队中一定层级的单位"，但是，有些军队丙单位不一定属于军队单位。例如，图1中关系2中的国务院也承担了一些军队经济管理责任，因此，也属于军队责任单位，但是，不属于军队单位。同时，本文的理论框架还提出军工项目是另一类审计客体，扩展了现有理论。军队经济活动观认为，军队审计客体是军队单位开展的经济活动，这种观点是混淆了审计客体和审计内容，"军队单位开展的经济活动"是审计内容，不是审计客体，当然，从接受审计的单位来说，这种观点也认为是"军队单位"。

四、结论

军队审计对军队建设发挥重要的保障作用。本文以经典审计理论为基础，从军队资源类委托代理关系出发，提出一个关于军队审计客体的理论框架。

军队委托代理关系分为合约类委托代理关系、监管类委托代理关系和资源类委托代理关系。合约类委托代理关系和监管类委托代理关系中不存在审计需求，当然也没有审计客体。资源类委托代理关系中，委托人和代理人都可能存在审计需求，这种关系中的代理人是审计客体。

我国有多种具体情形的军队资源类委托代理关系，不同具体情形中的审计客体不同，中央军委及其主要领导、国务院及其主要领导、军队各大单位及其主要领导、各级部队及其主要领导、军工项目都可能成为军队审计客体。在实际工作中，尚未开展以中央军委及其主要领导、国务院及其主要领导作为审计客体的审计业务。除军工项目之外的各类审计客体，都是承担军队经管责任的单位，也称为军队责任单位，其审计客体可以是这个组织单位，也可以是这个组织单位的主要领导。军工项目作为审计客体只适用于具有较大不确定性的军工项目，并且要在合同中约定审计权及审计结果运用。

军队责任单位领导干部作为审计客体具有必要性和可行性，从必要性来说，是为了将审计结果与领导干部个人利益密切关联起来，以实现促进领导干部更好地履行其承担的军队经管责任；从可行性来说，我军实行党委领导下的首长分工负责制，可以一定程度上将主要领导履行军队经管责任的结果从军队责任单位履行军队经管责任的结果中分离出来。

本文的研究启示我们：军队审计客体有丰富的理论逻辑，在审计制度建构和审计实践中，要充分尊重这些理论逻辑，否则，将会导致审计制度缺陷、审计实践效果不好等问题。

参考文献：

[1] 易有明. 军队审计"免疫系统"功能实现的途径 [N]. 中国审计报，2010-12-6 (8).
[2] 张祥. 论军民融合发展条件下的军地联合审计 [J]. 财会月刊，2011 (11)：71-73.
[3] 何欢. 国防动员审计特点及策略研究 [J]. 现代商贸工业，2011 (5)：188-189.
[4] 朱殿骅，吴健茹. 军队审计和国家审计的关系——政治学的视角 [J]. 中国审计评论，2018 (1)：11-25.
[5] 张兆群，赵宏坤. 试论宏观军事经济审计 [J]. 军事经济研究，1994 (4)：46-48.
[6] 郑启航. 中国军事后勤百科全书（军队审计卷）[M]. 北京：金盾出版社，2002.
[7] 肖文八主编. 军队审计学 [M]. 北京：军事科学出版社，2003.
[8] 黄薇. 论军队审计监督与军队财务监督之异同 [J]. 军事经济研究，2005 (9)：72-74.
[9] 吕闽晖，吕敏蓉. 一种基于偏序概念空间的军队审计成果统计方法 [J]. 海军工程大学学报（综合版），2015 (4)：66-68.
[10] 刘彦，刘家兴. 关于地区审计中心实现审计监督全覆盖问题研究 [J]. 国防，2017 (7)：34-36.
[11] 马保卫，李兆东. 军事工程审计全覆盖初探 [J]. 中国内部审计，2017 (4)：80-83.
[12] 郑石桥. 审计基础理论 [M]. 北京：中国人民大学出版社，2021.
[13] 郑石桥，宋海荣. 政府审计客体：理论框架和例证分析 [J]. 会计之友，2015 (16)：126-132.
[14] 张维迎. 博弈论与信息经济学 [M]. 上海：格致出版社，2019.
[15] 陈惠强. 对军队审计全覆盖的思考 [J]. 海军工程大学学报（综合版），2018 (1)：74-76.
[16] 刘学云，徐波. 新常态下对军队审计监督全覆盖的思考 [J]. 行政事业资产与财务，2016 (21)：89+83.
[17] 葛建友，彭战武. 试论新常态下对军队审计监督全覆盖的思考 [J]. 纳税，2018 (23)：197+200.
[18] 魏昕. 美国政府审计中风险评估的运用及借鉴 [J]. 中国审计，2008 (12)：50-51.
[19] 郑石桥. 领导干部经济责任审计需求：理论框架和例证分析 [J]. 财会月刊，2018 (15)：138-143.

The Auditee of Army Audit: A Theoretical Framework

Wang Huijin   Zheng Shiqiao

(Nanjing Audit University, Nanjing   211815)

[**Abstract**] Based on classical audit theory and the resources based principal – agent relationship in army, this paper puts forward a theoretical framework about the auditee of army audit. The principal – agent relationship in army can be divided into contract principal – agent relationship, supervision principal – agent relationship and resource based principal – agent relationship. There is no auditee in contract principal – agent relationship and supervision principal – agent relationship. The agent in resource based principal – agent relationship is the auditee, and the auditee is different in different specific situations. Army accountability entity and army projects are two types of army auditees. The army accountability entity itself can be used as the auditee, and its main leader can also be used as the auditee. It is necessary and feasible for the main leader to be taken as the auditee. As the auditee, military projects are only suitable for military projects with greater uncertainty, and the audit power and application of audit results should be stipulated in the contract.

[**Key words**] Resources Based Principal – agent Relationship in Army; Army Accountability; Army Auditee; Army Accountability Entity; Military Project

基于 AHP – DEMATEL 的国家审计人员工作压力及管理研究

刘国城　陈嘉琪　陈意正

（南京审计大学　会计学院，江苏　南京　211815）

> 【摘　要】随着我国经济社会发展面临的严峻挑战以及国家审计数智化的转型升级，我国审计人员在工作中面临的压力逐步增大。新时代，如何感知并管理国家审计人员的工作压力已成为审计机关极为关注的问题。本文在文献梳理的基础上，首先，基于个人因素、工作因素、组织因素与环境因素四个层面设计国家审计人员工作压力源指标体系；其次，借助 AHP – DEMATEL 方法探索国家审计人员工作压力模型的构建机制与运行步骤；最后，探析国家审计人员工作压力管理的优化策略，以期为国家审计机关加强审计人员的工作压力管理实践提供理论支持。
>
> 【关键词】AHP – DEMATAL；国家审计；审计人员；工作压力；压力管理

随着经济的迅猛发展和社会的不断进步，国家审计在社会各方面的影响力越来越大。审计主体是审计资源中最为关键的要素之一，高质量审计任务的完成需要审计人员具备良好的审计道德与过硬的业务素质。然而，当前国家审计人员在工作中面临着较多的压力，国家审计机关应高度关注国家审计人员的工作压力及其管理问题。2021年6月22日，中共中央审计委员会办公室、审计署印发《"十四五"国家审计工作发展规划》并提出，"审计工作任务重与力量不足的矛盾较突出，干部队伍能力素质不能完全适应审计事业发展需要，审计信息化建设需进一步加强，审计组织方式需进一步优化"。2023年1月12日，侯凯审计长在全国审计工作会议上强调，"培养鼓励支持广大审计人员敢于担

基金项目：江苏高校哲学社会科学研究项目（2022SJZD057）；江苏省研究生科研与实践创新计划项目（SJCX23_1032）；江苏高校"青蓝工程"中青年学术带头人资助项目；江苏高校优势学科建设工程资助项目（PAPD）。

作者简介：刘国城（1978—），男，内蒙古赤峰人，南京审计大学会计学院教授，管理学博士，主要研究方向为国家审计理论；陈嘉琪（2000—），女，江苏淮安人，南京审计大学会计学院2022级会计硕士，主要研究方向为国家审计实务；陈意正（2000—），男，上海人，南京审计大学会计学院2022级会计硕士，主要研究方向为国家审计理论。

当、敢于碰硬，在职责范围内大胆监督、如实报告；着力提升斗争本领，通过强化专业知识学习研究和审计项目实践历练，培养提升能查能说能写本领"。由此可见，国家审计人员职能的发挥对社会的影响越来越大，同时，国家审计人员的工作压力问题应该得到社会更为广泛的关注。

工作压力是指个体在工作环境中受到的各种身体、心理和社会方面的压力。工作压力往往由工作过载、角色要求、任务要求、沟通障碍等因素而引发，它具备随着企业发展扩大而不断增大的特点（王欣，2016）[1]。国家审计人员个体的压力状态与审计项目的质量和进度、审计环境的变化和审计行业的发展密不可分，且国家审计工作还存在着环境特殊、任务复杂等特性。经济的发展和社会的进步都对审计人员提出了更高的要求，加之审计工作责任大、任务重、项目难度高、时间紧等，这些因素相互叠加，共同促使一些审计人员在工作中产生压力，出现紧张、焦虑等症状，进而导致执业压力过重，甚至产生离职倾向。为强化国家审计机关对审计人员工作压力的重视，本文在构建国家审计人员工作压力源指标体系的基础上，采用 AHP – DEMATAL 方法对审计人员压力的来源开展建模分析，并探寻有关工作压力管理的优化策略，相关结论能够为国家审计机关有效开展审计人员压力管理实践提供思路与建议。

一、文献回顾

（一）工作压力理论模型的构建

工作压力理论的产生与发展大多是围绕动态认知观展开的。动态认知观认为，工作压力是由环境刺激触发进而引发个体认知和生理变化（贺琦和张金锁，2019）[2]。有关工作压力模型的研究主要集中于：（1）个体—环境匹配模型。French 和 Caplan（1982）认为，引起压力的因素不是单独的环境因素或个人因素，而是个人和环境相联系的结果[3]。由于行为是个体与环境之间的反映，因此工作压力源自个体能力与工作要求不相匹配。(2) 认知交互模型。该模型表明，压力既不是环境刺激，也不是人的性格特征，更不是一个反应，而是需求以及理性地应对需求之间的联系。Folkman 等（1986）认为，工作压力是人和环境之间的一种特殊关系，个体和环境在时间上、工作任务或活动上，都是动态关联的[4]。(3) JDC、JDR 模型。根据 Karasek（1979）提出的工作要求—控制压力模型（JDC）可知，工作要求和工作控制是工作压力的主要来源，工作压力产生的结果取决于二者的共同作用[5]。在 JDC 模型基础上，工作要求—资源模型（JDR）应运而生，其更为全面地解释了工作压力因素是工作要求和工作资源的共同作用结果。(4) 付出—回馈失衡模型。该模型由 Siegrist（1996）提出，他从付出、回馈和过度投入三个维度探讨了工作压力的产生机制和作用机理[6]，该模型被广泛应用于多个领域。楚克群和宋国萍（2016）认为，可将此模型引入组织公平这一变量，提出付出—回馈动态交叉失衡模型[7]。(5) 挑战性压力与阻碍性压力模型。Cavanaugh 等（2000）提出工作压力和工作产出之间的关系取决于不同工作的压力特点,他们根据工作压力属性,将压力分为挑战性压力和阻碍性压力[8]。吴士健等(2021)认为,挑战性压力能够显著正向影响员工工作状态,而阻碍性压力则相反[9]。

(二)工作压力的管理与调节

工作压力又称为"职业应激",压力的来源被称为"应激源"。在应激状态下,工作人员会产生一系列生理反应、情绪体验和心理反应。如何调节应激反应,对于员工管理压力至关重要。正确的压力管理能够显著正向影响工作自我效能感、工作态度和行为、工作投入、工作满意度等(黄海艳和陈莉莎,2015)[10],从而有效地帮助审计人员缓解个体的压力体验,减轻压力的负面效应,进而提升工作绩效。有关工作压力的管理与调节表现在两个层面:一是组织层面。组织发挥宏观作用,改善内外部条件,并以此为员工减轻工作压力。韩平等(2017)认为,组织所创造的信任环境能够在组织内部营造良好的氛围[11],改善团队成员的心理状态。周文莉等(2020)认为,组织需要在物质基础与精神健康方面给予员工资源支持[12],当员工从中获取激励后,其心理资源得到平衡,进而缓解员工的工作压力。二是个人层面。在工作中,个人若能够积极发挥主观能动性,则其可更有效地调节工作压力。李乾文和范晓央(2018)认为提高自我压力管理技能是员工应对工作压力的重要方式[13]。员工应自发调动积极情绪应对工作中的压力,如通过不断学习,提高自我发展能力;再如,以乐观的态度应对人际关系,积极发展个人兴趣爱好等。

(三)国家审计工作人员的压力来源与分类

压力源的结构和重要程度依工作性质和人类统计学特征等的不同而存在很大的差异。诸多学者认为,工作压力来源与工作本身的负荷程度、工作中的人际关系等具有较强的联系,国家审计人员的工作压力来源也不例外。通过文献梳理可知,国家审计人员工作压力来源于两个方面:一是外部因素。主要涵盖组织特点、工作特点、环境特点等因素,它们是外界环境施加给审计人员的压力。罗文波和李敏鑫(2019)认为,客户管理层给予的时间要求给审计人员带来较大的工作压力[14];周文莉等(2020)认为,审计人员的工作压力存在于社会关系方面[12]。此外,社会责任、执业压力与执业风险也成为审计人员工作压力的来源(薛文艳,2021)[15]。由此可见,国家审计人员的压力来源与其工作本身的强度和环境资源密不可分。二是内部因素。李秀恩等(2021)对审计人员职业压力进行内因分析,揭示了个体因素产生的压力源主要体现在岗位晋升追求、工作和家庭生活冲突、工作人际关系等[16]。李乾文和范晓央(2018)基于个人能力与需求的差距、学习提升困难、工作与学习平衡、工作与家庭的平衡等内部因素视角[13],阐释国家审计人员工作压力源的作用机理。周文莉等(2020)指出,审计人员在自身没有足够的能力与资源去应对工作压力时,会导致情绪内耗,无法调节[12],进而导致工作压力进一步加剧。

(四) 文献述评

有关国家审计人员工作压力的文献成果较为稀缺，且相对分散，难成体系。学术界对国家审计人员工作压力的研究多以实证研究为主，如将工作压力作为自变量或中介变量开展研究，或探索工作压力源分类与压力后果之间的关系，或分析有关压力源因素对工作压力的作用机制，抑或采用数学方法来确定某个影响力较大的压力源因素。已有研究存在两点不足：一是忽视了有关各个压力源因素之间的相互影响的机理分析；二是对国家审计人员的压力管理策略的分析相对宏观，缺乏针对性，不够细致与全面。有鉴于此，本文通过专家研讨，首先，构建国家审计人员工作压力源指标体系且对具体指标进行赋分；其次，建立 AHP – DEMATEL 模型，并分析比较压力源因素之间的相互影响度；最后，提出国家审计人员工作压力管理的优化策略，旨在为国家审计机关如何管理审计人员的工作压力提供实务借鉴。

二、国家审计人员工作压力源指标体系的设计

首先，本文借鉴李乾文和范晓央（2018）[13]、李秀恩等（2021）[16]、柳恒超等（2022）[17]对工作压力源因素的识别与分类；其次，在 2022 年 11 月，邀请审计学、人力资源管理学、应用数学等领域的 11 名理论学者与实践专家对国家审计人员工作压力源因素进行考察设计，进而构建国家审计人员工作压力源指标体系。国家审计人员工作压力源因素指标体系中的一级指标由个人、工作、组织与环境四类构成，再由四类一级指标延伸出二级指标，具体见表 1。

(一) 个人因素下的工作压力源指标

随着社会的不断进步，国家审计工作对审计人员个体的专业素质和职业道德提出了更高的要求。国家审计工作不仅要求审计人员自身技术过硬，而且还要求审计人员对宏观政策、行业制度、经济环境都要全面把握（陈献东，2022）[18]。缺乏有效的沟通、协调、辩证思维、逻辑推理、自我发现、总结归纳、知识创新、自我发展等能力，将会给审计人员在处理审计事务时带来一定的阻碍和压力。上述个体因素下的工作压力源都是由审计人员个体所引发的，通过审计人员自身的长期努力，它们能够被消除，审计人员个体的综合素质也会有效提升。

(二) 工作因素下的工作压力源指标

在工作因素方面，工作量大、时间紧、任务重、要求高、责任大、工作期望高、职业道德要求高等已经逐步成为国家审计人员工作压力的主要来源。此外，国家审计人员身为公职人员，代表着国家利益，具有较强的荣誉感，因而审计人员会对工作的未来职业规划具有较高的期望。然而，当国家审计人员在工作中遇到工作需求与自身能力不匹配，或者组织供给与个人需求不匹配，则会产生工作因素下的工作压力，进而影响工作

态度，甚至出现职业倦怠。

（三）组织因素下的工作压力源指标

组织因素下的工作压力源指标包括薪酬增长机会、职务晋升机会、组织结构与倾向、角色模糊与冲突、审计资源限制、团队合作水平、决策参与度以及知识协调能力等。薪酬与晋升是影响工作人员工作态度和行为的关键因素，国家审计人员也不例外。当审计人员在组织中获取的报酬与付出不匹配时，他们会产生挫败感，进而影响工作动力。组织结构一般分为职能结构、层次结构、部门结构、职权结构四个方面。上述结构的合理性、灵活性和适应性，将会对国家审计人员的工作与职位产生深远的影响，因而将其嵌入组织因素下压力源二级指标中。在组织中，国家审计人员被赋予的权利决定了其自身参与组织决策的程度；提高员工参与决策的水平和积极性，能够降低员工对工作目标、工作预期、工作评价之类问题的不确定感和压力感。此外，审计资源限制、团队合作水平与知识协调能力也是组织因素下影响工作压力的常见因素，审计工作的顺利开展离不开组织内部的资源供给程度、知识共享高度与团队配合程度。

（四）环境因素下的工作压力源指标

环境因素下的工作压力源指标涵盖政策法规制度、人际关系处理、知识增长需求、职业风险、审计对象配合度、知识异质性、社会监督、内外部约束等。在审计现场，审计人员自身的技能与素质固然重要，但审计对象的配合度、审计过程中人际关系的处理、审计团队成员的知识异质性等都起到了举足轻重的作用，它们都是审计人员压力的来源。此外，审计依据的选择、审计证据的获取等事项要求审计人员必须熟悉与审计工作相关的各项政策法规制度，且随着经济活动的日趋复杂以及法规制度的不断更新，审计人员还需通过不间断的学习以满足有关审计工作的知识增长需求，消除审计风险，以更好地应对社会监督和内外部约束。上述压力源指标都将带给审计人员无形的压力，迫使审计人员必须通过不断更新自身的知识储备，持续强化自身的实践技能，进而积极适应审计工作环境的动态变化。

表1　国家审计人员工作压力源指标体系的设计

一级指标	二级指标	具体解释
个人因素 B_1	沟通能力 S_1	在审计工作中，需要针对相应事项，面向不同对象开展沟通交流
	协调能力 S_2	面对复杂的审计事项，需要审计人员合理安排审计事务
	辩证思维能力 S_3	面对棘手的审计任务，审计人员要用辩证思维处理问题
	逻辑推理能力 S_4	针对于复杂的情况，逻辑推理能力决定了审计过程的效率高低
	自我发现能力 S_5	对于复杂的审计知识，认真思考，重新认识并突破自我
	总结归纳能力 S_6	对于审计知识、经验和规律进行总结与归纳
	知识创新能力 S_7	对审计知识和方法等的更新，提高知识创新力有助于促进审计人员的职业发展，减少审计工作压力
	自我发展能力 S_8	审计人员的自我进步和提升，在一定程度上缓解工作压力

续表

一级指标	二级指标	具体解释
工作因素 B_2	审计工作量大 S_9	审计工作本身存在数量大、细节多等特点
	审计时间紧 S_{10}	审计工作在一定时间内有特定的要求
	审计任务重 S_{11}	审计任务复杂，交派的工作多
	审计要求高 S_{12}	审计人员需要满足特定的审计需求与要求，满足特定的目标
	审计责任大 S_{13}	审计工作需要承担一定的责任和职责
	工作期望 S_{14}	审计人员对工作结果等存在预期或期望
	职业道德操守 S_{15}	审计人员在工作中需要严格恪守职业道德规范
组织因素 B_3	薪酬增长机会 S_{16}	在组织中，审计人员在未来获得的薪酬增长机会
	职务晋升机会 S_{17}	在组织中，审计人员在未来获得的职务晋升机会
	组织结构与倾向 S_{18}	单位的组织结构影响审计人员的工作和职位
	角色模糊与冲突 S_{19}	家庭角色期望与工作角色期望之间的冲突
	审计资源限制 S_{20}	所拥有的审计资源不足以解决审计问题
	团队合作水平 S_{21}	工作团队中的合作程度与合作效率
	决策参与度 S_{22}	工作团队中，针对特定工作决策的参与程度
	知识协调能力 S_{23}	相互补充的知识的储备以及不同知识之间的协调配合
环境因素 B_4	政策法规制度 S_{24}	审计人员开展审计工作中所应熟知的现有法律、法规和制度
	人际关系处理 S_{26}	审计工作中，人与人之间直接的心理关系
	知识增长需求 S_{27}	社会进步和环境变化对审计人员知识储备和增长的需求
	职业风险 S_{28}	在审计工作中具有一定发生频率并由审计人员承受的风险
	审计对象配合度 S_{29}	被审计方对于审计人员、审计过程的认同度
	知识异质性 S_{30}	由于个体的教育背景、工作经验、生活经历等一系列因素产生的个人知识和经验的差别
	社会监督 S_{31}	社会公众对国家审计工作的监督
	内外部约束 S_{32}	国家审计机关内外部事项对审计人员的限制和约束

三、国家审计人员工作压力模型的构建与运行

（一）依托 AHP 方法，确立国家审计人员工作压力源指标的组合权重

1. 2022 年 11 月，笔者邀请上文提及的 11 名专家召开研讨会，设计有关国家审计人员工作压力源因素的重要性比例标度，将不同压力源因素之间的重要性程度分为一般重要、较为重要、较强重要、强烈重要、极为重要五个等级，并对上述五个等级的相对重要性程度在 1—9 之间进行量化赋分，具体如表 2 所示。

表2　　　　　　　有关国家审计人员工作压力源因素的重要性比例标度表

因素i与因素j相比较	量化值
一般重要	1
较为重要	3
较强重要	5
强烈重要	7
极为重要	9
两相邻判断的中间值	2, 4, 6, 8
两个要素相比,后者比前者的重要性标度	倒数

2. 依据表2的重要性比例标度表,首先,邀请专家将表1中的4个一级指标之间的相对重要程度进行量化赋分；其次,根据打分结果构建判断矩阵 $B = (b_{ij})_{n \times n}$,其最大特征值 λ_{max} 和相应的特征向量 $W = [w_1, w_2, w_3, \cdots, w_n]^T$ 满足关系式：$BW = \lambda_{max} W$。特征向量 W 中的元素 W_i 即对应为四个一级指标的压力源因素的权重特征值 B_i。B_i 计算过程如式(1)所示,进而得出表3中的 B_1、B_2、B_3、B_4 值,分别为7.91%、32.62%、28.77%、30.70%；再次,根据式(2),计算得出最大特征值 λ_{max},用以对矩阵 B 进行一致性检验。最后,采用式(3)进行一致性检验,其中,CI为一致性指标,RI为随机一致性指标(取值见表4)。当CR<0.1时,表明矩阵 B 的一致性可接受。依计算结果可知,CR值小于0.1,矩阵 B 通过一致性检验,表明数据具有可靠性与稳定性。

$$w_i = \frac{\overline{w}_i}{\sum_{i=1}^{n} \overline{w}_i}, \text{其中} \overline{w}_i = \sqrt[n]{\prod_{j=1}^{n} b_{ij}}, n \text{为判断矩阵阶数} \tag{1}$$

$$\lambda_{max} = \sum_{i=1}^{n} \frac{(BW)_i}{nw_i}, \text{其中} n \text{为判断矩阵阶数} \tag{2}$$

$$CR = \frac{CI}{RI}, \text{其中} CI = \frac{\lambda_{max} - n}{n-1}, n \text{为判断矩阵阶数} \tag{3}$$

表3　　　　　　　国家审计工作人员压力源指标的组合权重

因素 (S_i/B_i)	B_1（个人因素）7.91%	B_2（工作因素）32.62%	B_3（组织因素）28.77%	B_4（环境因素）30.70%	组合权重 (m_i)
S_1	0.147%				1.86%
S_2	0.136%				1.72%
S_3	0.148%				1.87%
S_4	0.171%				2.16%
S_5	0.204%				2.58%
S_6	0.207%				2.62%
S_7	0.184%				2.32%
S_8	0.224%				2.84%
S_9		0.942%			2.89%

续表

因素 (S_i/B_i)	B_1（个人因素）7.91%	B_2（工作因素）32.62%	B_3（组织因素）28.77%	B_4（环境因素）30.70%	组合权重 (m_i)
S_{10}		1.064%			3.26%
S_{11}		0.860%			2.64%
S_{12}		0.822%			2.52%
S_{13}		1.003%			3.07%
S_{14}		0.828%			2.54%
S_{15}		0.982%			3.01%
S_{16}			0.939%		3.27%
S_{17}			1.012%		3.52%
S_{18}			0.956%		3.32%
S_{19}			1.018%		3.54%
S_{20}			0.949%		3.30%
S_{21}			1.048%		3.64%
S_{22}			0.970%		3.37%
S_{23}			0.937%		3.26%
S_{24}				1.145%	3.73%
S_{25}				1.355%	4.42%
S_{26}				1.355%	4.41%
S_{27}				1.260%	4.11%
S_{28}				0.978%	3.19%
S_{29}				1.083%	3.53%
S_{30}				1.188%	3.87%
S_{31}				1.119%	3.65%
S_{32}				1.230%	4.01%

表4　　　　　　　　　随机一致性指标 RI 取值表

阶数	1	2	3	4	5	6	7	8	…	32
RI	0	0	0.52	0.89	1.12	1.26	1.36	1.41	…	1.67

3. 将表1中二级指标下的32个压力源因素之间的相对重要程度进行量化赋分，构建二级指标下的判断矩阵 $S = (s_{ij})_{n \times n}$，借助式（1）和式（2）计算32个二级指标压力源因素的特征向量以及最大特征值，得到二级指标32个压力源因素的权重特征值 S_i，如表3所示。此外，由式（3）可知，矩阵 S 的 CR 值小于0.1，通过一致性检验，数据具有可靠性与稳定性。

4. 根据式（4），计算32个二级指标下压力源因素的组合权重 m_i，结果如表3的最后一列所示。

$$m_i = S_i \times B_i \tag{4}$$

（二）引入 DEMATAL 方法，确定国家审计人员工作压力源指标的中心度

1. 邀请上文提及的 11 名专家顾问，设计有关国家审计人员工作压力源各个因素之间影响关系强弱的矩阵判断标度表，将不同因素之间的关系分为没有影响、较弱影响、弱影响、较强影响、强影响 5 个层级，并对 5 个层级下影响关系的强弱程度在 0—4 之间进行量化赋分，如表 5 所示。

表 5　国家审计人员工作压力源因素直接影响矩阵判断标度表

i 与 j 之间的关系	量化值
没有影响	0
较弱影响	1
弱影响	2
较强影响	3
强影响	4

2. 依据表 5 的标度表，首先，邀请专家将表 1 中的 32 个二级指标下工作压力源之间的影响关系强弱程度进行量化赋分；其次，根据上述赋分结果，构建国家审计人员工作压力源因素直接影响矩阵 $A = (a_{ij})_{n \times n}$；最后，根据式（5）对矩阵 A 进行规范化处理，进一步得到矩阵 G。

$$G = \frac{A}{\max\limits_{1 \leqslant i \leqslant n, j=1}\sum\limits_{j=1}^{n} a_{ij}} \tag{5}$$

3. 根据式（6），计算国家审计人员工作压力源综合影响矩阵 T。

$$T = G \times (I - G)^{-1} = (T_{ij})_{n \times n} \tag{6}$$

$$T = \begin{bmatrix} 0.057 & 0.082 & 0.090 & 0.052 & 0.040 & 0.066 & 0.083 & 0.070 & \cdots \\ 0.084 & 0.082 & 0.089 & 0.094 & 0.048 & 0.093 & 0.100 & 0.082 & \cdots \\ 0.069 & 0.094 & 0.063 & 0.101 & 0.055 & 0.098 & 0.116 & 0.041 & \cdots \\ 0.068 & 0.094 & 0.108 & 0.055 & 0.054 & 0.098 & 0.116 & 0.049 & \cdots \\ 0.095 & 0.030 & 0.121 & 0.112 & 0.048 & 0.109 & 0.147 & 0.087 & \cdots \\ 0.105 & 0.119 & 0.130 & 0.104 & 0.084 & 0.071 & 0.142 & 0.085 & \cdots \\ 0.091 & 0.120 & 0.130 & 0.122 & 0.084 & 0.103 & 0.101 & 0.073 & \cdots \\ 0.107 & 0.136 & 0.133 & 0.123 & 0.101 & 0.104 & 0.148 & 0.059 & \cdots \\ \vdots & \vdots & \vdots & \vdots & \vdots & \vdots & \vdots & \vdots & \vdots \end{bmatrix}$$

4. 根据式（7）至式（10），计算国家审计人员工作压力源因素的影响度（p_i）、被影响度（q_i）、中心度（x_i）和原因度（y_i），结果如表 6 所示。

$$p_i = \sum_{j=1}^{n} T_{ij} (i = 1, 2, \cdots, n) \tag{7}$$

$$q_i = \sum_{j=1}^{n} T_{ji}(i = 1,2,\cdots,n) \tag{8}$$

$$x_i = p_i + q_i(i = 1,2,\cdots,n) \tag{9}$$

$$y_i = p_i - q_i(i = 1,2,\cdots,n) \tag{10}$$

表6　国家审计人员工作压力源因素的影响度、被影响度、中心度和原因度

压力源因素	影响度 p_i 值	被影响度 q_i 值	中心度 x_i 值	原因度 y_i 值	因素属性
S_1	2.054	2.907	4.961	-0.853	结果因素
S_2	2.556	3.430	5.985	-0.874	结果因素
S_3	2.080	3.278	5.358	-1.198	结果因素
S_4	2.067	2.831	4.898	-0.763	结果因素
S_5	2.536	2.083	4.619	0.454	原因因素
S_6	2.862	2.689	5.550	0.173	原因因素
S_7	2.897	3.802	6.698	-0.905	结果因素
S_8	3.003	2.834	5.836	0.169	原因因素
S_9	2.982	2.187	5.169	0.795	原因因素
S_{10}	2.236	2.244	4.480	-0.008	结果因素
S_{11}	3.458	3.839	7.297	-0.381	结果因素
S_{12}	3.217	3.657	6.873	-0.44	结果因素
S_{13}	3.467	2.864	6.331	0.604	原因因素
S_{14}	2.986	2.590	5.576	0.397	原因因素
S_{15}	2.571	1.802	4.373	0.769	原因因素
S_{16}	2.632	2.453	5.086	0.179	原因因素
S_{17}	2.769	2.453	5.222	0.316	原因因素
S_{18}	2.825	1.958	4.783	0.868	原因因素
S_{19}	2.767	1.283	4.049	1.484	原因因素
S_{20}	2.662	2.709	5.372	-0.047	结果因素
S_{21}	3.677	3.349	7.026	0.327	原因因素
S_{22}	2.717	2.092	4.808	0.625	原因因素
S_{23}	2.199	2.122	4.321	0.077	原因因素
S_{24}	2.322	3.511	5.834	-1.189	结果因素
S_{25}	3.203	1.959	5.162	1.244	原因因素
S_{26}	3.069	2.618	5.688	0.451	原因因素
S_{27}	2.864	3.399	6.263	-0.535	结果因素
S_{28}	2.031	2.363	4.394	-0.332	结果因素
S_{29}	1.493	1.622	3.115	-0.129	结果因素

续表

压力源因素	影响度 p_i 值	被影响度 q_i 值	中心度 x_i 值	原因度 y_i 值	因素属性
S_{30}	1.957	2.252	4.209	-0.294	结果因素
S_{31}	1.713	2.400	4.114	-0.687	结果因素
S_{32}	2.039	2.334	4.374	-0.295	结果因素

5. 利用 SPSS 26.0 软件绘制国家审计人员工作压力源因素原因度—中心度图。图1中的横轴表示中心度，纵轴表示原因度。从横轴来看，压力源因素越靠右（中心度数值越大），表明该压力源因素的重要程度越高。从纵轴来看，若压力源因素的原因度数值大于0，表明该压力源因素为原因因素，是导致其他压力源产生的主导因素，且原因度数值越高，代表该压力源因素引发其他因素产生压力的可能性越大。

由表6和图1可知，S_{19}（角色模糊与冲突）排在原因度数值的第1位，则 S_{19} 为原因因素，但重要程度偏低（中心度偏低），这表示着在国家审计工作人员压力源系统中，角色模糊与冲突这一压力源因素，对其他压力源产生影响的可能性最大。S_{25}（工作环境）排在原因度数值的第2位，表明工作环境的好坏与否很有可能催生审计人员的其他压力，属于关键因素的范围。而 S_{11}（审计任务量重）与 S_{21}（团队合作水平）分别排在中心度数值的第1位和第2位，说明这两个因素影响程度高，其中，S_{21}（团队合作水平）还为原因因素，说明其更容易引起其他压力源因素的产生且不容易被其他压力源因素影响，因此也属于工作压力源中的关键因素。

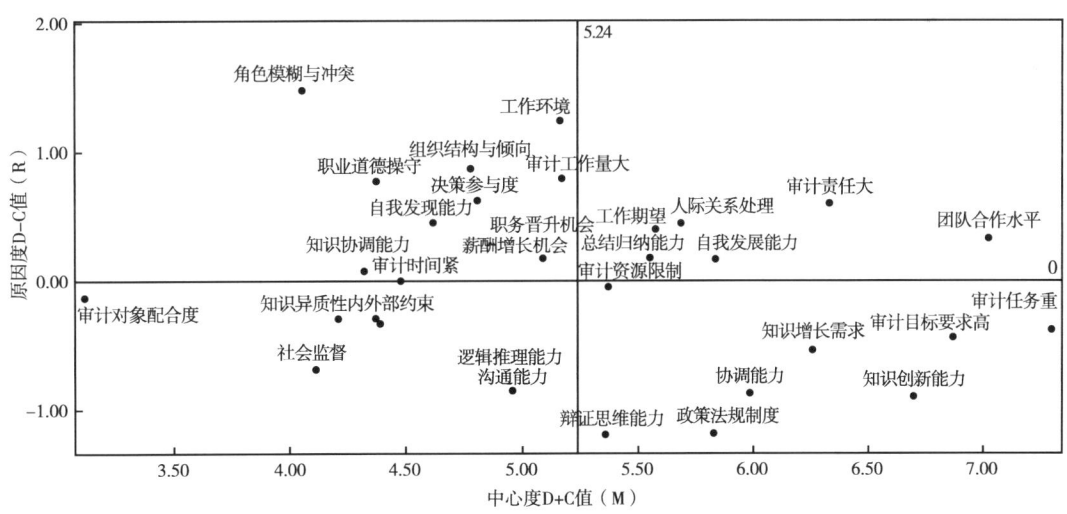

图1　国家审计人员工作压力源因素的原因度—中心度

（三）计算国家审计人员工作压力源因素的综合影响度

根据表6中的中心度数据（x_i）与表3中的组合权重（m_i），利用式（11）计算国家审计人员工作压力源因素的综合影响度（Z_i），如表7所示。

$$Z_i = \frac{x_i \times m_i}{\sum_{i=1}^{n}(x_i \times m_i)} (i = 1,2,\cdots,n) \tag{11}$$

表7 国家审计人员工作压力源因素的综合影响度

压力源指标（S_i）	中心度（x_i）	组合权重（m_i）	$x_i * m_i$	综合影响度（Z_i）
S_1	4.961	1.86%	0.092	0.018
S_2	5.985	1.72%	0.103	0.020
S_3	5.358	1.87%	0.100	0.019
S_4	4.898	2.16%	0.106	0.020
S_5	4.619	2.58%	0.119	0.023
S_6	5.550	2.62%	0.145	0.028
S_7	6.698	2.32%	0.156	0.030
S_8	5.836	2.84%	0.166	0.032
S_9	5.169	2.89%	0.149	0.029
S_{10}	4.480	3.26%	0.146	0.028
S_{11}	7.297	2.64%	0.192	0.037
S_{12}	6.873	2.52%	0.173	0.033
S_{13}	6.331	3.07%	0.195	0.037
S_{14}	5.576	2.54%	0.142	0.027
S_{15}	4.373	3.01%	0.132	0.025
S_{16}	5.086	3.27%	0.166	0.032
S_{17}	5.222	3.52%	0.184	0.035
S_{18}	4.783	3.32%	0.159	0.031
S_{19}	4.049	3.54%	0.143	0.028
S_{20}	5.372	3.30%	0.177	0.034
S_{21}	7.026	3.64%	0.256	0.049
S_{22}	4.808	3.37%	0.162	0.031
S_{23}	4.321	3.26%	0.141	0.027
S_{24}	5.834	3.73%	0.218	0.042
S_{25}	5.162	4.42%	0.228	0.044
S_{26}	5.688	4.41%	0.251	0.048
S_{27}	6.263	4.11%	0.257	0.049
S_{28}	4.394	3.19%	0.140	0.027
S_{29}	3.115	3.53%	0.110	0.021
S_{30}	4.209	3.87%	0.163	0.031
S_{31}	4.114	3.65%	0.150	0.029
S_{32}	4.374	4.01%	0.175	0.034

（四）基于综合影响度（Z_i）的压力源因素分析

根据前文所提及的专家团队的知识与经验，本部分将表7中的综合影响度分为三个层级：较强层级、中等层级和较低层级。较强层级的综合影响度Z大于0.04，代表该类层级水平的压力源因素对其他压力源因素影响程度较强；中等层级的综合影响度Z处于0.03—0.04之间，代表该类层级水平的压力源因素对其他压力源因素影响程度一般；较低层级的综合影响度Z小于0.03，代表该类层级压力源因素对其他压力源因素影响程度较弱，不易于促使其他压力源产生。

1. 较强层级的压力源因素分析。由表7可知，较强层级的压力源因素从大到小排序为$S_{21} = S_{27} > S_{26} > S_{25} > S_{24} > 0.04$。$S_{21}$（团队合作水平）与$S_{27}$（知识增长需求）属于对其他压力源因素产生综合影响度最强的因素，这意味着在审计人员面临的工作压力中，团队合作水平的高低以及知识增长需求的差异成为影响其他压力源产生的最为关键因素。当团队合作水平较低时，则将引发审计人员更多的压力源的产生，如可能导致人际交往能力变弱、工作期望降低等，进而造成压力面扩大。对此，国家审计机关的压力管理措施需着重关注在团队合作、知识增长需求等方面可能存在的问题，以此来开展压力预防和管理。在组建审计团队时，国家审计机关应做好事前调查，对任务进行明确分工，促进团队成员之间交流协作，营造组织内部良好的工作氛围。同时，国家审计机关还应关注团队成员个体的知识增长需求，基于个性化、差异化原则，有针对性地提升团队成员个体的知识水平。

2. 中等层级的压力源因素分析。由表7可知，中等层级的压力源因素从大到小依次排序为$0.04 > S_{11} = S_{13} > S_{17} > S_{20} = S_{32} > S_{12} > S_8 = S_{16} > S_{18} = S_{22} = S_{30} > S_7 > 0.03$，这些因素对其他因素产生影响的能力属于中等水平，且它们主要来自工作因素与组织因素两大类别。中等层级中，S_{11}（审计任务重）与S_{13}（审计责任大）的影响力最强，对S_{11}和S_{13}进行压力管理的关键是培植审计人员良好的职业观与责任观，在审计团队中科学分配审计任务，多视角调动审计人员的积极性，进而削弱因任务重和责任大带给审计人员的工作压力。

3. 较低层级的压力源因素分析。由表7可知，较低层级的压力源因素从大到小依次排序为$0.3 > S_9 = S_{31} > S_6 = S_{10} > S_{19} = S_{14} = S_{23} = S_{28} > S_{15} > S_5 > S_{29} > S_2 = S_4 > S_3 > S_1$。尽管较低层级压力源因素引发其他压力源因素生成的可能性较小，但不容忽视。国家审计机关有必要加强对较低层级的压力源因素的跟踪和监测，定期关注社会监督、审计工作量、角色模糊与冲突、工作期望等较低层级压力源因素对审计人员工作压力的影响态势，以预防较低层级压力源因素向更高层级转化。

四、优化国家审计人员压力管理的策略探索

如前文所述，国家审计人员压力源由个人、工作、组织、环境四类因素引发。为科

学推进国家审计人员工作压力管理,本文将个人、工作、组织、环境四类因素归类为组织和个人两大层面,进一步探究国家审计人员工作压力管理的优化策略。

(一) 组织层面

1. 搭建数字化平台,提高审计数据处理速度。为全面实现审计全覆盖目标,国家审计机关有必要建立统一的标准对审计大数据进行规范化管理,并搭建行之有效的数字化平台,以提升审计大数据的采集、预处理、分析、可视化的速度。审计数字化平台还需要提高可扩展性,加强审计数据资源的共建共享共用,适当采取线上或线上线下相结合等方式安排审计任务,开展审计取证,进而提高审计效率,减轻审计人员的负担。此外,国家审计机关有必要将更多行业数据纳入数字化平台之中,增强各行业数据之间的内在联系,培养审计人员对数智化审计工具和技术的应用能力,提升审计人员快速从数字化平台中获取审计知识的能力,以此降低审计工作难度和工作量,缓解审计人员的工作压力。

2. 培养审计复合型人才,聚合组织内部向心力。审计机关应关注审计人员知识增长的需求,为审计人员创设可便捷获取知识、技术的渠道或平台,不定期开展讲座和培训等,培养审计人员的辩证思维能力、逻辑推理能力与知识创新能力。由于科学技术的进步和经济环境的变化,审计业务变得日趋复杂,审计人员仅具备审计专业知识已无法满足现时代审计取证的需求,他们还应掌握法律、工程造价、环境保护、计算机等学科领域知识。审计人员在审计过程中不仅要关注来自被审计行业所属领域中存在的问题,还要用拓展性思维分析与被审计业务有关的更多的制度性或体制性问题,以期强化审计人员的自我发现能力和自我发展能力。此外,审计机关还应大力推动审计人才继续教育,通过单位内部审计知识与技能的培训与外部职业技能培训双配合,动态更新审计人员相关业务知识。例如,开展审计项目评选、审计案例分析、审计课题研究、审计专家访谈等活动。通过课题研究与学术交流,可促使审计人员提升总结归纳和逻辑推理的能力,增强审计团队的凝聚力、向心力以及知识整合力,进而提升审计取证水平,减轻工作压力,提高审计绩效。

3. 合理衡定工作负荷,有效发挥协同效应。审计机关应科学测算审计人员的工作负荷,在保障获取足量审计证据的基础上,科学安排审计任务,合理调节审计人员的工作时间,以此避免审计人员超负荷工作,调整审计人员的工作状态,降低审计人员之间工作量的不平衡性,调动审计工作人员的积极性。合理安排审计任务,能够避免部分审计人员任务量大而其他审计人员任务量小的现象发生。如果存在需要审计人员加班等情形,审计机关需要提前告知相关人员并给予加班补贴。由于审计任务的特殊性,角色模糊与冲突会导致审计人员无法兼顾工作与生活。为此,审计机关需要协助审计人员有效处理工作与家庭之间的矛盾,消除审计人员对于高强度、高要求的审计工作所产生的心理抵触和抗拒心理。此外,审计机关应有效发挥协同效应,既应强化组织内部各部门成员之间的协作,强化审计团队合作水平,还应强化本单位与纪检、监察、察院、法院、会计师事务所以及其他审计机关等外单位的"跨部门""跨区域""跨领域"合作，组建跨组织边界的知识异质性团队，进而通过团队内部的信息互递、经验互补、知识共享强化团队内部审计人员个体知识的协同和创新。

4. 完善激励机制，调节工作氛围。激励是通过特定的方法，将员工对组织及工作的承诺最大化的过程，其目的在于激发员工的正确行为动机，以充分发挥员工的智力效应。健全、公开、公正的薪酬激励制度及职务晋升机制，能够降低审计人员对工作预期、工作评价等问题的不确定感和压力感，调动审计人员的积极性和创造性，且当所付出的辛勤劳动得到相应的回馈时，审计人员会将更多的时间和精力投入审计工作中。为解决角色模糊与冲突等各类问题，审计机关应尽可能打造出良好的工作氛围以及和谐的组织文化。审计机关应加大对审计人员的人文关怀，重视员工心理健康，为员工打造舒适的工作环境，及时掌握审计人员的困难和需求，帮助审计人员释放压力，保持身体健康，采取有效的方式提升审计人员的工作成就感和满足感。此外，审计机关有必要构建一套合理有效的预防机制，建立完备的审计人员心理健康档案，同时提供全面的心理健康体检、辅导和教育，力求使每位审计人员保持积极健康向上的心态，积极面对审计工作中的各项困难和挑战。

5. 改善工作环境，给予资源支持。针对特定的审计项目，审计工作所处的环境可能存在地处偏僻郊区、自然环境恶劣、食宿条件差等情况。审计人员长时间处在不良的工作环境中，会产生职业倦怠和厌工情绪，从而引发焦虑与压力。国家审计机关需要适当优化审计人员的工作环境，改善办公条件，提升工作的舒适度，提供合适的员工休息区域，鼓励员工保持体育锻炼习惯，允许更灵活的工作时间，力求为审计人员创造最为适合的工作环境和条件。此外，国家审计机关应给予审计人员足量的资源支持，避免在高强度的审计工作中因资源受到限制而产生焦虑、无奈或失望情绪，通过足够的人、财、物等资源的支撑以保障审计工作的顺利开展，通过良好的工作环境缓解审计人员的工作压力，进而减轻审计人员的"工作疲劳"，提升审计人员的满意度。

6. 加强职业能力建设，塑造职业精神。职业能力是指为胜任某一具体职业而必须具备的能力。审计职业能力包括三种能力：一是素质能力、如学习能力、社会适应能力、信息能力、表达能力，以及其他素质能力等。二是专业能力、如知识转换能力、专业操作能力、技能提升能力等。三是核心能力，如创新能力、团队协作能力等。审计机关应高度重视审计人员的职业能力建设，基于全局视角统筹设计本单位每一位员工的职业发展规划与职业能力提升计划，培养每一位员工的职业生涯管理能力，力求通过提升审计人员的职业能力而增强他们的职业自信，助力审计人员克服"本领恐慌"，并促进审计人员的素质能力、专业能力、核心能力同现实审计需求及要求相匹配。此外，国家审计机关还应该强化审计人员的大局意识、服务意识、责任意识、廉洁意识、法制意识和效率意识，引导审计人员树立"责任、忠诚、清廉、依法、独立、奉献"的核心价值观，增强审计人员的政治素养，锤炼审计人员的政治品格，以此增强审计人员的责任感、使命感与专业度，塑造审计人员优秀的人格品质和职业精神，促使审计人员在审计工作中不回避问题，不害怕困难，不畏惧挑战。

（二）个人层面

1. 调节自身心理状态，有效释放工作压力。在审计工作中，国家审计人员应自主调节自身心理状态，利用工作成效进行自我管理和自我激励，以饱满的情绪迎接在审计工作中面临的各项挑战。审计人员有必要不断发掘自身的潜力与价值，经营自身的优势，认识自我，接纳自我，完善自我，增强自信，提升自我评价。唯有如此，才能有效规避不利于自身成长的负面情绪，继而保持积极的心态和意愿，与他人协调和沟通，对审计实施过程中所产生的问题主动应对，并对沟通的成效进行不断反思与总结。此外，当面对工作中的困难和挑战时，审计人员应勇于担当，坚守责任，在工作中不断地调整自身状态，争取用健康心理学中的社交支持、运动锻炼、乐观态度、兴趣爱好、心理疏导、睡眠调节、健康饮食等手段释放焦虑和压力，削弱因工作压力而引发的各类负面影响，进而提升自身的心理健康水平，增强身体的免疫力和抵抗力。面对繁重的审计任务，审计人员需要坚定敢于面对挑战、勇于战胜困难的信念，不断提高自身的抗压能力，培养自身坚韧的品格，发扬奋斗、担当精神，力求用乐观的心态、坚定的自信、昂扬的斗志克服职业倦怠，实现职业理想。

2. 夯实自身专业基础，提高技术应用能力。审计实践中，国家审计业务类型主要包括财政审计、金融审计、企业审计、政府投资项目审计、资源环境审计、民生审计、政策落实跟踪审计、经济责任审计和涉外审计等。审计是一门综合性的应用科学，具有很强的理论性、实践性和技术性。若想胜任审计工作，审计人员除具备扎实的审计理论知识外，还应具备财政学、金融学、会计学、资源环境科学、公共管理学、税收学、法学等学科中的一门或多门学科知识，且还应做到审计和上述学科知识的融会贯通，进而夯实自身的专业理论基础，解决知识匮乏的焦虑与压力，并以此指导自身的审计实践。此外，我国已进入以"大智移云物区"等信息技术为代表的智能科技时代，大数据审计、智能审计、云审计、区块链审计等新兴模式都将逐步应用到未来的审计取证工作中。现代信息技术向审计领域的渗透，给国家审计人员带来了全新的挑战，这意味着国家审计人员既要加强多学科理论知识学习，同时还要熟悉大数据、云计算、区块链等各类现代信息技术的应用。国家审计人员应紧跟时代发展步伐，积极参加职业技能培训，树立终身学习的思想意识，不断学习新知识，探索新技术，在长期的学习中持续加强自身辩证思维、逻辑推理、自我发现、总结归纳、知识创新等能力的培养，力求通过较高的胜任力和自信感，有效应对审计工作中的压力和危机。

3. 优化自身时间管理，合理协调工作任务。在审计实践中，一些审计项目可能面临着时间紧、任务重、审计资源有限等情况。为保质保量完成审计既定目标，审计人员应优化自身的时间管理，合理协调工作任务，充分发挥自身的主观能动性，快速找准问题切入点。时间管理是指通过事先规划和运用一定的技巧、方法与工具实现对时间的灵活以及有效运用，从而实现个人或组织的既定目标的过程。为有效做好时间管理，审计人员应从以下方面着手：一是应明晰每个阶段的工作目标，将时间管理和日程任务的管理融为一体，每天列出一份切实可行的工作清单；二是根据"二八理论"或"四象限法则"确定每天所应处理事情的优先级顺序；三是提高所制订时间管理计划的执行力，长期不懈做好时间管理，并提升自身的做事效率，避免拖延和压力累积；四是扬长避短，积极总结自身的问题和缺点，并克服它们；五是在有效的时间管理中合理安排工作时间、学习时间和休息时间。此外，审计人员还需关注因角色模糊与冲突所带来的问题。长期的事业与家庭冲突会导致焦虑、烦躁、心情烦躁、心理压力等现象产生。事业层面主要包括事业满意度、事业绩效、事业承诺等，家庭层面主要包括家庭满意度、生活满意度和婚姻满意度等。为此，审计人员在时间管理中，也应正确处理事业与家庭的时间分配问题，在全身心投入工作的同时，能够为家庭留出足够的时间。和谐的家庭关系可提升审计人员的自我效能感，提高自我成就的动机，进而缓解工作焦虑和事业压力。

4. 加强自身道德修养，强化风险管理意识。道德是力量的源泉，是纯洁的保证。优秀的道德品质是审计人员的立身之本、立业之基。审计是一项具有独立性的经济监督活动，独立性是审计的本质特征。审计从业者的核心价值观是"责任、忠诚、清廉、依法、独立、奉献"。审计的本质属性及核心价值观共同要求着审计人员必须时刻加强职业道德修养，明悟自身职责使命，在每一个工作细节中都要严于律己，始终注重自我学习、自我教育、自我磨炼、自我改造、自我实践和自我完善，践行公平与正义，保持积极的工作态度，正确应对工作中的压力、挫折与挑战，力求将工作压力转化为提升自我和实现职业发展的驱动力。此外，审计人员还有必要强化自身的风险管理意识，强化对审计检查风险的管控。受被审计单位内部控制制度不健全、审计对象的复杂性和广泛性、行业监管制度不明确以及审计人员自身能力与经验有限等因素驱使，审计人员在审计取证中可能存在未能发现问题的深层次本质并出现审计判断偏误等情形，进而将会发表不正确或不恰当的审计意见。上述审计风险的产生会引发法律诉讼问题，这将会给审计人员带来烦躁、焦虑、紧张等情绪。为此，审计人员应树立良好的职业道德意识，夯实专业基础，提升实践技能，强化对风险的识别、感知、评价与控制，采用科学的审计程序，选择正确的审计依据，运用适合的技术与方法，正确进行职业判断，力求将审计检查风险降低至可接受的水平。

参考文献：

[1] 王欣. 新建地方本科院校青年教师工作压力评价的数学模型[J]. 微型电脑应用，2016 (8)：50-52.

[2] 贺琦，张金锁. 基于信息熵的煤矿高层管理者工作压力评价研究[J]. 西安科技大学学报，2019 (2)：256-262.

[3] French J. R. , Caplan R. D. , Harisson R. V. . The Mechanisms of Job Stress and Strain [M]. London：Wiley, 1982.

[4] Folkman S, Lazarus R S, Gruen R J. Appraisal, Coping, Health Status and Psychological Symptoms [J].

Journal of Personality and Social Psychology, 1986, 3 (1): 571 – 579.

[5] Karasek R. A.. Job Demands, Job Decision Latitude, and Mental Strain: Implications for Job Redesign [J]. Administrative Science Quarterly, 1979, 24 (2): 285 – 307.

[6] Siegrist J. Adverse Health Effects of High – Effort/Low – Reward Conditions [J]. Journal of Occupational Health Psychology, 1996, 1 (1): 27 –41.

[7] 楚克群,宋国萍. 付出—回馈失衡工作压力理论的迁移、拓展与展望 [J]. 心理科学进展, 2016 (2): 242 – 249.

[8] Cavanaugh, M. A., Boswell, W. R., Roehling, M. V., Boudreau, J. W.. An Empirical Examination of Self – Reported Work Stress Among US Managers [J]. Journal of Applied Psychology, 2000, 85 (1): 65 – 74.

[9] 吴士健,高文超,权英. 工作压力对员工创造力的影响——调节焦点与创造力自我效能感的多重链式中介效应 [J]. 科技进步与对策, 2021 (4): 132 – 140.

[10] 黄海艳,陈莉莎. 地市级审计人员的工作压力与绩效的关系研究 [J]. 中国行政管理, 2015 (12): 89 – 93.

[11] 韩平,刘向田,陈雪. 企业员工组织信任、心理安全和工作压力的关系研究 [J]. 管理评论, 2017 (10): 108 – 119.

[12] 周文莉,顾远东,彭纪生. 政府审计人员的工作压力对职业倦怠的影响:心理契约与领导成员交换的作用 [J]. 管理评论, 2020 (9): 229 – 238.

[13] 李乾文,范晓央. 政府审计人员工作压力调查与管理研究 [J]. 南京审计大学学报, 2018 (4): 12 – 19.

[14] 罗文波,李敏鑫. 应计盈余管理动机、客户时间压力源与审计质量 [J]. 中国注册会计师, 2019 (5): 3 + 39 – 44.

[15] 薛文艳. 我国注册会计师行业健康可持续发展路径研究——基于注册会计师职业压力与执业困境的思考 [J]. 财会通讯, 2021 (1): 114 – 119.

[16] 李秀恩,李庭燎,李智,杨琳. 审计人员压力管理、职业能力建设与审计工作绩效的关系研究 [J]. 中国内部审计, 2021 (12): 49 – 52.

[17] 柳恒超,许燕,文柏松. 工作压力、宽恕与职业倦怠的关系:基于干部群体的研究 [J]. 心理研究, 2022 (6): 558 – 566.

[18] 陈献东. 新时代背景下国家审计理念创新研究 [J]. 中国审计评论, 2022 (2): 20 – 31.

Research on Work Stress and Management of National Auditors Based on AHP – DEMATEL Method

Liu Guocheng　Chen Jiaqi　Chen Yizheng

(School of Accounting, Nanjing Audit University, Nanjing　211815)

[**Abstract**] With the severe challenges faced by China's economic and social development and the transformation and upgrading of national audit digitization, the pressure faced by auditors in China is gradually increasing in their work. In the current era, how to perceive and manage the work pressure of national auditors has become a highly concerned issue for audit institutions. On the basis of literature review, this paper first designs an indicator system of national auditors' work stress sources based on four aspects: personal factors, work factors, organizational factors and environmental factors. Secondly, it explores the construction mechanism and operation steps of the national auditors' work stress model with the help of AHP – DEMATEL method. Finally, it explores the optimization strategy of stress management of national auditors' work, In order to provide theoretical support for the national audit institutions to strengthen the work of auditors stress management practice.

[**Key words**] AHP – DEMATAL; National Audit; Auditors; Work pressure; Stress management

内部审计促进组织落实国家重大政策措施的路径

——基于政策措施落实难度和执行主体能力的分析

李 曼　陈紫昀

（南京审计大学　内部审计学院，江苏　南京　212815）

【摘　要】 监督并推动国家重大政策措施的落实是审计的重要职责之一。从2015年至今的审计结果公告看，国家重大政策措施落实的主要问题正是中央高层这些年来不断提出的重大政策的"最后一公里"问题。作为国家审计监督体系中的重要组成部分，内部审计的监督更具有针对性、日常性与实时性，能够在解决国家重大政策措施落实的"最后一公里"问题中发挥作用。但内部审计促进国家重大政策措施落实的实务工作还处于探索阶段，各地区、各单位差异较大，需要更多理论研究成果指导实践。本文从公共政策执行理论出发，根据政策措施落实难度和执行主体能力将国家重大政策分为四种类型，以国家货币政策、减税降费政策、精准扶贫政策、环境保护政策为例，根据不同类型政策特征，基于新时代内部审计促进国家重大政策措施落实的重要职责，从审计作业、审计业务和审计管理三个方面设计了内部审计促进国家重大政策措施落实的四条路径，并从内部审计工作规划、工作制度机制、工作重点、质量控制、问题整改等方面提出了路径的实施策略。期望本文的研究能够为内部审计促进国家重大政策措施的落实提供借鉴价值，同时与外部审计协同配合，共同促进国家治理体系和治理能力现代化。

【关键词】 内部审计；重大政策措施；审计作业；审计业务；审计管理

一、引言

2014年的《国务院关于加强审计工作的意见》要求审计机关切实担负起推进国家政

作者简介：李曼（1978—），女，山东淄博人，博士，南京审计大学政府审计学院副教授、硕士生导师，主要研究方向为政府审计与内部审计；陈紫昀（2000—），女，江苏南京人，南京审计大学内部审计学院2022级审计硕士，主要研究方向为内部审计。

策措施落实的责任，但更多是对政府审计机关提出要求。直到 2018 年发布的《审计署关于内部审计工作的规定》才首次将"对本单位及所属单位贯彻落实国家重大政策措施情况进行审计"确定为内部审计的首要职责，内部审计在贯彻落实国家重大政策措施落实中的作用开始引起重视与思考。从 2015 年至今的审计结果公告看，重大经济社会政策落实的主要问题正是中央高层这些年来不断提出的重大政策的"最后一公里"问题。"最后一公里"，也就是重大政策措施落实的最后一段里程，是最关键的步骤，一般由落实政策措施的基层企事业组织完成。内部审计，作为组织治理的重要部分，更加熟悉组织的情况，了解政策落实的关键障碍，通过对重大经济社会政策措施落实情况审计，可以深入分析政策措施落实中的问题，有针对性地提出解决问题的建议，进行更加有效的日常监督、实时监督。在此基础上，国家审计可以对各单位重大政策措施落实情况、内部审计情况进行评估，根据评估结果有针对性地选择内部审计监督力度较弱的组织或政策进行审计，节约审计资源，提高审计质量。

习近平总书记在中央审计委员会第一次会议上指出，要加强对内部审计工作的指导和监督，调动内部审计和社会审计的力量，增强审计监督合力。自 2022 年 1 月 1 日起实施的新修订的《审计法》第三十二条也明确指出，"被审计单位应当加强对内部审计工作的领导，按照国家有关规定建立健全内部审计制度""审计机关应当对被审计单位的内部审计工作进行业务指导和监督"。因此，内外部审计协同配合，共同促进国家重大政策措施的落实是必然趋势。

二、文献综述

国家重大政策措施落实审计的研究主要集中在政府审计领域，包括政府审计在国家重大政策措施落实中的作用，国家重大政策措施落实审计的内容、模式、方法等，已取得了丰硕的成果。多数研究表明，国家审计极大地促进了重大公共政策措施的落实、完善和民众对公共政策的知情权，有利于提升民众对政策的参与度和国家善治目标的实现（Parker，2019；刘宝财，2016；吴勋、武月，2017；徐向真、任莉娜等，2018）[1-4]。重大政策措施落实审计内容是绩效审计的扩展，审计评价内容包括政策的合法性、科学性、合理性、适用性、可操作性、公平性、公开性、绩效性等（秦荣生，2011；李雯，2015；蔡春，2016；洪德山，2017）[5-8]。跟踪审计成为国内外重大政策措施落实审计理论与实务界共同认可的模式，计算机技术运用于国家重大政策措施落实审计中能够明显提升审计质量（Nancy Shulock and Steve Boilard，2007；Teddy，2015；陈尘肇，2011；杨柔坚，2020）[9-12]。

内部审计促进组织贯彻落实国家重大政策措施落实的研究文献较少，主要是一些大型企业集团总结工作经验，提出相关建议，主要发表于《中国内部审计》。中国信用出口保险公司（2022）[13]从审计重点、审计质量、审计方式、审计机制等方面总结了本公司开展重大政策措施落实审计的经验。国网安徽省电力有限公司（2022）[14]提出党的领导是重大政策措施落实审计的坚强保障，审计工作数字化转型是全面深入开展重大政策措施落实审计的必然选择。其他如中国五矿、中国铁建等公司也分别总结了自己在开展重大政策措施落实审计中的经验做法。另外，部分研究人员提出了自己的一些观点。例如，王巧荣（2022）[15]认为，对于企业内部审计，审计部通常在常规审计基础上，选取重点领域安排开展政策措施落实审计。史吉乾（2016）[16]指出，重大政策措施落实审计应重点关注动态跟踪政策等问题。程光（2018）[17]认为，可利用新闻媒体辅助报道审计报告和整改情况报告。苏炜（2022）[18]提出，实现内部审计机构与相关职能部门的联动机制可加强审计整改合力与审计结果运用。王腾（2022）[19]认为，落实重大政策措施事项需要进一步提升内部审计机构独立性，提升审计人员的专业素质，不仅要掌握审计基本理论和过程，也要充分领悟政策的核心思想和落实方法，时刻关注政策动态。

总体来说，在内部审计促进组织贯彻落实重大政策措施的研究中，规范性研究较多，数据实证研究较少；工作经验与总结居多，运用经典理论指导实践的研究较少。然而，目前公共政策执行理论发展已经较为成熟，应该充分利用政策执行的经典理论为内部审计研究服务。本文基于马兹曼尼安和萨巴蒂尔提出的政策执行模型（以下简称"马萨模型"），结合我国重大政策措施的特点，根据政策措施落实难度和执行主体能力，将重大政策措施划分为四种不同类型，从审计业务、审计作业、审计管理三方面设计内部审计促进组织贯彻落实国家重大政策措施的路径，旨在更好发挥内部审计的作用，提升重大政策措施落实效果。

三、理论依据：政策执行理论 + 内部审计理论

（一）政策执行理论：马兹曼尼安—萨巴蒂尔政策执行模型

古往今来，对于政策执行的影响因素研究有很多角度，并基于此提出了多种政策分析模型。例如，学者胡德从行政原则出发，提出了最优行政模型；马特兰德通过政策目标及手段的模糊程度和冲突程度提出模糊—冲突模型。史密斯政策执行理论将影响政策的因素总结为四类，即政策本身、执行主体、目标群体与政策环境。马萨模型将影响公共政策执行的主要因素分为三大类，即问题的难易程度、法令控制政策执行过程的能力、影响政策执行的非法令性因素。除此以外用得较多的还有麦克拉福林互动模型、政策执行循环模型等。通过对上述理论模型进行对比总结，可以看出政策环境、政策资源、政策目标、政策方案、政策行为等是执行政策的必备要素，要素间的交互作用方式构成政策执行模型，其中马萨模型（见图1）相较于其他理论模型来说，更加适合目前中国政策执行的实践模式，即中央制定政策、地方分解并执行的自上而下模式，因此本文运用该模型来解释中国政策的执行过程是具有说服力与有效性的。本文从内部审计视角出发，由于组织外的非法令因素影响作用相对较小，因此将主要从问题的难易程度以及法令控制政策执行过程的能力将政策进行分类，即政策措施落实难度和执行主体能力两个方面。

在我国政策执行实践中，政策措施落实难易程度的限制性因素主要有政策目标精确性、政策资源丰富性、政策理论逻辑性与政策要求目标对象的改变程度（即利益冲突程度）等，影响政策执行主体能力的因素主要有执行机构之间的配合程度、执行人员对政策的理解程度与政策执行策略等。

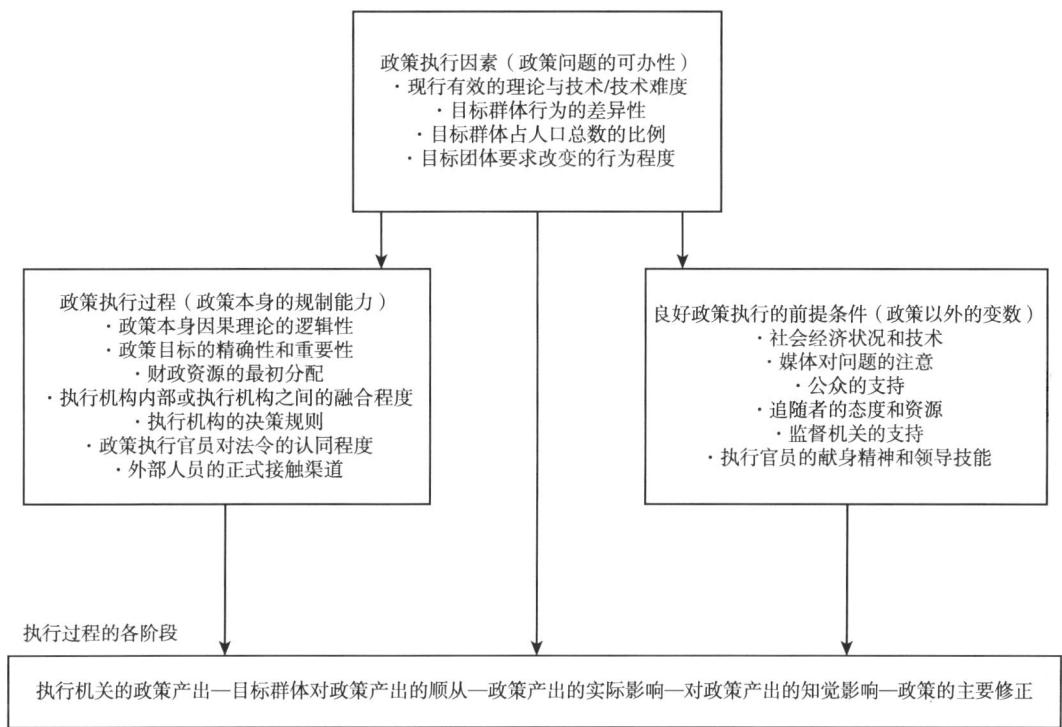

图1 马兹曼尼安—萨巴蒂尔政策执行模型

（二）内部审计理论：职能与目标定位

内部审计是指对本单位及所属单位的财政财务收支、经济活动、内部控制、风险管理等实施独立、客观的监督、评价和建议，以促进单位完善治理、实现目标的活动（《审计署关于内部审计工作的规定》，2018）。国际上将内部审计定义为一种独立、客观的确认和咨询活动，旨在增加价值和改善组织的运营。作为组织治理的重要部分，内部审计更加熟悉组织的情况，了解政策落实的关键障碍，通过对国家重大政策措施落实情况审计，可以深入分析国家重大政策措施落实中的问题，有针对性地提出解决问题的建议，更加有效地促进政策措施在本组织的落实，也能够更好地帮助组织规避政策风险，取得政府的信任和帮助，从而达到组织增值以及完善治理的目的。为了确保能够更好地实现审计目标，中国内部审计协会发布了《中国内部审计准则》，指导内部审计工作。其中内部审计具体准则分为作业类、业务类和管理类三大类。作业类准则主要对内部审计程序和方法进行了规范，包括审计计划阶段、审计实施阶段、审计报告阶段、后续审计阶段的主要审计内容和方法等。业务类准则涵盖了目前内部审计的主要业务类型，包括内部控制审计准则、绩效审计准则、信息系统审计准则、对舞弊的调查、经济责任审计准则等。管理类准则主要指内部审计工作中涉及的组织、沟通、质量控制等内容。本文根据马萨模型，基于内部审计具体准则的三类内容，设计了内部审计促进组织贯彻落实国家重大政策措施的路径（见图2）。

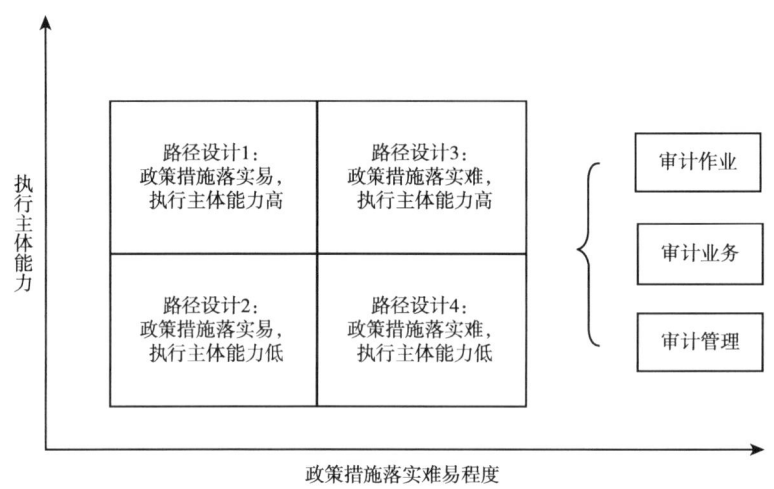

图 2　内部审计促进国家重大政策措施落实的路径

四、内部审计促进国家重大政策措施落实的路径

（一）政策措施落实易，执行主体能力强：简化作业流程

国家的一些货币政策属于此类政策。如为缓解疫情期间企业尤其是小微企业资金压力，央行在2020年提出了两项直达实体经济的货币政策，即普惠小微企业贷款延期支持工具和普惠小微企业信用贷款支持计划。延期政策是指，若普惠小微企业在申请延期的同时承诺保持就业岗位基本稳定，银行则对普惠小微企业贷款本息进行延期；信用贷款支持计划是指，央行将对符合条件的地方法人银行于2020年3月1日至12月31日新发放期限不少于6个月的普惠小微企业信用贷款。从政策目标来看，该政策实施时将货币政策操作与金融机构对普惠小微企业提供的金融支持直接联系，精准操控、有针对性地服务优惠小微企业；从政策资源来看，央行提供400亿元再贷款资金，通过特定目的工具（SPV）与地方法人银行签订利率互换协议，向地方法人银行提供激励，同时通过普惠小微企业信用贷款支持计划使用4000亿元再贷款专用额度，以促进银行加大小微企业信用贷款投放，缓解小微企业还本付息压力及融资难问题；从政策理论来看，这两项直达实体经济的货币政策工具比起以往的再贷款、再贴现政策多了市场化、普惠性和直达性的特点。在实际操作中，央行既直接对符合条件的广大小微企业及金融机构提供激励，同时又免去了信用风险，更具创新性、持续性与稳健性；从涉及的政策对象与层级来看，

该政策鼓励对普惠小微企业贷款应延尽延、促进银行加大对小微企业信用贷款投放，既惠及小微企业又调动了金融机构积极性，对于双方都有正向引导作用。审计署2020年第四季度的公告显示，自两项直达货币政策工具实施以来，政策传导顺畅，实施平稳、有序，执行机构之间配合良好。因直达工具的实施坚持了市场化原则，在政策落实过程中，银行与企业可根据实际情况做出自主决策，因此政策落地成效较好，并在年末决定将该政策进行延期。以上几点综合马萨模型分析，此政策属于政策措施落实易、执行主体能力高的情况。概括来看，该类政策措施在制定时目标精确，政策资源保障充足，有固定统一的监督标准，且一般初次实施时间较短，政策偏差风险小，实施具有稳健性。政策执行者与政策对象之间的关系比较和谐，出现争吵和冲突的可能性较小；政策对象不会产生较大的抗拒心理，过程中很少涉及利益冲突，因此在实践过程中政策传达、实施很少遇到阻碍，落实情况也比较符合预期。基于此，审计工作中应以效率为先，可以适当简化相关流程（见表1）。

表1	政策措施落实易，执行主体能力强
审计作业	借助大数据手段，调查访谈方法、审计调查方式
审计业务	融入其他类型专项审计
审计管理	与相关人员、部门沟通

从审计作业来说，这类政策的审计比较简单，不是重点审计项目。因此，在审计准备阶段，可以借助大数据分析方法筛选出这类政策，方案设计时分配较少的审计人员，审计方法采用调查访谈或审计调查的方式，审计报告主要对政策设计问题进行分析。从审计业务来看，可以在其他类型专项审计（如建设项目审计）中关注政策措施的落实情况，不必单独立项。此类政策措施出现落实问题，大多属于政策本身设计或执行人的理解问题，一般没有违法违规、徇私舞弊、内控或风险管理等问题，可以对此进行总结反馈，促使相关部门整改。从审计管理上说，内容可以简化，可以更多进行内外部审计以及与政策制定机构、执行机构的沟通，准确理解政策。

（二）政策措施落实易，执行主体能力弱：研究重点问题，与政府审计协同监督

减税降费政策属于此种类型。减税降费是指通过税收减免措施降低纳税人负担，同时取消或停征行政事业性收费，降低费用负担。从政策目标分析，减税降费是为了应对国内外经济下行压力冲击，主要针对小微企业、个体工商户及受疫情影响重、就业容量大的服务业等特殊困难行业，通过各种税收优惠政策与费用减免措施，如完善研发费用加计扣除政策、加大增值税留抵退税力度等激发市场主体活力，体现了政策的针对性、精准性。为实现更广覆盖面，我国加大了减税降费的力度，包括加大工业、服务业所得税减免力度，扩大地方"六税两费"减免政策适用主体范围等。减税降费政策的落实难度较小，但具体实施中也会出现问题。审计署发布2021年第二季度审计结果公告显示，

因为税务机关与相关单位沟通协调不够、政策宣传不到位、征管信息系统不完善等,未能规划出合理的政策执行策略,导致部分企业对享受减税降费政策的条件、申报流程还不了解,未能及时提出申请,造成未享受优惠政策,综合来看政策执行主体能力不高。由上可以看出,该类政策目标清晰且资源有所保障,政策稳定性与可持续性高,执行主体与政策对象之间矛盾较小,受惠的层级主体占比多,落实阻碍主要在于政策执行主体的执行能力上,政策执行能否成功关键在于执行机构本身,特别是不同部门和不同层级执行主体之间的沟通和协调,所以审计要有重点地关注这些问题(见表2)。

表2　　　　　　　　　　政策措施落实易,执行主体能力弱

审计作业	研究这类政策措施可能出现的问题,对执行机构实地观察调研,深度访谈、沟通、说服,重点关注执行机构的问题
审计业务	其他类型专项审计+政策措施落实审计项目
审计管理	与政府审计协同监督

从审计作业来说,在审计准备阶段,要对这类政策措施可能出现的问题进行研究,包括理论分析和实地调研。例如,根据公共政策执行的相关研究,此类政策措施执行的主要问题包括:执行不到位、表面执行、选择性执行、附加性执行等,会导致落实政策的企事业单位无所适从,不知该遵从政策措施设计的初衷还是按照执行人的要求执行。从内部审计视角看,在审计实施阶段,多采用对执行机构实地观察调研的方式,与执行机构进行深度访谈,根据其出现的问题,有针对性地进行沟通说服,必要时也可以进行提醒,共同促进政策措施落实,并在审计报告中对此类问题重点分析。在审计业务上,除了在某些其他类型专项审计中关注政策措施落实问题外,必要时可以专门进行政策措施落实审计立项。特别是对于像表面执行、选择性执行、附加性执行这样一些问题,属于执行人的故意行为,会给政策措施执行带来重大问题,执行政策的企事业单位必须承担责任。因此,内部审计应该重点关注,专门立项。在审计管理上,内部审计应该与政府审计协同,充分发挥各自职能优势。政府审计重点对政策措施执行者进行监控,内部审计重点监督组织内部的政策措施落实,实现对政策措施落实的全方位监控,以便更好地发挥审计作用,实现政策目标。

(三)政策措施落实难,执行主体能力强:有的放矢,把控政策落实重点环节

精准扶贫的相关政策为这种类型。精准扶贫是指针对不同贫困区域环境、不同贫困农户状况,运用科学、有效程序对扶贫对象实施精确识别、精确帮扶、精确管理的治贫的各种政策。从政策目标来看,精准扶贫科学地提出了"六个精准"的详细要求和"五个一批"的具体策略,但在具体实践中,由于各个贫困区域之间贫困程度不同、致贫原因不同、形势变化难以把握等,党中央、国务院主要负责统筹制定脱贫攻坚大政方针,具体政策措施则由下级政府一级一级细致规划落实,因此需要扶贫干部队伍深入基层,

有针对性地识别并分析，进而确定目标定位、实施路径和任务举措，分类施策，导致"精准"既是重点也是难点；从政策资源来看，以专项扶贫资金为基本保障，中央政府发动全社会力量共同参与扶贫开发，如组织民营企业开展"万企帮万村"精准扶贫行动、实施扶贫志愿者行动计划和社会工作专业人才服务贫困地区计划等，从教育、医疗、交通、文化、生态等多个方面提供资源与人才支持，为政策落实保驾护航；从政策实施过程来看，精准扶贫政策制定经过党中央和国务院对大方向进行统筹、省级党委和政府结合本地区实际制定、市级党委和政府负责协调监督、区县和乡镇党委政府具体制定和执行，涉及层级广、落实时间长，政策最后呈现的效果与制定过程中执行主体的能力息息相关。一方面，"中梗阻"与政策变形等现象仍然存在，政策持续性与逻辑性难以保证。另一方面，扶贫脱贫并不能止步于短期内脱贫成果，而要保障脱贫稳定性并防止返贫。如何将精准脱贫的政策效果稳固、维持，这也是政策措施落实时需要考虑的一个重点和难点。虽然精准脱贫政策惠及"金字塔"底端的贫困群众，但由于观念与素质的差异，存在政策对象内生动力不足的情况，"等靠要""先脱吃亏后脱享福"等观念导致精准扶贫政策落实时效果不佳。

综合来看，虽然有充足的资金资源保障，但如何科学分解政策目标、保障政策持续性与稳定性还存在困难，部分地区还存在政策对象不配合等现象，因此政策措施落实难度较大。但也有落实过程中多方主动作为、取得优良脱贫攻坚效果的做法。2018年第一季度审计署公告总结推广了几个示例，例如：中国医学科学院药用植物研究所发挥专业领域优势，推进中药材产业扶贫；原新闻出版广电总局组织利用电视资源开展"广告精准扶贫"活动；湖南省湘西土家族苗族自治州通过搭建服务平台积极推动电商扶贫；四川省叙永县通过信息化手段助力脱贫攻坚提质增效。可以看出，执行机构与当地媒体、高校、研究所、互联网平台等相互配合，合理利用当地资源宣传政策措施。当地执行人员对症下药、因地施策，结合优势资源推动扶贫产业，发动社会各界积极参与、协同发展，多措并举帮助贫困户稳定增收渠道。此时各地区、各部门将政策分解，合理适配地区，较好地响应了党中央、国务院精准扶贫精准脱贫决策部署，同时各方配合程度较高，执行策略恰当，因此认定该情况下政策执行主体能力较强。由此来看，政策措施落实难度大、执行主体能力强时，落实过程中更多的会由于政策措施本身难度因素造成落实效果不达预期，因此政策措施本身的设计以及落实制度、配套措施的合理性是重点审计内容（见表3）。

表3　　　　　　　　　　　政策措施落实难，执行主体能力强

审计作业	重视审前调查和培训，选派政策知识丰富的专业人员；运用信息化手段整合数据；重点审计和评价政策措施的一致性；提出政策措施设计和组织配套制度的审计建议
审计业务	评估政策措施落实难度的重点环节，风险管理审计
审计管理	关注落实难度大的重点环节的质量控制；利用外部专家

在审计作业中，由于政策措施本身的复杂性和难度。在审计准备时，不仅需要内审人员有较强的专业技能，还需要有丰富的政策理论知识，因此在审计准备阶段需要做好

充分的审前调查及培训。审前调查的好坏直接决定了审计工作方向是否准确，因此对于执行审前调查人员的能力具有较高的要求，应当安排经验丰富、政策水平高的审计组长负责，同时有效利用信息技术，实施精准查证，做深做实审前调查效率和效果。在审前调查的工作完成后，审计组长需要组织审前培训，确保审计组成员对政策内涵的充分理解，结合当前发展战略以及国家的相关政策确定审计工作的重难点。此类政策涉及层级较多，在党中央的决策命令一步步往下传达后，往往会由于政策扩散而产生政策目标偏移，因此在实施时需要重点审计和评价政策的一致性，重点关注政策偏差情况，并结合实际情况找出原因，为健全和完善相关政策提供依据；在报告及后续审计阶段，重点报告政策本身设计问题和组织配套的落实制度问题，改进政策设计、完善政策执行制度。

审计业务主要进行风险管理审计，运用审计准备阶段了解到的信息，对政策难度进行风险评估，确定审计重点，关注政策措施落实相关的内部控制和风险管理制度的配套情况，将审计的重点放在对各个关键控制环节的审查上，找出问题发生的根源，然后针对这些环节扩大检查范围，对中高风险项目进行重点审计、关键点跟踪。对内部管理有效的低风险项目，则可适当缩小其检查范围或简化其审计程序，减少审计人员的工作量，提高审计效率。

在审计管理上，考虑到政策对象的广泛性、政策时间的不确定性、政策目标的多元性，易造成审计风险增高，因此需要加强审计项目的过程控制，特别关注落实难度大的重点环节的质量控制，并实施现场质量控制和复核。由于政策措施落实难度较高，除了可以接受政府审计的业务联络与指导外，还可以组织相关领域的研究专家进行协助，从理论方面进行充分的研究与论证，评估政策措施执行的效率与成果。

（四）政策措施落实难，执行主体能力弱：多管齐下，严控风险并全程监督

环境保护政策是这种政策的典型代表。党的十八大以来，以习近平同志为核心的党中央全面加强对生态文明建设和生态环境保护的领导，发布了一系列生态环境保护政策，深入打好污染防治攻坚战，但这类政策措施通常涉及大规模的社会阶层，在制定时就易产生争论而缺乏固定、统一的监督标准。2019年审计署第九号公告中显示，针对环渤海生态环境保护的一系列政策未有效落地，局部海域生态环境问题仍较为突出。从政策目标来看，在处理农业面源污染防控时，农药化肥减量任务分解、家畜禽养殖场环评、全国海水养殖面积控制目标制定等都缺乏分解细化，导致污染防控效果甚微。近20年来，国家为治理渤海污染开展了多次专项行动，共投入渤海生态环境保护资金1650亿元左右，但由于存在技术上与机制上的困难，存在相关配套监测设备安装不足、老化、超负荷运转等问题，导致相关项目与工作无法及时实施，相关资金结存过久。从政策理论方面来看，渤海污染治理难度大，已实施的防控工作与治理措施还存在进一步提升的空间，目前有关部门和试点城市仍不能停止改革创新的步伐，须积极探索有效应对环境污染的治理机制。从政策涉及的对象来看，减船转产、农药化肥减量、水污染防治等措施会使渔民和企业的利益受到损害,同时也会对农业、畜牧业产量及成本造成影响,虽然也配套出台了渔业油补等普惠制补贴政策,但具体实践中由于存在各种利益相关方的利益博弈,其执行过程也是复杂而艰难的。综合以上几点来看,渤海生态治理政策落实难度较大。一方面,在政策实施过程中发现,多个试点城市执行部门积极性不高,未按照规定及时出台相关文件、完成水质监测与规划等,导致整体推进进度缓慢,未达到阶段性目标,局部河段污染较为严重;另一方面,各部门出台措施之间协调性差,如同时出台减船转产政策与渔业油补等措施导致政策效果对冲、规定限额捕捞政策却未推进渔获物定点上岸制度、水资源开发效率提高但水污染普遍存在等,在落实过程中容易出现政策偏移、政策外溢、政策截留等现象,政策执行策略有较大问题。可以看出,在针对环渤海生态环境保护的一系列政策落实过程中,执行主体能力较弱,综合治理效果未达预期。在政策措施落实难度大、执行主体能力弱的情况下,若出现重大政策措施落实问题,不仅会导致落实政策措施的企事业单位应得的补贴或优惠政策无法兑现,还有可能由于政策措施执行者的问题,使落实政策措施的企事业单位受到处罚,这也是审计难度最大的一种情况(见表4)。

表4　　　　　　　　　　政策措施落实难,执行主体能力弱

审计作业	审前培训,风险分析与识别;关注政策部署情况、执行程度与目标偏移度;风险清单督导机制,审计整改动态跟踪机制,追责问责机制
审计业务	专门立项重大政策措施落实审计;综合性审计;动态立项
审计管理	向党组织汇报,提高独立性;掌握"政策"专业知识;利用外部专家

从审计作业来看,在每个阶段都要精心设计。在审计准备阶段,要利用信息技术手段做好充分的审前调查,开展风险识别与分析,评估政策措施实施及运行过程中的风险点,确定审计重点。由于政策措施落实难度高,执行主体水平低,在审计实施时要关注执行过程中政策目标是否偏移,是否存在违法违规问题,截留财政资金问题,是否出现政策偏移、政策外溢、政策截留等问题,不仅要发现执行过程中存在的问题,又要能对政策措施本身的缺陷提出科学、合理的审计意见和建议。政策措施落实审计实施过程中,审计部门要加强沟通与协作。一方面,可在单位内部构建高效信息沟通渠道,共同讨论研究政策落实的问题和产生的原因。另一方面,加强与政策制定、政策执行机构的沟通,共同讨论政策措施落实难点,把握审计重点,提高审计效率。在报告及后续审计阶段,除了报告某个政策措施落实问题外,还要从更加宏观的视角报告这类政策的主要问题,要建立风险清单督导机制,对这类政策执行过程中的风险点重点关注,并及时提出整改和完善措施及建议。同时,建立审计整改动态跟踪机制,既督促审计所在的单位重视审计建议,加强整改,也要与政策落实的其他相关政府部门、其他机构加强协作,共同促进重大政策措施事项落实到位;针对整改不到位等问题,共同建立追责问责机制,对相关责任人进行问责。

从审计业务来看,基于政策措施落实难和执行机构能力弱,这类政策出现问题的可

能性大，影响恶劣，会对企事业单位造成重大损失，应该专门立项，如专门进行乡村振兴政策措施落实审计。审计过程中要重点关注政策偏移、政策外溢、政策截留等问题，对于这些问题，也可以根据其严重程度再进行专项审计，如可以专门立项政策截留问题严重的项目，深入挖掘问题产生的原因，不仅要从单位内部解决政策落实的问题，也要提出外部改进建议，为单位争取到应得的利益，还能共同促进重大政策措施落实。另外，政策措施落实是一个长期、动态的过程，针对不同阶段的不同目标，内部审计人员可以将不同的审计业务类型结合考虑，根据不同的审计目标设计审计方案，最后将这些专项审计覆盖的内容，渗透到综合性的审计项目中，提高所反映问题的综合性。

从审计管理来看，这类政策措施落实具有一定的宏观性，政策的方向、根本目标及背后的政治考虑比较复杂，落实难度非常大，不是一般管理层所能理解和把握的，因此，建议这类政策措施落实审计项目直接向单位的党组织汇报工作。党组织发挥领导核心和政治核心作用，是把方向、管大局、保落实的组织，能够确保企事业单位战略部署及其执行符合中央方针政策、符合国家利益。此外，由于这类政策的复杂性和落实难度大，要建立相关机制，如进行公共政策专业知识的培训，挂职政策制定部门、政策执行机构，保证重大政策措施落实审计人员能够学透这些"政策"，掌握"政策"的发展规律，只有这样，才能在审计中发现政策落实中的重点问题。最后，由于公共政策执行的专业性强，可以借助相关领域的专家，对政策制定、落实等环节的主要问题和风险进行评价，获得专业帮助。

五、结论

本文借鉴马兹曼尼安—萨巴蒂尔政策执行模型，根据中国内部审计具体准则的内容，提出了内部审计推进重大政策措施的路径优化建议。首先，根据马兹曼尼安—萨巴蒂尔政策执行模型，分析政策执行的影响因素，将政策分为四类。其次，结合不同政策类型特征，以促进政策措施落实到位、不断完善为目标，提出了内部审计促进组织贯彻落实重大政策措施的四条路径：一是政策措施落实易，执行主体能力高——简化作业流程；二是政策措施落实易，执行主体能力弱——研究重点问题，与政府审计协同监督；三是政策措施落实难，执行主体能力高——有的放矢，把控政策落实重点环节；四是政策措施落实难，执行主体能力弱——多管齐下，严控风险并全程监督。内部审计对本单位及所属单位国家重大政策措施落实进行监督，不仅为组织创造价值，促进组织依法依规运行，同时也有效防范外部监管风险，引导组织发展与党和国家保持一致。内部审计作为整个审计监督体系中的基石，积极发挥其作用，有利于构建集中统一、全面覆盖、权威高效的审计监督体系。完善内部审计促进国家重大政策措施落实的路径，有利于将内部审计与公共政策审计、政策措施落实审计相关理念结合，丰富内部审计的理论，为内部审计的发展添砖加瓦。

参考文献:

[1] Parker, L. D., Jacobs, K. and Schmitz, J., New Public Management and the Rise of Public Sector Performance Audit: Evidence from the Australian Case [J], Accounting, Auditing & Accountability Journal. 2019, 32 (1).

[2] 刘宝财. 政策落实跟踪审计路径研究——基于审计署跟踪审计结果公告的视角 [J]. 财政监督, 2016 (23): 67-69.

[3] 吴勋, 武月. 政府环境审计实施现状与改进建议——基于2004—2015年审计结果公告 [J]. 会计之友, 2017 (9): 120-123.

[4] 徐向真, 任莉娜, 段曼曼. 基于重大政策措施落实跟踪审计的问卷调查 [J]. 财会月刊, 2018 (17): 146-152.

[5] 秦荣生. 政府审计新领域: 经济政策执行效果审计 [J]. 当代财经, 2011 (11): 112-118.

[6] 李雯. 基层公共政策执行审计探索 [J]. 审计月刊, 2015 (8): 9-11.

[7] 蔡春, 唐凯桃, 刘玉玉. 政策执行效果审计初探 [J]. 审计研究, 2016 (4): 35-39.

[8] 洪德山. 公共政策绩效审计问题分析 [J]. 财政监督, 2017 (6): 71-75.

[9] Shulock N, Boilard S. Buying the Right Thing: Using a Policy Audit to Align Community College Finance with State Policy Goals [J]. Planning for Higher Education, 2007, 35 (47): 12960-12965.

[10] Teddy Jurnali, A. K. Siti-Nabiha. Performance Management System for Local Government: The Indonesian Experience [J]. Global Business Review, 2015, 16 (3): 351-363.

[11] 陈尘肇. 关于加强转变经济发展方式相关政策执行情况审计监督的思考 [J]. 审计研究, 2011 (4): 14-18.

[12] 杨柔坚, 李洋, 苏艳阳. 基于大数据的政策跟踪审计方法研究——以就业政策跟踪审计为例 [J]. 审计研究, 2020 (4): 28-34.

[13] 王文全, 陈齐英, 刘栋. 充分发挥政策性金融机构内部审计作用 促进公司落实党和国家重大政策要求 [J]. 中国内部审计, 2022 (11): 71-73.

[14] 鲍国明. 推动理论和实践创新 助力内部审计高质量发展 [J]. 中国内部审计, 2022 (1): 4-12.

[15] 王巧荣, 黄巍, 李相君, 李航. 充分发挥内部审计的重要作用 助力国家重大政策措施贯彻落实——中国五矿科研专项审计典型案例研究 [J]. 中国内部审计, 2022 (7): 65-68.

[16] 史吉乾. 政策措施落实情况审计的重点和方法探讨 [J]. 审计研究, 2016 (1): 17-21.

[17] 审计署武汉特派办课题组, 程光. 国家重大政策措施贯彻落实情况跟踪审计创新与发展研究 [J]. 审计研究, 2018 (4): 18-23.

[18] 苏炜. 国有企业内部审计整改的理论框架与例证分析: 职能部门视角 [J]. 中国审计评论, 2022 (1): 164-173.

[19] 王腾. 国有企业开展政策决策落实跟踪审计的探索 [J]. 财会学习, 2022 (20): 113-115.

The Path of Internal Audit to Promote the Implementation of Major National Policies and Measures
——Analysis Based on the Difficulty of Implementing Policies and the Ability of Implementation Subjects

Li Man Chen Ziyun

(School of Internal Audit, Nanjing Audit University, Nanjing 211815)

[**Abstract**] In recent years, the CPC Central Committee and the State Council have attached great importance to the audit work. As an important part of the supervision system of the Party and the state, it has become one of the most important responsibilities of the audit to supervise and promote the implementation of major policies and measures of the Party and the state. As an indispensable part of the audit supervision system, internal audit can implement more targeted, routine and real-time supervision, which has irreplaceable uniqueness. In the process of implementation, how to actively cooperate with external audit forces to jointly promote the implementation of major policies and measures of the Party and the state is worthy of serious consideration and summary. Based on the theory of public policy implementation, this paper divides major national policies into four types according to the difficulty of implementing policies and the ability of implementing subjects, taking the national monetary policy, tax and fee reduction policy, targeted poverty alleviation policy and environmental protection policy as examples. According to the characteristics of different types of policies, based on the important responsibility of internal audit to promote the implementation of major policies and measures in the new era, this paper has detailed the work planning of internal audit, improved the working system and mechanism of internal audit, strengthened the cooperation between internal and external audit, highlighted the key points of audit work, strengthened the control of audit quality, and paid attention to the rectification of audit problems. It designed four audit paths from three aspects: audit operation, audit business and audit management. It will help give full play to the important role of internal audit in promoting the realization of full audit coverage, promote prevention and resolution of major risks and problems, and further improve the implementation effect of major national policies and measures.

[**Key words**] Internal Audit; Major Policies and Measures; Audit Operation; Audit Business; Audit Management

中央部门内部控制缺陷及其改进研究

——基于2014—2021年中央部门预算执行审计结果公告的视角

池国华[1]　蒋志远[2]　叶昊[1]

(1. 南京审计大学　内部审计学院，江苏　南京　211815；
2. 南京审计大学　金融学院，江苏　南京　211815)

【摘　要】 目前，我国党风廉政建设和反腐败斗争面临不少顽固性、多发性问题，这要求我国行政事业单位建立起防腐促廉的长效机制。而这种长效机制应当以内部控制制度为基础，利用内部控制制度这一"篱笆"强化对权力运行的制约和监督作用。本文基于内部控制视角，选取2014—2021年中央部门预算执行审计结果公告为研究样本进行统计分析，按"整体分析→单位层面→业务层面→具体问题"的逻辑，聚焦探讨中央部门内部控制缺陷的不同维度及其主要表现，深入挖掘缺陷产生的原因，并提出相应的改进建议，以期促进中央部门内部控制制度建设，提升预算执行水平，强化廉政风险防控。

【关键词】 中央部门；内部控制；审计结果公告

一、问题的提出

党的二十大报告指出，党的建设特别是党风廉政建设和反腐败斗争面临不少顽固性、多发性问题。只要存在腐败问题产生的"土壤"和条件，反腐败斗争就一刻不能停。党的二十大报告强调，要以零容忍态度反腐惩恶，更加有力遏制增量，更加有效清除存量，坚决查处政治问题和经济问题交织的腐败；要深化整治权力集中、资金密集、资源富集

基金项目：国家自然科学基金面上项目"政府审计与内部控制整合视角下的腐败综合治理机制研究：基于政府和企业两种情形"（项目批准号：71772089）。

作者简介：池国华（1974—），男，福建龙岩人，南京审计大学内部审计学院教授、博士生导师，主要从事内部控制与审计研究；蒋志远（2000—），男，江苏扬州人，南京审计大学金融学院硕士研究生，研究方向为金融审计与金融监管，本文通讯作者；叶昊（1997—），男，陕西宝鸡人，南京审计大学内部审计学院硕士研究生，研究方向为内部审计研究。

领域的腐败，坚决惩治群众身边的"蝇贪"。因此，防治行政事业单位内部腐败问题，需要依靠建立健全制度规范。对于行政事业单位而言，筑牢内部控制制度基础，利用内部控制制度这一"篱笆"强化对权力运行的制约和监督作用，方能真正建立起防腐促廉的长效机制，持续降低单位的廉政风险。

2012年11月，财政部颁发了《行政事业单位内部控制规范（试行）》（以下简称《内部控制规范》），并规定《内部控制规范》从2014年1月1日起在全国施行，由此正式开启了行政事业单位内部控制建设的系统工程。财政部紧接着又陆续发布了《关于全面推进行政事业单位内部控制建设的指导意见》《关于开展行政事业单位内部控制基础性评价工作的通知》《行政事业单位内部控制报告管理制度》等文件。这些文件促使我国行政事业单位积极探索内部控制的建立和实施，且取得了良好的进展。然而在实践中，一些行政事业单位的内部控制制度在设计与执行方面存在不少漏洞和缺陷。这些漏洞和缺陷在一定程度上解释了"行政事业单位腐败问题比较突出"的现象。因此，把握行政事业单位内部控制实践中漏洞存在的普遍性、倾向性、典型性，对防治中央部门腐败问题具有重要的实际意义。

然而，与行政事业单位内部控制相关的文献在研究思路上缺乏系统性，在分析方法上缺乏科学性。究其原因在于，行政事业单位内部控制报告质量较低，且数据较难获取。具体而言，内部控制报告虽然给部分研究提供了数据支撑，但是其报告形式存在一定缺陷，如数据缺乏客观性、一手数据难以获取，从而导致现阶段关于行政事业单位内部控制的研究也存在一定的局限性。因此，探索行政事业单位内部控制缺陷的类型及其成因需要从新的视角入手。

根据《内部控制规范》的规定，行政事业单位的内部控制应侧重于经济活动的风险防范和管控，而行政事业单位的经济活动主要体现在财政资金的收支上。同时，预算管理不仅涉及财政资金的收支，而且贯穿于其他经济活动当中。因此，行政事业单位内部控制制度可以被视为以预算管理为主线建立和实施的体系。而作为经济安全的"守护者"，审计署每年都会立足于经济监督定位，对中央预算执行和财政收支情况进行审计，并通过审计公告的形式披露信息。因此，政府审计公告在内容上可以反映出中央部门的内部控制缺陷，研究中央部门内部控制缺陷可以以中央预算执行审计结果公告的内容为依据。

综上所述，本文将依托政府审计的权威性和专业性，利用中央部门预算执行情况的审计结果公告，统计分析其内部控制缺陷，并提出相关建议。这不仅有利于揭示当前行政事业单位特别是行政部门具有普遍性、倾向性、典型性的内部控制问题，而且可以为强化政府部门内部控制体系、降低政府部门廉政风险提供参考。

二、文献综述

目前关于行政事业单位内部控制的研究多集中于理论分析，如唐大鹏等[1]在行政事业单位内部控制的中国特色、管理特质与监督的关系特点等三个方面丰富了理论基础；刘永泽等[2]结合企业内部控制等理论对行政事业单位内部控制的概念、范围和目标等内容进行重点讨论，为《内部控制规范》的正式执行提供相应的理论支撑。此外，一些学者基于规范研究和案例研究的形式探讨了我国行政事业单位内部控制存在的问题及其改进路径。唐大鹏等[3]借鉴企业内部控制评价的相关内容，提出了一套适合我国国情的行政事业单位内控评价模式，并构建了相应的内控评价指标体系；谢轶娟等[4]对省级以上行政事业单位的内部控制情况进行了问卷调查，分析了2017—2018年行政事业单位内部控制体系的现状，并对行政事业单位内部控制建设提出政策建议；邹晶等[5]通过对北京、浙江等省市的若干行政事业单位走访调查后发现，行政事业单位内部控制导向仍存在重合规而轻绩效的问题，并提出建设一个双导向的动态平衡内部控制体系。上述研究虽然探索了行政事业单位内部控制的不足，但总体上缺乏系统的研究和科学的分析。

为进一步加强行政事业单位内部控制建设工作，财政部自2017年起组织各单位积极开展内部控制报告编制工作，从而有利于学者获取并掌握行政事业单位内部控制建立与实施情况的具体数据。然而在实践中，行政事业单位内部控制报告的报告形式存在一定缺陷，如数据缺乏客观性、一手数据难以获取，从而导致现阶段关于行政事业单位内部控制的研究也存在一定的局限性。因此，研究行政事业单位内部控制应当考虑以其他报告形式的内容为研究依据。值得注意的是，我国目前利用政府审计公告的研究较多，主要集中在以下三个方面：一是利用审计公告结果探究政府审计的经济后果。一些学者通过实证分析，发现政府审计在国有企业风险、央企控股上市公司虚增收入和高管超额在职消费等行为上有抑制作用[6-8]，在企业创新、社会责任和企业治理效率等方面有提升作用[9-11]。二是针对政府审计结果公告中反映的国家治理问题提出改进建议。郑朝阳[12]和刘国常[13]等通过中央部门预算执行审计披露的整改情况，发现审计监督全覆盖不到位、动态调整机制不够健全，仍存在屡审屡犯问题。刘静[14]、吴秋生等[15]采用理论分析与实证分析等研究方法，分析了审计结果公告与国家治理能力间的关系，提出了完善我国国家治理体系的相关建议。三是给审计结果公告制度的完善提供建议。一些学者从利益相关者、审计环境决定论、市场感知及关联审计业务的协同等不同角度，分析审计结果公告存在的问题，并提出完善审计公告制度的建议[16-19]。同时，为充分发挥政府审计在国家治理体系中的监督作用，审计署每年都会通过审计结果公告的形式对典型问题及整改情况进行披露，既反映给社会公众，满足公众的知情权，又反映给政府、人大和其他社会组织，为其提供制定决策的参考信息。通过审计结果信息的传递和反馈，进一步推动完善经济、政治和社会治理，提高国家治理能力。

综上所述，与行政事业单位内部控制相关的文献目前仍以规范研究、案例分析为主，较少采用实证分析的研究方法。其原因有二：一是即使内部控制报告编报工作已趋制度化、常态化，但社会公众获取行政事业单位内部控制有效性数据的渠道仍然非常有限；二是各单位在内部控制数据的上报中存在"报喜不报忧"等问题，内部控制报告内容缺乏客观性。这些均导致获取的内部控制数据缺乏足够的完整性、客观性和权威性。然而，大量研究丰富并规范了政府审计公告的报告形式，政府审计公告也推动了国家治理能力的提高。基于此，本文以中央部门预算执行审计结果公告作为切入点，收集整理审计公告的数据，并进一步对其进行统计分析，从而更加全面、更加科学、更加合理地反映中央部门内部控制的有效性。

三、研究设计

（一）研究思路的确立

《内部控制规范》在第二条中将内部控制定义为各级单位经济活动的内部控制，从而行政事业单位内部控制工作应当围绕经济活动和财政资金紧密开展；为规范政府收支行为，保障经济健康发展，《中华人民共和国预算法》将预算管理作为合理有效地使用财政资金的重要基础。在此基础上，为防范化解重大经济风险，《内部控制规范》将预算融合于单位层面和业务层面的内部控制之中；2020 年颁布的《中华人民共和国预算法实施条例》，在第五十一条和第五十三条中分别对财政、预算等部门单位提出了建立健全内部控制制度的要求。因此，我国目前已逐步构建起以"预算管理为主线，以资金管控为核心"的内部控制体系。而作为全面落实内部控制制度的重要抓手和整个行政事业单位内部控制的起点，审计署也主要围绕预算执行情况进行审计。

由于预算管理从整体上覆盖了行政事业单位的所有资金业务流程，同时考虑审计的权威性，本文以中央部门预算执行审计结果公告数据为依据，来衡量中央部门内部控制缺陷情况。根据《内部控制规范》对内部控制制度单位层面和业务层面的划分，本研究构建了适用于中央部门的具有"单位、业务和具体指标"三级分类的内部控制缺陷统计标准体系，并按照"整体分析—单位层面—业务层面—具体问题"的逻辑，系统分析了中央部门内部控制执行的有效性。

（二）研究范围的确定

《中华人民共和国预算法》中指出，我国实行一级政府一级预算。所谓中央预算单位，是指属于中央预算序列的机构。根据财政部印发的《中央部门预算绩效目标管理办法》[①]、《国务院关于机构设置的通知》[②] 和《中华人民共和国预算法》，结合对《中央部门年度预算执行审计结果公告》中审计对象的手工整理，本文将"中央部门"定义为包

---

① 财政部印发的《中央部门预算绩效目标管理办法》（财预〔2015〕88 号），将党中央有关部门，国务院各部委、各直属机构，总后勤部，武警各部队，全国人大常委会办公厅，政协全国委员会办公厅，最高人民法院，最高人民检察院，各民主党派中央，有关人民团体，新疆生产建设兵团，统称为"中央部门"。
② 国务院关于机构设置的通知（国发〔2018〕6 号）将"新华通讯社、中国科学院、中国社会科学院、中国工程院、国务院发展研究中心、中央广播电视总台、中国气象局、中国银行保险监督管理委员会、中国证券监督管理委员会"定义为国务院直属事业单位。

含国务院各部委、各直属机构和直属事业单位，全国人大常委会办公厅，政协全国委员会办公厅，最高人民法院，最高人民检察院，各民主党派中央和有关人民团体。

为探究中央部门自2014年以来的整体成效和存在问题，本文基于2014—2021年的中央部门预算执行审计年度公告，对中央部门存在的内部控制缺陷进行统计分析，并提出针对性政策建议。

（三）研究指标体系的构建

为便于评价和比较不同单位的内部控制建设情况，财政部发布了一系列文件，对行政事业单位内部控制建设做出统一规定和要求。这对督促各级各类行政事业单位加强内部控制建设具有重要的指导意义。根据财政部2012年颁布的《内部控制规范》、2016年颁布的"行政事业单位内部控制基础性评价表"以及2017年印发的《行政事业单位内部控制报告管理制度（试行）》，参考财政部会计司发布的《2017年全国行政事业单位内部控制建设分析报告》中对内部控制制度的划分情况，本文总结出中央部门内部控制的重点建设内容，并以此作为对审计结果公告的分类依据。根据《内部控制规范》对内部控制制度单位层面和业务层面的划分，本文在研究中构建了适用于中央部门的具有"单位、业务和具体指标"三级分类的内部控制缺陷统计标准体系，如表1所示。其中单位层面包括"组织架构、制度完备情况、关键岗位设置、风险评估情况和信息系统建设"等五个方面，共涉及"内部控制机构设置"等13个具体指标；业务层面包括"预算控制、收支控制、采购控制、资产控制、建设项目控制和合同控制"等六大经济业务，共涉及"预算编审"等21个具体指标。

表1　　　　　　　　中央部门的内部控制缺陷统计标准体系

一级分类	二级分类	具体指标
1. 单位层级	（1）组织架构	①内部控制机构设置；②单位责任人任职；③内部监督部门设置
	（2）制度完备情况	①集体决策制度；②管理制度；③监督制度
	（3）关键岗位设置	①不相容岗位分离情况；②关键岗位责任建立健全情况；③关键人员考评轮岗情况
	（4）风险评估情况	①风险评估机构制度保障情况；②风险评估实施情况
	（5）信息系统建设	①管理信息系统功能覆盖情况；②权限设置与安全管理
2. 业务层级	（6）预算控制	①预算编审；②预算批复细化；③预算执行；④决算与考评
	（7）收支控制	①收入管理；②支出管理；③债务管理
	（8）采购控制	①采购预算与计划控制；②采购政策落实；③采购支付；④合同签订与备案
	（9）资产控制	①资产定期核查盘点与跟踪管理；②合规配置、使用和处置资产
	（10）建设项目控制	①前期管理；②资金控制；③投资计划完成情况；④竣工交付
	（11）合同控制	①合同订立；②合同履行；③后续管理；④特殊事项管理

四、中央部门内部控制缺陷趋势分析

自《内部控制规范》实施以来，中央部门内部控制建设成效显著，基本建立起规范、完善的内部控制体系。2014—2021 年，我国中央部门内部控制建设整体水平基本呈现出上升趋势，如图 1 所示。2014—2019 年中央部门内部控制平均缺陷个数从 21 个降至 7 个，2020 年中央部门内部控制平均缺陷个数回升至 20 个，然后在 2021 年降至 14 个（见表 2）。我国中央部门内部控制建设取得的成效源于其始终紧密围绕政策指导。2014 年《规范》和 2017 年《行政事业单位内部控制报告管理制度（试行）》等文件的相继发布，审计、纪检监察等外部监督作用的有效发挥，以及各级单位对内控制度建设的积极探索和落实，都是内部控制体系建设取得成效的重要保障。虽然 2020 年中央部门内部控制平均缺陷数量有所回弹，但这并非内部控制体系失效。其主要原因可能是，为进一步落实中央一级预算单位实现审计全覆盖，2020 年审计署将审计范围扩展至 43 个部门，并延伸至其下属单位 439 家，随着审计覆盖范围扩大，内部控制缺陷的平均数量再次上升。然而，审计范围扩大导致的中央部门内部控制平均缺陷数量回升只是暂时性的。由于部分下属单位长期处于审计缺位状态，内部控制制度建设尚未得到有效监督。而审计监督有利于清除单位内部控制的盲区和死角，中央部门内部控制经过整改，其平均缺陷数量仍会保持下降趋势。行政事业单位内部控制建设是一项长期复杂的系统工程，在内部控制体制的建设过程中，各单位不仅要与其他部门形成合力，还要持续推动内部控制体系完善，使行政事业单位内部控制体系不断适应治理能力现代化的要求。

表 2　　　　　　　　2014—2021 年中央部门内部控制缺陷数量

	2014 年	2015 年	2016 年	2017 年	2018 年	2019 年	2020 年	2021 年
部门数量（家）	46	42	73	57	88	99	43	41
缺陷数量（个）	970	516	642	663	808	652	843	565
平均缺陷数（个）	21	12	9	12	9	7	20	14

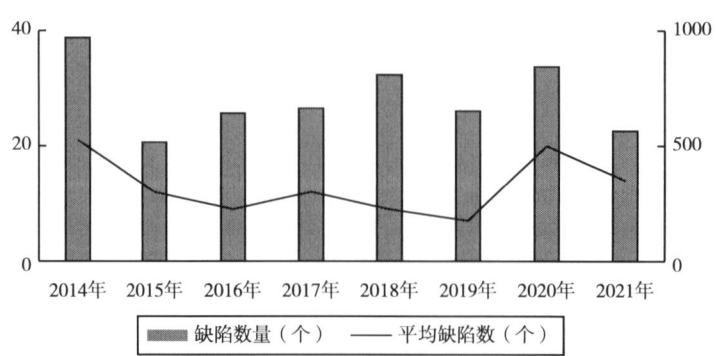

图 1　中央部门内部控制平均缺陷数量

五、单位层面的内部控制缺陷评价

如表3所示,单位层面中与"制度完备情况"有关的内部控制问题最为严重,根据2016年财政部发布的《关于开展行政事业单位内部控制基础性评价工作的通知》中附件1[13]的定义,单位层面评分占比最重的一项评价指标为"内部控制制度完备情况",指标评价内容包括"建立决策机制制度""建立预算管理制度"等7项管理制度。因此,本文仍采用"制度完备情况"作为二级指标,同时进一步分为"集体决策机制、管理制度和监督制度"等三项具体指标,并基于此评价指标体系来判断行政事业单位的内部控制制度设计是否完整涵盖管理所需的各个方面,以及内部控制制度设计的有效性是否存在缺失。

组织架构、关键岗位设置、风险评估情况和信息系统建设等指标所反映的内部控制缺陷数量较少(见表3),但这并不意味着这四项内容的内部控制在实际情况中运行良好。行政事业单位审计的重点对象是经济业务,因此审计通常更关注行政事业单位组织架构、关键岗位设置等单位层面的内控执行合规性,而较少关注设计有效性。同时,审计结果大多以数据形式呈现,从而内控制度设计的有效性难以得到具体表达。综上,中央部门在制度层面的部分内部控制缺陷未得到应有关注。

表3　　2014—2021年按单位层级分类的内部控制缺陷情况

一级分类	二级分类	缺陷数量(个)	所占比例(%)
单位层级	(1)组织架构	47	5.78
	(2)制度完备情况	699	85.98
	(3)关键岗位设置	7	0.86
	(4)风险评估情况	22	2.71
	(5)信息系统建设	38	4.67
合计		813	100.00

(一)信息系统建设的实践情况

《内部控制规范》第十八条明确提出,"单位应当充分运用现代科学技术手段加强内部控制。对信息系统建设实施归口管理,将经济活动及其内部控制流程嵌入单位信息系统中,减少或消除人为操纵因素,保护信息安全"。各级单位对信息化建设进行了长期的积极探索,但仍没有制定出统一标准来衡量信息系统建设质量,致使相关研究难以通过审计结果公告来获知内部控制信息系统建设方面的真实情况。此外,许多单位对内部控制信息化实质认识不足,认为信息化就是开发一套独立的系统,从而导致该系统与其他系统部分功能存在重合;一些行政事业单位的内部控制信息化可能存在手工与系统两条流程并行的情况,不仅缺乏实用性,而且给相关业务人员带来负担。因此,信息化初步建立阶段下的中央部门内部控制体系效率低下问题亟须关注。

（二）制度完备的实践情况

制度完备情况包括集体决策制度、监督制度和管理制度，且在单位层面的内部控制缺陷中占比最大。其中，管理制度与监督制度在2014—2021年中涉及的内部控制缺陷占据主要内容，在"制度完备情况"涉及的内部控制缺陷中，管理制度占比约为59.50%，监督制度占比约为39.91%（见图2）。这表明中央部门在监督制度和管理制度的建设与落实方面尚有不足。中央部门制度完备情况为何会出现缺陷？其一，对内部控制制度建设的认识不到位。部分单位仅仅将制度建设视为满足外部合规的需要，并不重视内部控制制度的完善工作。例如，预算单位的财务管理工作主要以会计规范为重点，关于资金、费用管理等其他重要的财务管理环节尚未纳入预算管理中。其二，一些基本控制方法未得到有效运用。各单位在预算管理、授权审批、内部审计等一些基本控制方法的运用中还存在一定问题。例如，在预算编制时未统筹计划、预算编制与预算绩效评价脱节、授权审批体系不合理、内部审计的缺失等都会使财务监督检查流于形式，从而使中央部门内部控制制度无法发挥"警戒线"作用。

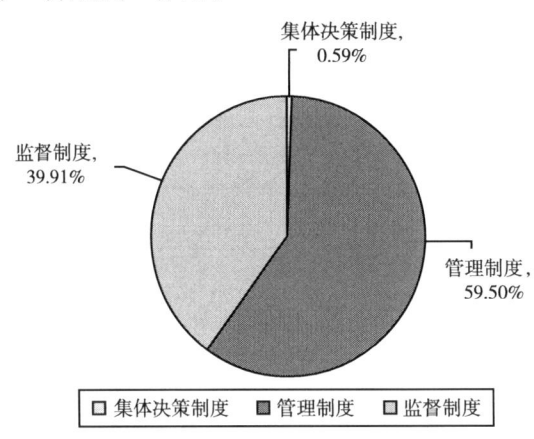

图2 制度完备情况具体指标的内部控制缺陷比例

六、业务层面的内部控制缺陷分析

基于业务类型分类的行政事业单位内部控制，按照缺陷的数量从大到小排序，依次为预算控制、收支控制、采购控制、资产控制、项目建设控制和合同控制（见表4）。具体而言，预算控制缺陷为1663个，占比最大，达到了33.28%；收支控制缺陷数量1289个，占比25.80%；资产控制缺陷数量961个，占比19.23%；项目建设控制缺陷数量595个，占比11.91%；采购控制缺陷数量377，占比7.54%；合同控制缺陷数量112个，占比最少，为2.24%。业务层面的内部控制制度主要包括六大经济业务活动。根据业务层面二级指标的内部控制缺陷情况，本文对缺陷严重程度排在前三名的控制措施进行详细分析，即预算控制、收支控制和资产控制。

表4　2014—2021年按业务层级分类的内部控制缺陷情况

一级分类	二级分类	缺陷数量（个）	所占比例（%）
业务层级	（1）预算控制	1663	33.28
	（2）收支控制	1289	25.80
	（3）采购控制	377	7.54
	（4）资产控制	961	19.23
	（5）项目建设控制	595	11.91
	（6）合同控制	112	2.24
合计		4997	100.00

（一）预算控制情况

预算控制是内部控制经济活动中的重要抓手。在"以预算管理为主线，以资金管控为核心"的内部控制体系下，预算这一基本控制方法始终贯穿各业务流程，并衔接其他业务。预算控制在内部控制缺陷中占比最高，为33.28%（见表4）。其中预算控制又包括预算编审、预算批复细化、预算执行以及决算与考评。无论是根据预算控制具体指标的内部控制缺陷数量的横向分析，还是纵向分析，预算控制缺陷最为严重的三类控制措施分别是预算执行、预算编审以及决算与考评。

自《内部控制规范》执行以来，预算管理整体情况较好，基本符合预算法及其他相关法律法规的要求。但仍存在如下问题：一是预算执行方面的问题最为严重，在预算控制具体指标的内部控制缺陷中占比约为48.53%（见图3）。部分单位预算执行不严格，违规征缴、收费，违规列支会议费和"三公经费"，自行随意调整预算支出等问题屡审屡犯。二是预算编审方面的问题，在预算控制具体指标的内部控制缺陷中占比约29.42%（见图3）。一些单位在预算编审方面存在预算编报不准确、预算编制未细化、收支未纳入预算管理、编报不实、未充分考虑上年情况以及仍采用"基数＋增长"的编制模式等问题。三是决算与考评方面的问题，在预算控制具体指标的内部控制缺陷中占比约为18.6%（见图3）。部分单位的全面预算绩效管理存在项目绩效目标未细化、不完整，自评结果不真实、不准确等问题。

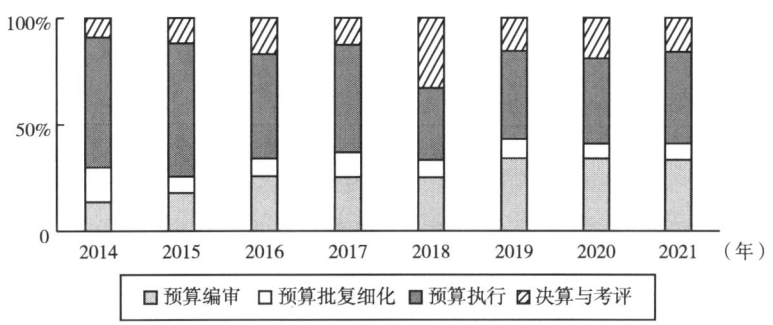

图3　预算控制具体指标内部控制缺陷个数占比

预算控制问题的屡审屡犯,首先说明审计整改流于形式,对同一类问题的整改力度逐渐减弱,未形成长效约束机制;其次反映审计对整改问题未跟踪落实到位,审计机关提出建议后,对责任主体整改的监督力度不大,使得审计难以发挥威慑作用;最后映射以公众监督为主的外部监督缺位,社会公众无法通过外部渠道对单位整改情况进行监督。

(二)收支控制情况

收支控制包括收入管理、支出管理以及债务管理,在内部控制缺陷中占比25.80%(见表4)。行政事业单位收支两条线、政府收支分类改革等具体控制措施的执行情况整体较好,但仍存在如下问题:

1. 收入管理缺陷较为严重,在收支控制缺陷中占比40.94%(见图4)。我们通过整理发现,部分单位非税收入管理不规范。执收单位不严格按规定征缴非税收入,上缴不及时、违规收费、坐收坐支非税收入、虚列收入、非税收入相关账户设置不规范等问题屡禁不绝。

2. 支出管理缺陷最为严重,在收支控制缺陷中占比49.32%(见图4)。部分单位预算收支管理规范性不够。作为预算编制的基本依据之一,支出标准在支出标准体系建设中落实不到位、执行不到位,对预算编制的约束尚不够有力。基本支出领域仍存在薄弱环节。例如,部分单位仍然存在"三公经费"管理不严格、违规发放补贴和超标配备车辆等问题,从而财政支出标准的基础性作用无法得到充分发挥。经费支出未经过正常申请程序,审批支出事项未经过审核、审批等问题在行政事业单位中较为严重。

3. 收支管理不力的原因主要有两点:一是受资金收入来源广泛的影响(包括财政拨款、专项补助和房租收入等),部分单位收支管理混乱,会计核算和会计处理不正确;二是在收支业务过程中,预算控制存在漏洞,并且跟踪管理与督促检查未落到实处,从而导致收支管理问题层出不穷。

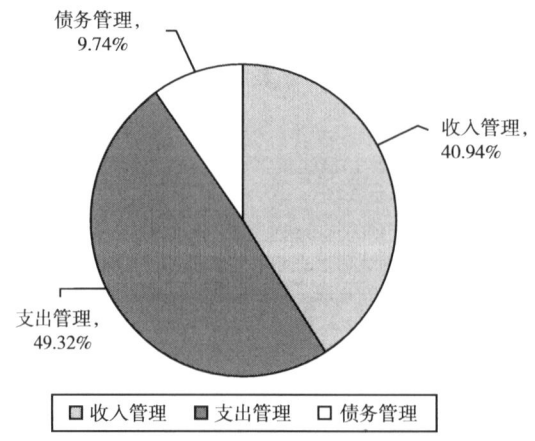

图4 收支控制具体指标的内部控制缺陷比例

（三）资产控制情况

资产控制包括资产定期核查盘点与跟踪管理，合规配置、使用和处置资产。资产控制缺陷在单位内部控制缺陷中占比为19.23%（见表4）。中央部门在国有资产合规配置、使用和处置管理上不严格，国有资产使用效率不高、资产配置不足与资产闲置浪费问题突出；在资产入账登记方面，部分单位未能办理产权登记，存在账实不符等问题；在资产统筹协调方面，多家单位存在资产长期闲置、未经审批出租租借资产、资产处置出租收入未按规定上缴财政等问题。

资产管理不力的原因主要有两点：一是部分存量资产属于历史遗留问题，单位缺乏有效的管理手段来处理这部分存量资产；二是一些单位尝试将资产管理业务纳入内部控制体系，但在实践中未能较好地将两者融合在一起，即资产管理制度不能适应现阶段需求，从而导致中央部门国有资产使用效率不高、资产闲置浪费等问题突出。

七、总结与建议

本文以2014—2021年中央部门预算执行审计结果公告为研究样本，按"整体→单位→业务→具体问题"的逻辑，对我国中央部门内部控制缺陷进行了统计分析。我们发现中央部门内部控制整体水平提升，单位层面的制度完备情况和信息化建设情况有待加强；预算控制、收支控制和资产控制等三大业务的内部控制缺陷亟须关注；预算编审和预算执行等具体问题屡审屡犯。

上述结论表明，中央部门内部控制制度建设在取得显著成效的同时，也暴露出现阶段内部控制制度的设计有效性和执行有效性仍存在一些问题，而这些问题值得我们去深入关注。为进一步完善中央部门内部控制设计和执行有效性，适应国家治理体系对内部控制制度提出的新要求，实施、监督与评价等部门要发挥好各自功能，充分运用中央部门预算执行审计结果，需要从以下三方面协同推进中央部门内部控制制度的设计有效性和执行有效性水平提升。

（一）中央部门作为行政单位内部控制规范的实施部门，需要进一步重视内部控制制度的建立健全

在单位层面中央部门可以从以下几点入手进行改进：第一，要加强内部控制信息化建设。各行政单位不能停滞于搭建独立的大数据平台，而要首先将业务流程信息与会计数据信息进行整合；其次，在系统中嵌入内部控制全过程；最后，利用整合后的数据进行自动系统分析，建立动态预警机制，并形成有效风险控制措施，实现内部控制的程序化和常态化。第二，要强化对内部控制制度建设的认识。定期做好单位人员内部控制制度认识培训，明晰各部门内部控制职责，不断优化内部控制自评工作，发现制度的不足并加以完善。第三，要不断完善内部控制制度。统筹编制和使用预算，定期做好预算绩

效评价，保证预算绩效评价符合预算编制目标，建立分级授权体系，以书面文件明确授权管理职责分工、授权原则、授权内容及权限授予、变更等受理程序，建立健全单位内审制度，加强内审部门人员培训。

在业务层面中央部门可以从以下几点入手进行改进：第一，加强预算控制。重点关注中央部门预算编审和预算执行问题，进一步规范预算编审，做好预算体系评估，严格落实预算执行。第二，加强支出控制。进一步强化会计系统控制，避免会计核算和处理不正确等问题，跟踪监控预算支出情况。第三，加强资产管理控制。应尽可能地解决部分资产的历史遗留问题，将资产管理业务纳入内部控制体系，并不断调整和完善资产管理控制制度。

（二）财政部门需要强化内部控制评价监督，以促进行政单位提高内部控制制度的设计有效性和执行有效性

作为行政单位内部控制规范的监督评价部门，财政部可以从多个层面帮助行政单位持续改进内部控制：第一，在业务层面，财政部应强化内部控制评价整改作用。针对屡审屡犯的内部控制问题，财政部应当建立起奖惩制度，比如，可以考虑对存在预算执行不严格、自行随意调整预算支出等问题的行政单位进行预算限制。第二，在单位层面，财政部可以改进现行内部控制评价方式。比如，加强内部控制日常的监督评价，可以要求被评价单位先进行内部控制自查，并提供内部控制自查报告，从而使被评价单位进一步明确内部控制建立健全责任。第三，在综合层面上，财政部可以改进现行内部控制评价报告。在现行行政事业单位内部控制评价报告基础上，可以考虑增加内部控制评价结论、内部控制评价工作依据、内部控制缺陷认定及整改情况等方面的要求。

（三）依托国家审计的独特性和权威性，促进行政单位提高内部控制制度的设计有效性和执行有效性

审计署可以从以下三个方面进一步发挥国家审计"经济体检"的功能作用：第一，增强"查病"功能。对于收支控制和资产控制等问题，审计部门还要扩大审计工作范围，加大审查力度，加强后续审计整改跟踪监督，对流于形式的整改做到有责必问、问责必严，发挥审计威慑作用，高质量推进审计全覆盖。第二，发挥"治已病"功能。对预算执行、预算编审等屡审屡犯问题，审计机关需要深入分析问题产生原因，从制度上提出解决问题的根本建议，对典型性、普遍性问题的责任主体加大追责力度，并将审计违规情况及时移交主管部门或纪检监察机关，建立健全审计查出问题整改长效机制。第三，重视"防未病"功能。对管理制度与监督制度的缺陷，要压实被审计单位的整改主体责任、主管部门的监督管理责任和审计机关的督促检查责任，积极构建政府审计和内部审计"两张网"，持续推进审计与其他监督贯通、协同，确保审计成果权威、高效运用；根据国家法律法规，针对内部控制的具体问题提出防范措施，实现风险防控关口前移。

参考文献：

[1] 田祥宇,王鹏,唐大鹏.我国行政事业单位内部控制制度特征研究[J].会计研究,2013(9):29-35+96.

[2] 刘永泽,唐大鹏.关于行政事业单位内部控制的几个问题[J].会计研究,2013(1):57-62+96.

[3] 唐大鹏,吉津海,支博.行政事业单位内部控制评价:模式选择与指标构建[J].会计研究,2015(1):68-75+97.

[4] 谢轶娟,许娟.行政事业单位内部控制报告现状分析——基于省级以上行政事业单位内部控制报告问卷调查的分析[J].财务与会计,2019(14):4.

[5] 邹晶,李娜.双导向下的行政事业单位内部控制平衡体系建设[J].财会月刊,2020(21):70-75.

[6] 褚剑,方军雄.政府审计能够抑制国有企业高管超额在职消费吗?[J].会计研究,2016(9):82-89.

[7] 杨华领,宋常.国家审计与央企控股上市公司虚增收入[J].审计与经济研究,2019,34(6):1-9.

[8] 王海林,张丁.国家审计对国有企业风险承担的治理效应:促进还是抑制?——基于审计公告语调的分析[J].会计研究,2021(10):152-165.

[9] 蔡利,马可哪呐.政府审计与国企治理效率——基于央企控股上市公司的经验证据[J].审计研究,2014(6):48-56.

[10] 胡志颖,余丽.国家审计,高管隐性腐败和公司创新投入——基于国家审计公告的研究[J].审计与经济研究,2019,34(3):12.

[11] 潘俊,景雪峰,王亮亮,周会洋.国家审计结果公告语调与国有企业社会责任[J].审计研究,2020(6):26-33.

[12] 郑朝阳,朱飞.关于进一步深化中央部门预算执行审计的思考——基于党的十八大以来5年审计结果公告分析[J].审计研究,2019(1):6.

[13] 刘国常,朱雯雯.中央部门预算执行审计及问题整改研究——以2013—2018年审计署审计结果公告为例[J].财会通讯,2021(21):7-9+135.

[14] 刘静.审计结果公告的公民参与策略研究[J].审计研究,2015(2):48-55.

[15] 吴秋生,上官泽明.国家审计本质特征、审计结果公告能力与国家治理能力——基于81个国家的经验数据[J].审计与经济研究,2016,31(2):14-22.

[16] 郑小荣,尹平.中国政府审计结果公告机制研究——基于利益相关者视角的数理分析[J].审计研究,2013(3):16-21.

[17] 郑小荣,何瑞铧.中国省级政府审计结果公告意愿影响因素实证研究[J].审计研究,2014(5):52-59.

[18] 陈宋生,陈海红,潘爽.审计结果公告与审计质量——市场感知和内隐真实质量双维视角[J].审计研究,2014(2):18-26.

[19] 贾云洁,王会金.本级政府决算草案审计实践特征、困境与纾解——基于2015—2019年度省级预算执行审计结果公告的分析[J].财会月刊,2021(16):101-110.

Research on Internal Control Defect and Its Improvement of Central Departments
——Based on the Perspective of Audit Results Announcement of Central Departments' Budget Implementation from 2014 to 2021

Chi Guohua   Jiang Zhiyuan   Ye Hao

(Nanjing Audit University, Nanjing   211815)

[**Abstract**] At present, the ethos of the party and the construction of probity – government and anti – corruption struggle in China are facing many stubborn and multi – faceted problems, which requires China's administrative institutions to establish a long – term mechanism to promote integrity. Moreover, this long – term mechanism should be based on the internal control system, using the internal control system as a "fence" to strengthen the constraints and supervision of the operation of power. Therefore, based on the perspective of internal control, this paper selects the announcement of budget execution audit results of central departments from 2014 to 2021 as a sample for statistical analysis, and focuses on different dimensions of internal control deficiencies in central departments and their main manifestations according to the logic of "overall analysis – unit level – business level – specific problems". This paper focuses on the different dimensions of internal control deficiencies in central departments and their main manifestations, digs deeper into the causes of the deficiencies and puts forward corresponding suggestions for improvement, thus hoping to promote the construction of internal control systems in central departments, improve the level of budget execution and strengthen the prevention and control of integrity risks.

[**Key words**] Central Department; Internal Control; Announcement of Audit Results

知识流动视角下审计学科的知识来源、知识扩散与学科特征演化研究

——基于1982—2022年知网引文数据库的分析

贺鹏皓

（南京审计大学 政府审计学院，江苏 南京 211815）

【摘 要】 本文从知识流动的视角来探索审计学科发展的规律，根据普赖斯知识增长定律将1982—2022年审计学科知识增长划分为三个阶段，以文献的引用量与被引用量作为知识来源与知识扩散的测度指标，按照帕累托分析法衡量审计与其他学科间的亲疏关系，并运用托尼比彻学科分类方法来测度不同阶段审计的学科特征。由此得出以下结论：（1）审计学科知识产量呈现迅猛增长态势，经历了恢复增长、爆发增长、持续增长三个阶段。（2）审计学科知识来源更加广泛，亲缘与近缘学科从6个增至33个。知识扩散集中度更高，亲缘与近缘学科数量从36个，减少到24个。（3）从知识来源来看，审计学科经历了从"软"变"硬"的过程，学科的认同度进一步增强。从知识扩散来看，审计学科的影响力主要集中在"应用科学"领域，影响学科类别比例相对固定。研究结论也进一步支撑了将审计学科定位为交叉学科类一级学科的观点。

【关键词】 审计学科；知识来源；知识扩散；亲缘学科

一、引言

习近平总书记在党的二十大报告中强调："加快构建中国特色哲学社会科学学科体系、学术体系、话语体系，培育壮大哲学社会科学人才队伍。"审计学科是一门专门研究

基金项目：国家社科基金重大项目"中国共产党领导的百年审计理论与实践研究"（21&ZD027）；教育部哲学社会科学研究后期资助项目"突发公共事件审计及其国际比较研究"（21JHQ065）；南京审计大学2022年度国际化专项课题"中外公共审计对比研究——以中美两国公共政策审计为例"（22GJHGY09）阶段性成果。

作者简介：贺鹏皓（1984—），男，湖南常德澧县人，经济学博士，南京审计大学政府审计学院讲师，主要研究方向为国家审计理论与实务。

审计理论和方法、探索审计发展规律、对经济活动进行有效监督的社会学科,是中国特色哲学社会科学的重要内容。审计学科建设不仅是建构中国特色社会主义审计理论体系,推进审计事业高质量发展的时代需求,而且为新时代"研究型审计"监督工作提供理论支撑,更是建设高素质专业化审计干部队伍的必然要求。然而现阶段审计的学科建设仍存在学科归属不明、学科定位过低、学科发展不足等问题,已远不能满足审计工作实践、审计理论研究和审计人才培养等方面的现实需求。理论界为此开展了关于审计学科升级为一级学科的学术探讨,争论的焦点主要集中在审计学科究竟应归属于哪种学科门类上。

传统观点认为审计学属于管理学科,审计行为由于横跨了国家政治生活、资本市场运转和企事业内部管理,涉及政治学科、经济学科和管理学科,因此属于人管理学科[1]。其中,政府审计本质上是对公共资源、公共利益的管理,归属于管理学门类更为合理[2]。从学科升级角度看,审计学科与管理学门类的有更多相似性[3]、审计有独立的研究对象[4]、审计是广义管理的重要组成部分[5]、审计内容不断拓展[6]且调整起来成本最低[7]等,大多数学者认为审计学应在管理学门类中升级为一级学科。有学者建议由于审计学科建设离不开会计,应当和会计联手申报,共同成为管理学门类下的一级学科[8]。

一种观点提出,审计学属于经济学科,就理论而言,审计是为了切实维护与经济要素相关的全体人民的利益,应归属于解决稀缺经济资源优化配置问题的经济学门类。就历史而言,不同的生产力水平与社会生产关系对应不同的审计职能及学科发展需要。审计的职能定位和内涵与外延都是为了统治阶级利益的最大化,在本质上并无显著性区别。且管理学本身就是起源于经济学科。就实践而言,为实现中国式现代化提供经济资源监督保障,必须进一步优化调整审计职能,并相应扩展审计学科的外延,覆盖全部经济资源领域和社会生产、收入分配等范围,构建更加系统完整的审计学科体系[9]。

另一种观点提出,在法学学科门类下增列审计学一级学科的设想,审计权本质上是一种监督权、执纪执法权,直接服务于国家和组织治理,保障经济活动的真实性、合法性、效益性和廉洁性。作为以审计为研究对象的审计学具有与法学门类的直接关联[10]。任何行使国家公权力的行为都是依法治理行为。在法治国家,无论是国家机关、社会团体还是企事业法人或其他社会组织,其内部治理也必须严格依法。基于契约基础的社会中介从业人员如律师、会计师等是市民社会的主体,而市民社会又是现代法治的基础。唯有法学门类才能涵盖审计的三种类型,也唯有法学门类才能合理解释我国的国家审计现象,因此审计学科应属法学学科门类[11]。其中,国家审计的学科属性与学科设置既受到国家审计政治性的影响,又受到国家审计科学研究纲领的影响。政治性是国家审计的本质属性,政治性使其区别于会计理论,技术性又使其独立于政治学学科[12]。

还有一种观点提出,审计学应成为"监督学"学科门类下的一级学科[13]。权力的监督是一门科学,也是一个系统工程。我国已经形成了一个从上到下、从内到外、相互之间有机联系的权力监督体系。"监督学"应该成为与经济学和管理学并列的学科门类。从审计产生至今,审计工作的各个层面始终没有离开"监督"这一主线或内核。审计学应当归属于监督学[14]。此外,还有学者提出审计学应当定位为交叉学科类一级学科。在新设立有交叉学科门类的条件下，应当按照审计的交叉学科属性，将审计定位为交叉学科门类的一级学科[15]。

上述关于审计学科门类归属的探讨都是基于审计学科的某些方面特征来进行理论推演论证，以求逻辑自洽。然而学科是不断演化的产物，任何一门学科都是从零碎的状态发展为结构化的知识体系。审计学科体系的形成，是吸收、采纳、辐集自然科学、社会科学多种学科知识与方法的结果，对于审计学科归属的问题需要追本溯源，明晰一些基本问题。例如：审计学科的知识来源结构究竟是怎样的？对其他学科有怎样的影响？哪些学科与审计学科的关系紧密？审计学科的相关特征又是如何随着时间变化的？只有在厘清这些基本问题的基础上，关于审计学科门类归属的探讨才能更加科学。

相对于已有研究，本文可能的创新点主要体现在以下两个方面：一是研究视角的创新。本文从审计学科知识流动视角来全面梳理审计学科的成长过程。二是理论方法的创新。根据普赖斯知识增长定律将1982—2022年审计学科知识增长划分为三个阶段，以文献的引用量与被引用量作为知识来源与知识扩散的测度指标，按照帕累托分析法衡量审计与其他学科间的亲疏关系，并运用托尼比彻学科分类方法来测度不同阶段审计的学科特征。由此得出的研究结论更具有科学性和可操作性，不仅有利于把握审计学科研究的重点领域及未来发展趋势，也有利于为审计学科的门类归属提供依据。

二、相关理论方法

（一）知识流动：知识来源与知识扩散

管理学大师彼得·德鲁克（Peter F. Drucker, 1965）曾指出"知识将取代土地、劳动、资本与机器设备，成为最重要的生产因素。"学科是主体在认识客体的过程中形成的系统有序的知识体系，是知识生产、传播、应用积累到一定阶段的产物。学科之间的知识流动是学科交叉融合的前提和基础[16]。知识流动不仅影响学科的成长，还能透视出学科的成长轨迹。科特莱宁（Kortelainen, 2001）将知识来源与知识扩散视为一种过程，既可以是某种观念或经验总结在社会系统中通过特定渠道传播出去，也可以是使用者与创新者互相交流融合的过程[17]。在学科的形成与发展过程中，文献是最重要的传播方式，学者通过将观点或者经验发表在期刊上形成文献将知识扩散出去。学者通过引用各种文献将不同的知识带入自身的研究领域中，不同的引用文献勾勒出知识来源结构的不同，引用文献的频次多少可以刻画出知识来源的集中度。同理，被引用文献则代表学者自己的研究成果在多大程度上被其他人认可并使用，被不同学科的引用代表其扩散范围，被引用文献的频次代表知识扩散的强度。

（二）普莱斯知识增长定律

美国情报学家德里克·普赖斯（Derek de Solla Price）综合分析了大量资料，以科学文献量为纵轴，历史年代为横轴，十分近似地表征了科学文献的增长规律。即科学文献量的增长与时间成指数函数关系，其数学公式表示为：$F(t)=ae^{bt}$。$F(t)$ 表示 t 时刻的文献量，a 是统计初始时刻的文献量，b 是时间常数。他在《巴比伦以来的科学》一书中指出，"似乎没有任何理由怀疑任何正常的、日益增长的科学领域内的文献是按指数增长的，每隔10到15年的时间增加一倍"。普赖斯后期指出"科学发展的所有明显的指数型规律终将成为逻辑型"[18]。某一门学科在经历急剧增长后，随着研究的深入，进入相对成熟期，文献的增长不能保持指数增长的速度，增长曲线变得平缓[19]。了解知识增长的规律，有助于我们更好地把握学科不同的发展阶段知识产量变化趋势，判断某种学科是否进入指数增长阶段（成长期）和逻辑增长阶段（成熟期）。

（三）帕累托分析与学科关系识别

帕累托分析法又称 ABC 分类法，也叫主次因素分析法。它是根据事物在技术和经济方面的主要特征，进行分类排队，分清重点、一般和次要，从而对事物进行有区别地进行管理，提高效率。由于帕累托法则一般把对象划分为 ABC 三类，所以又称 ABC 分类法。该方法主要运用于经济管理、梳理统计领域，其核心思想是二八法则、"关键少数"法则，即在任何情况下，事物的主要结果只取决于一小部分因素。对学科知识的影响程度进行分析，同样适用于帕累托分析。一般而言，某学科与其他学科间关系越密切，引用该学科或者被该学科引用的文献量越多，两者间会有较强的依赖性。我们可以按照一定的标准将其划分为亲缘学科、近缘学科、远缘学科。

（四）托尼比彻学科分类方法

传统的学科分类将学科按照一维、单向度的分类方式，分为人文、自然、社会学科。托尼比彻（Tony Beecher）摒弃了传统的单向度学科分类方法，将学科分为"软—硬"和"纯—应用"两个维度。"纯—应用"则是描述该学科领域的研究问题应用于实践的程度，应用程度高的学科主要以解决实践需求为导向，应用度越高越经得起实践的检验"软—硬"是指该领域所有学者对某一特定理论体系或研究范式的认同程度，认同度越高，则硬度高；认同度低，则硬度低。不同类型的学科其发展逻辑存在差异。一般而言，纯硬学科以知识演绎逻辑为主，纯软学科以社会与政治逻辑为主，应用学科以实践逻辑为主[20]。随着社会经济的发展、科学技术的进步，包括审计在内的许多学科正在从"小学科"向整体化、综合化的"大科学"过渡。托尼比彻的学科分类方法，不仅使所有学科跨越了"人文"与"科学"之间的鸿沟，构建起一个完整的学科分类逻辑链条，而且进一步凸显了学术领域的认知特征和研究群体的社会特征，使学科范围间的界限更加清晰合理。

三、研究设计

（一）数据来源及时间范围

本研究的数据来源于知网中国引文数据库（Chinese Citation Database，简称 CCD）。

CCD是目前中国最大最全的引文数据库,收录范围从1979年至今,数据可实现每日更新。CCD依据CNKI收录数据库及增补部分重要期刊文献的文后参考文献和文献注释为信息对象建立的、具有特殊检索功能的文献数据库。通过揭示各种类型文献之间的相互引证关系,不仅可以为科学研究提供新的交流模式,而且可以作为一种有效的科研管理及统计分析工具。

研究时间范围为1982年至2022年。选择1982年作为时间起点,主要是由于1982年宪法确立了国家审计制度,审计作为独立经济监督部门从大监察机关剥离出来,审计事业由此开始迅速发展。此外,中国引文数据库收录1982年之前的审计学论文数量少,引文数据非常零散,对其进行引文分析意义不大。

(二) 研究方法

文献资料法:通过利用CCD数据分析器下"学科分析器"功能,在学科类别中选定经济与管理科学中的"审计",检索并下载1982—2022年审计学科发文量、引用与被引用的学科及相应频次等数据。

数理统计法:由于中国知网引文数据库检索时间段跨度设置最多为5年,由于跨度时间为40年,需要对所有下载的数据进行分类、归纳、整理和计算,在此基础上进一步分析。具体而言:

1. 对审计学科的知识来源与知识扩散进行测度。参照陈悦(2008)[21]、赵丙军等(2013)[22]的做法,审计学科的知识来源,即其他学科对审计学科的影响度,用AU_{in}表示,计算公式为:AU_{in} = (某学科向审计学科输入的知识量/除审计学科外其他所有学科向审计学科输入知识的总量)×100%;审计学科的知识扩散,即审计学科对其他学科的影响度,用AU_{out}表示,计算公式为:AU_{out} = (审计学科向某学科输出的知识量/审计学科向其他所有学科输出知识的总量)×100%。其中,由于知识内容本身无法直接计量和测度,只能通过以文献为基本计量单元的方式来进行[23]。输入的知识量为审计学科引用其他学科的文献量,输出的知识量为审计学科文献被其他学科引用量。

2. 对审计学科与其他学科间的亲疏关系进行测度。参考赵丙军等(2013)、张俊珍等(2020)[24]、王硕等(2021)[25]的做法,从知识来源与知识扩散两个维度,分别计算各学科对审计学科的影响度,并按照所占百分比从高到低排序后计算影响的累计值,把影响度累积值≤70%时所包含的学科称为审计的亲缘学科,把影响度累积值在70%—90%之间时所包含的学科称为审计的近缘学科,把影响度累积值在90%—100%称为审计的远缘学科。限于篇幅,本文仅对审计学科的亲缘、近缘学科进行介绍。

3. 从"软—硬""纯—应用"两个维度对审计学科的供体学科和受体学科进行测度。分为两个步骤,一是借鉴托尼比彻"硬科学和软科学、纯科学和应用科学"的学科分类理论,对审计学科的供体学科(来源学科)和受体学科(影响学科)进行学科分类,例如:企业经济、会计、财政与税收等属于"软—应用科学";法理法史、哲学、文化、逻辑学等属于"软—纯科学"、数学、生物、物理等属于"硬—纯科学"、计算机软件及计算机应用、环境科学与资源利用等属于"硬—应用科学"。二是根据分类，计算不同阶段四种类型的学科占比并刻画审计学科在象限图中的位置。

四、研究分析过程和结果

（一）审计学科知识产量分析

科学文献的数量不仅是衡量科学知识产量的重要尺度，其数量的变化更是科学发展的重要标志，对审计学科知识产量进行分析能够更好地理解审计学科发展的特点和规律。如表1和图1、图2所示，1982—2022年我国审计学科文献数量呈现迅猛增长态势，从1982年的79篇，增长到2022年的5135篇，期刊累计发文量达到16.4万篇。通过进一步分析发现，审计学科发文量可以划分为三个阶段。

表1　　　　　　　　　1982—2022年审计学科期刊各年发文数量　　　　　　　　单位：篇

年份	1982	1983	1984	1985	1986	1987	1988	1989	1990	1991	1992	1993	1994	1995
期刊	79	101	146	207	257	320	281	357	422	467	449	374	3543	4020
基金	0	0	0	0	0	0	0	0	0	0	0	0	2	0
年份	1996	1997	1998	1999	2000	2001	2002	2003	2004	2005	2006	2007	2008	2009
期刊	4113	4348	4506	4569	4812	4200	4777	6214	4684	4804	5419	5498	6042	6155
基金	1	2	2	13	4	12	33	41	67	76	156	210	250	342
年份	2010	2011	2012	2013	2014	2015	2016	2017	2018	2019	2020	2021	2022	
期刊	6250	6008	6082	6180	6114	6637	6664	6486	6794	7225	6975	6326	5135	
基金	433	523	589	590	653	700	876	860	969	1114	1202	1395	1295	

数据来源：中国引文数据库检索可得，检索日期为2023年8月8日。

1. 恢复增长阶段（1982—1993年）。1978年党的十一届三中全会后，我国科学事业全面恢复，国内财经类院校陆续设立审计专业。尤其是1982年宪法确立审计制度后，各地审计机关的成立以及1984年中国审计学会的成立，将分散的审计科研力量集中起来，为审计理论研究提供了重要的组织保障。审计机关及审计学会分别从审计实务和学术的需要出发，总结中国的经验，借鉴外国的经验，加强审计理论、技术、方法的研究，探索具有中国特色社会主义审计理论。这一时期，审计学科年平均发文量为288篇，整体规模偏小，仍处于复苏阶段。

2. 爆发增长阶段（1994—2003年）。这一时期，审计学科年平均发文量达到4510篇，基金资助发文量约11篇，增长迅猛。究其原因，一方面，1993年调整了学科专业目录后，共设置11大门类620种专业，审计学被列入"经济学门类""经济学类"下的一个专业，原有学科统计口径发生变更。学科发展与经济学各学科高度交融，发文数量进一步提升。另一方面，我国科技期刊的增长，为审计学术交流提供了更多的平台。国家社会科学、自然科学等各项科研基金资助为审计研究提供物质保障。1994年开始出现了2

篇基金资助发文。2003年审计署集中曝光了一大批违反财经纪律的现象,引起了社会公众和学术界对于审计的广泛关注,相关热点文章大幅度增加,当年发文量达到了6214篇,是1993年374篇的16.7倍,是1994年3543篇的1.8倍,基金发文量也从1994年的2篇提高到2003年的41篇。

3. 持续增长阶段（2004—2022年）。2003年以后,审计学科发文量增长曲线变得较为平缓。2004—2022年均发文量保持在6077篇的规模,基金资助发文量达到每年647篇的规模。经过四十多年的发展,审计学科知识体量急剧增长,形成了包含总论（审计理论）、审计方法与技术、审计工作组织与制度、审计法、各类业务审计在内的学科体系,具有中国特色社会主义审计理论体系业已成型。尤其是党中央作出改革审计管理体制、组建中央审计委员会等一系列重大战略决策部署后,学术界对审计的研究关注度进一步提高,在2019年达到了7225篇的规模。

按照普莱斯知识增长定律,通常情况下,学科研究领域在开始阶段的发展是相对缓慢的,以后表现为指数增长时期,接下去是线性增长时期,最后是缓慢的不规则增长时期。总体来看,审计学科逐年累计发文量仍呈指数式增长态势,但增长有所放缓,且2019年后有一定的下降趋势,这说明审计学科的发育已趋于成熟。

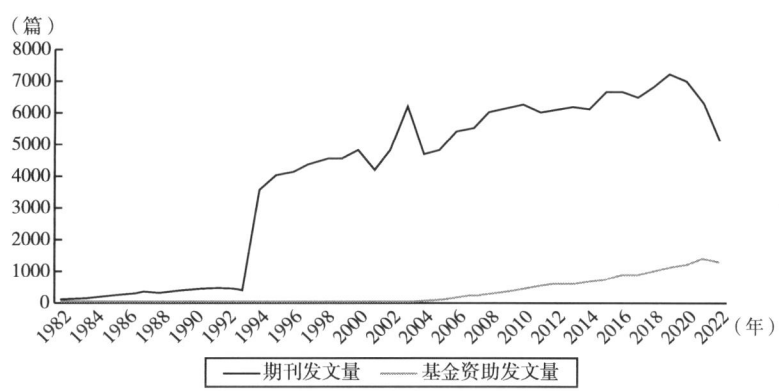

图1　1982—2022年审计学科期刊与基金资助发文量

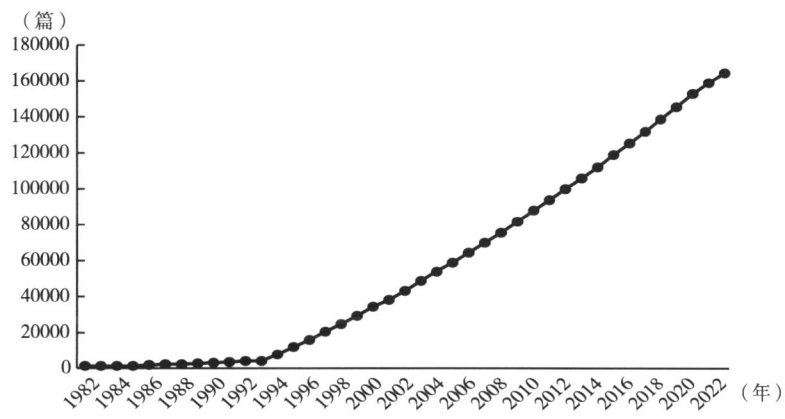

图2　1982—2022年审计学科逐年累计发文量趋势

(二) 审计学科知识被引量分析

发文量反映一个学科的科研产出情况，而被引量则反映这个学科的知识交流与影响力状况。在中国引文数据库（CCD）"学科分析器"栏目下检索"审计"学科各年被引量。如表2和图3所示，1982—2022年审计学科科研成果被引总量为30.38万篇，从1982年的1篇提升至2022年的2.79万篇，年均被引量为7410篇，年被引量呈现逐年增长趋势，说明审计学科的知识交流和应用状况逐年向好，继承性和流动性提升，学科影响力不断扩大。尤其是在2003年后，其被引量呈现指数级增长。值得说明的是2021年审计学科被引量达到了2.94万篇，之后便有所下降。这可能与前面所提审计学科发文量减少变动情况有关。

表2　　1982—2022年审计学科各年被引量　　单位：篇

年份	1982	1983	1984	1985	1986	1987	1988	1989	1990	1991	1992	1993	1994	1995
被引	1	1	1	1	3	12	3	8	1	10	16	13	11	22
年份	1996	1997	1998	1999	2000	2001	2002	2003	2004	2005	2006	2007	2008	2009
被引	21	54	95	229	396	577	1004	1478	2482	3441	5608	6311	8357	10219
年份	2010	2011	2012	2013	2014	2015	2016	2017	2018	2019	2020	2021	2022	
被引	11130	12212	13311	14653	15986	20065	21097	21461	23240	26136	26736	29473	27931	

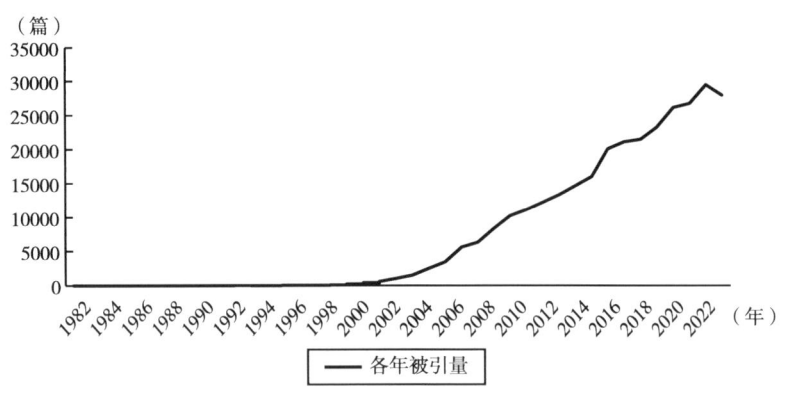

图3　1982—2022年审计学科被引量趋势

(三) 审计学科知识来源与知识扩散的学科分析

1. 审计学科知识来源与知识扩散的总体学科分析。在中国引文数据库中利用数据分析器中的学科分析器功能来对审计学科引用和被引排名进行检索，设置发文时间为1982—2022年，学科类型为"经济与管理科学"下的"审计"学，共涉及169个学科。这些数据不仅充分说明审计学科知识来源与知识扩散学科分布的广泛性，同时也表明了审计学科的交叉综合性学科性质。从知识来源总量来看，审计学科发文量中共引用全部期刊文献63.77万条，其中引用审计本学科的文献25.95万条，引用其他学科文献37.82万条。从知识扩散总量来看，审计学科被其他学科期刊文献引用56.26万条，其中被审计本学科引用

24.27万条，被其他学科引用31.99万条。其他学科知识来源量多于本学科自身引用量，这说明审计学科总体上属于知识来源型学科，参见表3。

表3　1982—2022年审计学科文献引用和被引用的学科类别

序号	知识来源				知识扩散			
	学科	引用量	占比	累计	学科	被引量	占比	累计
1	企业经济	73802	19.51%	19.51%	企业经济	58906	18.41%	18.41%
2	宏观经济管理与可持续发展	37889	10.02%	29.53%	金融	36708	11.47%	29.88%
3	会计	36617	9.68%	39.21%	会计	32769	10.24%	40.12%
4	金融	26936	7.12%	46.34%	投资	28846	9.02%	49.14%
5	投资	21324	5.64%	51.97%	证券	28624	8.95%	58.09%
6	数学	20973	5.55%	57.52%	工业经济	11955	3.74%	61.82%
7	证券	17219	4.55%	62.07%	宏观经济管理与可持续发展	11900	3.72%	65.54%
8	计算机软件及计算机应用	9743	2.58%	64.65%	高等教育	11260	3.52%	69.06%
9	财政与税收	9546	2.52%	67.17%	财政与税收	9997	3.12%	72.18%
10	高等教育	8050	2.13%	69.30%	计算机软件及计算机应用	8145	2.55%	74.73%
11	市场研究与信息	7797	2.06%	71.36%	农业经济	6258	1.96%	76.69%
12	工业经济	7470	1.98%	73.34%	建筑科学与工程	5898	1.84%	78.53%
13	行政学及国家行政管理	6711	1.77%	75.11%	环境科学与资源利用	5587	1.75%	80.28%
14	环境科学与资源利用	5527	1.46%	76.57%	医药卫生方针政策与法律法规研究	4861	1.52%	81.79%
15	建筑科学与工程	5308	1.40%	77.98%	行政学及国家行政管理	4374	1.37%	83.16%
16	农业经济	4672	1.24%	79.21%	经济法	3201	1.00%	84.16%
17	经济法	4468	1.18%	80.39%	中国共产党	3107	0.97%	85.13%
18	医药卫生方针政策与法律法规研究	3827	1.01%	81.41%	市场研究与信息	2851	0.89%	86.02%
19	经济体制改革	3777	1.00%	82.40%	信息经济与邮政经济	2770	0.87%	86.89%
20	自动化技术	3093	0.82%	83.22%	贸易经济	2486	0.78%	87.67%
21	中国共产党	2797	0.74%	83.96%	经济体制改革	2357	0.74%	88.40%
22	贸易经济	2723	0.72%	84.68%	电力工业	1934	0.60%	89.01%
23	经济理论及经济思想史	2720	0.72%	85.40%	职业教育	1842	0.58%	89.58%
24	中国政治与国际政治	2648	0.70%	86.10%	资源科学	1745	0.55%	90.13%
25	民商法	2357	0.62%	86.72%				
26	信息经济与邮政经济	2039	0.54%	87.26%				
27	电力工业	2014	0.53%	87.80%				

续表

序号	知识来源				知识扩散			
	学科	引用量	占比	累计	学科	被引量	占比	累计
28	教育理论与教育管理	1831	0.48%	88.28%				
29	新闻与传媒	1614	0.43%	88.71%				
30	心理学	1459	0.39%	89.09%				
31	电信技术	1458	0.39%	89.48%				
32	法理、法史	1343	0.36%	89.83%				
33	行政法及地方法制	1262	0.33%	90.17%				

注：由于审计学科知识来源广泛，限于篇幅，仅列出亲缘学科与近缘学科。

2. 审计学科知识来源与知识扩散的学科变动趋势分析。

（1）从知识来源的学科变动趋势来看，审计学科的知识来源更加广泛，亲缘学科和近缘学科从复苏期的 6 个学科，逐步增至指数增长期的 22 个，再扩大到逻辑增长期 33 个学科（见表 4）：

在恢复增长阶段（1982—1993 年），审计学科尚未形成完善的学科体系，主要在依托于会计、企业经济、财政与税收等学科的基础上发展创新。会计、企业经济、财政与税收、经济理论及经济思想史是审计学的亲缘学科，中国语言文字、马克思主义是审计学的近缘学科。这一时期，学术界普遍认为，审计学科属于会计学科的分支学科，审计的对象是财务会计及其延伸的相关内容、审计的目标是对财务的再监督，审计就等同于财务审计[3]。这一观念将审计学科的发展限制于传统的会计学科发展模式，知识吸收的口径较窄。

在爆发增长阶段（1994—2003 年），随着互联网信息化技术普及、审计学科知识流入量飙升。审计学科的亲缘、近缘学科的数量已从复苏期的 6 个上升至 23 个。会计的知识流入量仍处于第一，占比从 25% 提升至 29.41%；企业经济占比由 18.75% 降低至 13.1%，经济法、金融、经济理论及经济思想史、投资等学科知识流入进一步加强，超过了财政与税收，宏观经济管理与可持续发展也开始成为亲缘学科，这反映了审计学科的知识流入内容更加丰富，审计的功能作用不仅局限于微观管理，也开始扩展到宏观调控中。

在持续增长阶段（2004—2022 年），审计学科的亲缘、近缘学科的规模进一步扩大到 33 个。企业经济、宏观经济管理与可持续发展位列第一、第二，会计的知识流入量已跌至第三位，占比从 29.41% 跌至 9.57%，这反映了审计学科定位已悄然发生改变。人们对于审计的认识不再是传统意义上"查账"观念，审计在微观管理和宏观调控中的职能作用进一步加强。尤其是党的十八大以来，审计学科的政治属性明显增强，行政学及国家行政管理、中国共产党、经济体制改革、中国政治与国际政治等学科知识对审计学科的影响得到了强化。环境科学与资源利用、建筑科学与工程、医药卫生方针政策与法律法规研究、自动化技术、信息经济与邮政经济等一些学科与审计学科的交叉融合程度不断增强，正成为审计学科新的知识创新领域。

表4 审计学科知识来源的学科变动趋势

序号	恢复增长 1982—1993 年			爆发增长 1994—2003 年			持续增长 2004—2022 年		
	学科	占比	累计	学科	占比	累计	学科	占比	累计
1	会计	25.00%	25.00%	会计	29.41%	29.41%	企业经济	19.55%	19.55%
2	企业经济	18.75%	43.75%	企业经济	13.10%	42.51%	宏观经济管理与可持续发展	10.05%	29.60%
3	财政与税收	18.75%	62.50%	经济法	5.82%	48.32%	会计	9.57%	39.17%
4	经济理论及经济思想史	12.50%	75.00%	金融	5.67%	54.00%	金融	7.13%	46.30%
5	中国语言文字	12.50%	87.50%	经济理论及经济思想史	4.82%	58.82%	投资	5.65%	51.95%
6	马克思主义	6.25%	93.75%	投资	4.40%	63.22%	数学	5.56%	57.51%
7				财政与税收	3.92%	67.14%	证券	4.57%	62.08%
8				宏观经济管理与可持续发展	3.88%	71.02%	计算机软件及计算机应用	2.57%	64.65%
9				计算机软件及计算机应用	3.59%	74.61%	财政与税收	2.52%	67.16%
10				证券	2.41%	77.02%	高等教育	2.14%	69.30%
11				数学	2.32%	79.34%	市场研究与信息	2.07%	71.37%
12				贸易经济	2.17%	81.51%	工业经济	1.98%	73.36%
13				环境科学与资源利用	1.70%	83.22%	行政学及国家行政管理	1.78%	75.14%
14				经济体制改革	1.65%	84.87%	环境科学与资源利用	1.46%	76.60%
15				管理学	1.23%	86.10%	建筑科学与工程	1.41%	78.01%
16				法理、法史	0.71%	86.81%	农业经济	1.24%	79.25%
17				行政学及国家行政管理	0.71%	87.52%	经济法	1.16%	80.40%
18				政治学	0.66%	88.18%	医药卫生方针政策与法律法规研究	1.02%	81.42%
19				工业经济	0.66%	88.84%	经济体制改革	0.99%	82.41%
20				民商法	0.57%	89.41%	自动化技术	0.82%	83.24%
21				中国政治与国际政治	0.52%	89.93%	中国共产党	0.74%	83.98%
22				科学研究管理	0.52%	90.45%	贸易经济	0.71%	84.69%
23							中国政治与国际政治	0.70%	85.39%

续表

序号	恢复增长 1982—1993年			爆发增长 1994—2003年			持续增长 2004—2022年		
	学科	占比	累计	学科	占比	累计	学科	占比	累计
24							经济理论及经济思想史	0.70%	86.09%
25							民商法	0.62%	86.71%
26							信息经济与邮政经济	0.54%	87.25%
27							电力工业	0.54%	87.79%
28							教育理论与教育管理	0.49%	88.27%
29							新闻与传媒	0.43%	88.70%
30							心理学	0.39%	89.09%
31							电信技术	0.39%	89.48%
32							法理、法史	0.35%	89.83%
33							行政法及地方法规	0.33%	90.16%

注：由于审计学科知识来源广泛，限于篇幅，仅列出亲缘学科与近缘学科。

（2）从知识扩散的学科变动趋势来看，审计学科的知识扩散集中度更高，亲缘学科与近缘学科的数量从恢复增长时期的36个学科，减少到爆发增长期的27个，再减少到持续增长期24个学科（见表5）。究其原因，笔者认为这主要是由于审计的本质和功能所决定的。在恢复增长阶段（1982—1993年），由于审计学科还没有形成较为固定的主题研究方向，主要影响学科仍不明晰。经过爆发增长期（1994—2003年）后，审计学科基本形成了自己的研究内容与研究范式，影响的学科主要集中在企业经济、会计、金融、宏观经济管理与可持续发展、投资、证券等领域。在持续增长期（2004—2022年）又进一步调整，一些学科受审计的影响程度进一步加深，如与国家审计相关的行政学及国家行政管理、与投资审计相关的建筑科学与工程、与环境审计相关的环境科学与资源利用、与大数据审计相关的信息经济与邮政经济、与扶贫审计相关的农业经济学科等，其排名或占比都在不断提升。

表5　　审计学科知识扩散的学科变动趋势

序号	恢复增长 1982—1993年			爆发增长 1994—2003年			持续增长 2004—2022年		
	学科	占比	累计	学科	占比	累计	学科	占比	累计
1	企业经济	16.73%	16.73%	企业经济	20.40%	20.40%	企业经济	18.25%	18.25%
2	金融	9.49%	26.23%	会计	14.85%	35.24%	金融	11.71%	29.96%
3	会计	9.19%	35.41%	金融	9.04%	44.28%	会计	9.83%	39.79%

续表

序号	恢复增长 1982—1993 年			爆发增长 1994—2003 年			持续增长 2004—2022 年		
	学科	占比	累计	学科	占比	累计	学科	占比	累计
4	工业经济	8.58%	43.99%	投资	7.57%	51.85%	投资	9.15%	48.94%
5	投资	8.50%	52.49%	证券	6.89%	58.74%	证券	9.14%	58.08%
6	证券	8.38%	60.87%	宏观经济管理与可持续发展	6.29%	65.03%	工业经济	3.82%	61.90%
7	宏观经济管理与可持续发展	2.26%	63.13%	市场研究与信息	2.80%	67.82%	高等教育	3.67%	65.57%
8	贸易经济	2.22%	65.35%	计算机软件及计算机应用	2.58%	70.40%	宏观经济管理与可持续发展	3.50%	69.07%
9	经济法	1.95%	67.30%	经济法	2.38%	72.77%	财政与税收	3.28%	72.35%
10	高等教育	1.91%	69.22%	工业经济	2.36%	75.14%	计算机软件及计算机应用	2.56%	74.90%
11	服务业经济	1.76%	70.98%	环境科学与资源利用	2.03%	77.17%	农业经济	2.05%	76.96%
12	经济体制改革	1.57%	72.55%	数学	2.03%	79.19%	建筑科学与工程	1.95%	78.91%
13	财政与税收	1.53%	74.08%	高等教育	2.00%	81.19%	环境科学与资源利用	1.72%	80.63%
14	信息经济与邮政经济	1.30%	75.38%	财政与税收	1.61%	82.80%	医药卫生方针政策与法律法规研究	1.62%	82.25%
15	环境科学与资源利用	1.26%	76.65%	农业经济	1.04%	83.84%	行政学及国家行政管理	1.43%	83.69%
16	公路与水路运输	1.19%	77.83%	贸易经济	0.79%	84.63%	中国共产党	1.02%	84.71%
17	行政学及国家行政管理	0.96%	78.79%	建筑科学与工程	0.78%	85.41%	信息经济与邮政经济	0.91%	85.62%
18	计算机软件及计算机应用	0.92%	79.71%	行政学及国家行政管理	0.71%	86.12%	经济法	0.87%	86.49%
19	中国古代史	0.84%	80.55%	保险	0.59%	86.71%	贸易经济	0.76%	87.25%
20	中国政治与国际政治	0.84%	81.39%	经济体制改革	0.56%	87.27%	经济体制改革	0.74%	87.99%
21	中国共产党	0.80%	82.20%	医药卫生方针政策与法律法规研究	0.52%	87.80%	市场研究与信息	0.72%	88.71%
22	外科学	0.73%	82.92%	经济理论及经济思想史	0.50%	88.30%	电力工业	0.63%	89.35%
23	法理、法史	0.73%	83.65%	交通运输经济	0.45%	88.75%	职业教育	0.62%	89.97%

续表

序号	恢复增长 1982—1993 年			爆发增长 1994—2003 年			持续增长 2004—2022 年		
	学科	占比	累计	学科	占比	累计	学科	占比	累计
24	汽车工业	0.69%	84.34%	中国共产党	0.42%	89.17%	资源科学	0.59%	90.56%
25	数学	0.69%	85.03%	信息经济与邮政经济	0.33%	89.50%			
26	图书情报与数字图书馆	0.61%	85.64%	社会学及统计学	0.33%	89.83%			
27	市场研究与信息	0.61%	86.26%	法理、法史	0.33%	90.15%			
28	社会学及统计学	0.61%	86.87%						
29	管理学	0.50%	87.37%						
30	中国近现代史	0.46%	87.83%						
31	电力工业	0.42%	88.25%						
32	临床医学	0.42%	88.67%						
33	农业经济	0.42%	89.09%						
34	保险	0.38%	89.47%						
35	心理学	0.34%	89.82%						
36	诉讼法与司法制度	0.34%	90.16%						

注：由于审计学科知识来源广泛，限于篇幅，仅列出亲缘学科与近缘学科。

（四）审计学科与其他学科间亲疏关系分析

1. 静态分析。审计学科总体来看（见表6），属于知识来源型学科，受其他学科的影响较大。从知识来源维度来看，企业经济、宏观经济管理与可持续发展、会计、金融、投资、数学、证券、计算机软件及计算机应用、财政与税收、高等教育、市场研究与信息这11个学科属于审计的亲缘学科，共引用文献量26.98万篇，累计占来源文献总量的71.36%。这些学科不仅知识体系丰富，而且它们与审计学科之间的知识交流频繁，为审计学科提供了扎实的理论知识和研究方法，对审计学的发展起到了非常重要的作用。高等教育、工业经济、行政学及国家行政管理、建筑科学与工程、经济法等22个学科属于近缘学科，审计学科文献对这些学科相关文献的引用量适中。总共引用文献量7.11万篇，累计占来源文献总量的18.8%。近缘学科中部分学科在研究对象、研究方法等方面与审计学科存在相似性，对审计学科的发展具有一定的指导借鉴意义。

从知识扩散视角来看，企业经济、会计、金融、投资、证券、宏观经济管理与可持续发展、工业经济、高等教育、财政与税收等9个学科为审计的亲缘学科，计算机软件及计算机应用、建筑科学与工程、农业经济、医药卫生方针政策与法律法规研究、行政学及国家行政管理等14个学科为近缘学科，审计对上述学科的发展都起到了一定的推动作用。

表6 1982—2022年审计学科总体亲缘学科、近缘学科目录

关系	知识来源视角	知识扩散视角
亲缘学科	企业经济、宏观经济管理与可持续发展、会计、金融、投资、数学、证券、计算机软件及计算机应用、财政与税收、高等教育、市场研究与信息共11个	企业经济、金融、会计、投资、证券、工业经济、宏观经济管理与可持续发展、高等教育、财政与税收共9个
近缘学科	工业经济、行政学及国家行政管理、环境科学与资源利用、建筑科学与工程、农业经济、经济法、医药卫生方针政策与法律法规研究、经济体制改革、自动化技术、中国共产党、贸易经济、经济理论及经济思想史、中国政治与国际政治、民商法、信息经济与邮政经济、电力工业、教育理论与教育管理、新闻与传媒、心理学、电信技术、法理法史、行政法及地方法制共22个	计算机软件及计算机应用、农业经济、建筑科学与工程、环境科学与资源利用、医药卫生方针政策与法律法规研究、行政学及国家行政管理、经济法、中国共产党、市场研究与信息、信息经济与邮政经济、贸易经济、经济体制改革、电力工业、职业教育、资源科学共15个

2. 动态分析。尽管按照知识来源和知识扩散的视角可以较为准确区分出审计学科间的亲疏关系，但它们对审计学科的意义并不完全依据它们与审计学科间知识单向流动状况，我们还应考虑各学科与审计学科间的双向互动关系将其分为三种类型：一是知识来源型学科，即仅仅从知识来源的视角来看属于审计亲缘学科。二是扩散目标型学科，即仅仅从知识扩散的视角来看属于审计亲缘学科。三是知识互惠型学科，即同时具有知识来源型学科和知识扩散目标型学科的双重特征。

由表7可以看出，企业经济、会计在三个阶段均在知识互惠型亲缘学科中，说明与审计学科的关系最为稳定。2003年以前，经济理论及经济思想史始终是知识来源型亲缘学科，2003年后，数学、计算机软件及计算机应用也在始终位于知识来源型亲缘学科行列中，表明其相关理论知识对审计学科知识的丰富和发展具有较大的促进作用。部分其他学科与审计学科的互动类型也慢慢发生变化，例如宏观经济管理与可持续发展、金融、投资从恢复增长阶段的扩散目标型，变为爆发增长与持续增长时期的知识互惠型；市场研究与信息从爆发增长期的扩散目标型转变为持续增长期的知识来源型。这不仅说明审计与相关学科间具有较高的相容性和互鉴性，审计学具有综合性和交叉性学科特点，而且在一定程度上反映了审计学科研究的重点领域与发展趋势。

表7 动态维度的审计学科亲缘学科类型

类型	恢复增长 1982—1993年	爆发增长 1994—2003年	持续增长 2004—2022年
	学科名称	学科名称	学科名称
知识互惠型	企业经济、会计	企业经济、会计、金融、投资、宏观经济管理与可持续发展	企业经济、宏观经济管理与可持续发展、会计、金融、投资、证券、高等教育、财政与税收
知识来源型	经济理论及经济思想史、财政与税收	经济法、经济理论及经济思想史、财政与税收	数学、计算机软件及计算机应用、市场研究与信息
扩散目标型	金融、工业经济、投资、证券、经济法、宏观经济管理与可持续发展、贸易经济、经济法、高等教育、服务业经济	证券、市场研究与信息、计算机软件及计算机应用	工业经济

(五) 审计学的学科特征演化分析

从知识来源来看（见表8与图4），审计学科在恢复增长期（1982—1993年）93.75%的知识来源于"软—应用科学"，6.25%来源于"软—纯科学"，没有"硬科学"的影响，是100%的"软科学"。在爆发增长期（1994—2003年），尽管审计学科知识来源中"软—应用科学"仍占据主导地位，达到85.25%，但数学、计算机软件及应用等一些"硬—纯科学""硬—应用科学"开始出现，分别占比2.74%和7.33%。在持续增长阶段（2004—2022年），知识来源中"硬—应用科学"对审计学科的影响进一步增强，达到13.64%。这也说明了审计学科作为一门以问题为导向的应用学科，"硬科学"能在审计领域内寻找到强大的逻辑生长点——即利用硬科学能更有效地发现和解决问题，这使得审计学科充分吸收借鉴"硬—应用科学"相关知识成为不可避免的趋势。

表8　　知识供体与知识受体学科分类占比

	时间段	软—纯科学	软—应用科学	硬—纯科学	硬—应用科学
知识来源	1982—1993年	6.25%	93.75%	0	0
	1994—2003年	4.68%	85.25%	2.74%	7.33%
	2004—2022年	2.35%	77.95%	6.06%	13.64%
知识扩散	1982—1993年	4.59%	82.69%	1.11%	11.61%
	1994—2003年	1.57%	83.79%	2.38%	12.26%
	2004—2022年	0.72%	83.89%	0.63%	14.76%

限于篇幅，不再一一单列每个学科占比及归类，计算过程具体做法是：将硬学科平均值9.92%和应用学科平均值92.64%为坐标的交点，作出三个阶段审计学科知识供体学科不同类别占比的象限坐标图刻画出审计学科知识来源特征变化（见图4）。同理，将硬学科平均值14.25%和应用学科平均值96.33%为坐标的交点，作出审计学科知识扩散特征变化图（见图5）。

从知识扩散来看（见表8和图5），审计学科在恢复增长期（1982—1993年），主要影响企业经济、会计、金融等同类"软—应用科学"，达到82.69%。这一时期审计学科研究主题仍然探讨自身领域的问题，如审计的本质、概念、功能、体系等。审计学科对"硬科学"的影响主要是集中在审计技术方法方面，互相补充借鉴。在爆发增长期（1994—2003年），审计对"纯科学"的影响不断减弱，两者合计占比不到2%，审计学科的影响力主要集中在"应用科学"领域，且对"硬—应用科学"的影响从11.61%增长到了12.26%。而相较于指数增长阶段，在持续增长阶段（2004—2022年），审计对于"纯科学"的影响进一步减弱，对"硬—应用科学"的影响增长到了14.76%。各类别比例相对固定，这是审计学科日益成熟的一种表现。

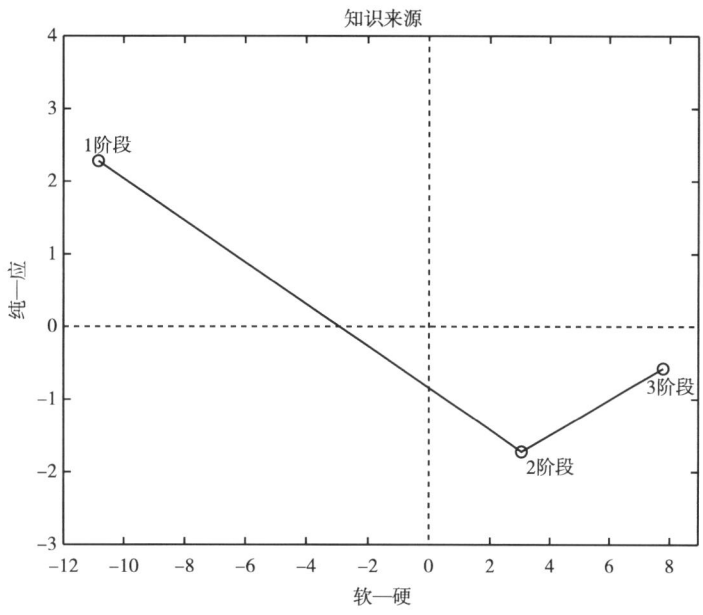

图 4　审计学科知识来源特征变化

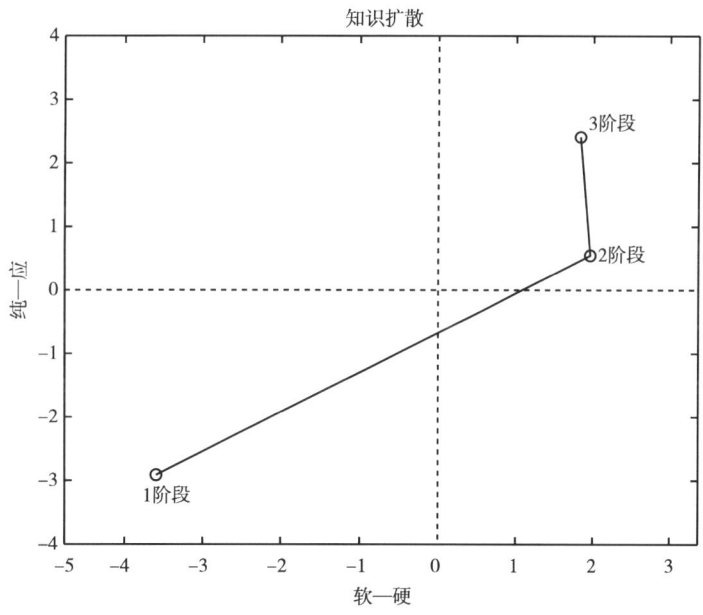

图 5　审计学科知识扩散特征变化

五、研究结论、不足与启示

（一）研究结论

1. 关于审计学科的知识来源与扩散测度。整体而言，审计学科知识产量呈现迅猛增长态势,经历了恢复、爆发增长、持续增长三个阶段,40周年间总计期刊发文量达到164040篇。审计学科引用其他学科文献多于本学科自身文献,属于知识来源型学科。从知识来源的学科变动趋势来看,审计亲缘学科和近缘学科从复苏期的6个学科,逐步增至指数增长期的22个,再扩大到逻辑增长期33个学科。从知识扩散的变动趋势来看,审计学科被引用文献量达到30多万篇,学科影响集中度更高,亲缘学科与近缘学科的数量从复苏期的36个学科,减少到指数增长期的27个,再减少到逻辑增长期24个学科。

2. 关于审计学科的亲缘学科识别。通过静态分析,从知识来源维度来看,企业经济、会计、宏观经济管理与可持续发展、金融等11个学科属于审计的亲缘学科,高等教育、工业经济、行政学及国家行政管理、建筑科学与工程等22个学科属于近缘学科。从知识扩散视角来看,企业经济、会计、金融、投资、证券等9个学科为审计的亲缘学科,计算机软件及计算机应用、建筑科学与工程、行政学及国家行政管理等15个学科为近缘学科。

通过动态分析,企业经济、会计在三个阶段均在知识互惠型亲缘学科,与审计学科的关系最为稳定。数学、计算机软件及计算机应用属于知识来源型亲缘学科。宏观经济管理与可持续发展、金融、投资等学科与审计学科的互动类型也在不同阶段逐渐有所变化。

3. 关于审计学科的特征演化。从知识来源来看,审计学科经历了从"软"变"硬"的过程。由复苏期100%的"软科学",逐渐吸收"硬科学"。"软—应用科学"占比从93.75%下降至77.95%,"硬—纯科学"占比达到6.06%,"硬—应用科学"占比达到13.64%,反映了审计学科的科学性进一步增强。

从知识扩散来看,审计学科的影响力主要集中在"应用科学"领域,对"软—应用科学"的影响从82.69%上升到83.89%,对"硬—应用科学"的影响从11.61%增长到了14.76%,且影响学科类别比例相对固定,表明审计学科日益成熟。

(二) 研究不足

1. 本文所依据的中国知网引文数据库的学科分类仍存在一定偏误。严格意义上讲,目前认可的学科目录主要有两个:一是国务院学位委员会和教育部发布的《学位授予和人才培养学科目录》,二是教育部发布的《普通高等学校本科专业目录》。而中国知网引文数据库的学科分类主要按照研究主题划分,由此得出的相关学科分类并不精准,例如目录中并无名为"市场研究与信息""经济体制改革""中国共产党"等学科。但鉴于数据的可获得性,笔者认为分类后的数据基本能够大体上反映审计学科的知识来源和扩散的基本特点。

2. 以文献引用和被引用为依据来判断学科间亲缘关系不够全面,不同时期国家的方针政策导向、科技发展水平等都会对学科间的关系产生显著影响。笔者认为尽管这种影响难以量化,但相关因素的影响也在一定程度上映射到了学科间的论文相互引证过程中,仍具有一定的说服力。

3. 视野仍存在局限性。本文仅仅考虑了中国知网收录的全部期刊文献,一些图书、会议、年鉴等文献并未纳入统计范围。未来还可以考虑增加样本容量，以及利用 Web of Science 等国外期刊数据库对审计学科发展进行国际经验比较研究。

（三）研究启示

结合研究的主要结论，本文进一步对于审计学科的门类归属进行探讨，笔者同意孙夏赋（2021）[15]提出的审计应当定位为交叉学科类一级学科的观点。其理由有三：

1. 审计学科成为一级学科的条件已然成熟。由于一级学科在课程设置、经费资助、学科评估、人才培养等各方面处于更有利的位置，导致众多二级学科都具有学科升级的强烈动机。但问题是，不可能所有存在交叉现象的学科都列入交叉学科门类。交叉学科设置并非采取形聚而神散的"拼盘式"模式，而是以尊重学科自身特征与发展规律为前提，看是否符合规定的条件。而本文研究发现，审计学科知识增长已跨越指数增长期，达到平均每年 6077 余篇的规模，进入逻辑增长阶段，且知识来源与知识扩散的学科较为固定，也进一步佐证了审计学科处于较为成熟阶段。

2. 从单一学科走向学科集群是未来学科发展的必然趋势。马克斯·普朗克在《世界物理图景》一书中指出："科学乃是统一的整体，它被分为不同的领域，与其说是由事物本身的性质决定的，还不如说是由于人类认知能力的局限性造成的。"人类所积累的科学知识，纵横交错、浑然一体，只是由于人类认识的偏狭，而被划分为一门门独立的科学。这种以单一学科为中心的学理逻辑固化了学科边界，加深了学科间知识罅隙，不利于学科发展[26]。纵观世界一流大学学科建设，从单一学科走向学科集群都是其主要趋势。我国无论是从交叉学科门类设置还是规模比重来看都远远滞后（见表9）。2018年，习近平总书记考察北京大学时指出，"要下大气力组建交叉学科群"。2020年8月，全国研究生教育会议提出要建立"交叉学科"门类。2020年12月30日，国务院学位委员会、教育部发出通知，决定设置"交叉学科"门类及两个一级学科。这也为审计学科升级不再纠缠于以往单一门类，选择适合自身发展的道路提供了新的可能性和思路。

表9　　　　　　　　　　　中国、美国、英国、日本交叉学科统计

国家	学科门类			一级学科			二级学科		
	学科门类	交叉学科门类	比重	一级学科	交叉一级学科	比重	二级学科	交叉二级学科	比重
中国	13	—	—	111	11	10.0%	5167	508	9.8%
美国	48	2	4.2%	450	120	26.7%	2130	406	19.1%
英国	—			1092	186	17.0%			
日本	9	2	22.2%	63	9	14.3%	696	156	22.4%

资料来源：笔者根据中国2018年《学位授予和人才培养学科目录》、美国"学科专业分类目录2020版"、英国2019年发布的"高等教育学科分类系统HECoS"、日本2019年"学科代码表"翻译整理而成。

3. 将审计定为交叉学科门类下的一级学科更为准确。审计学科具有典型的交叉学科性质。从知识来源与知识扩散来看，审计学科的知识来源摆脱了100%的软科学的束缚，不断吸收硬科学，审计学科的知识在应用科学的知识扩散影响力也不断增强，不同学科

间实现了有机联系,相互滋养。从学科亲疏关系来看,审计学科与169个学科都有交叉,30多个学科与审计学科是亲缘或近缘学科。企业经济、会计从始至终都是审计学科的亲缘学科,彼此之间有着更大的相似性。因此,审计无论是归入经济学科门类还是管理学科门类都有章可循,有理可辩。尽管中国政治与国际政治、行政学及国家行政管理等学科属于审计的近缘学科,但相对于其他学科而言所占的比重很小。现阶段审计归入法学门类或者监督学门类并不合适。

参考文献:

[1] 石爱中. 审计学的学科属性及其教学要求 [J]. 审计与经济研究, 2005 (4): 3-6.

[2] 池国华, 杨金. 中国首届政府审计学科建设研讨会会议综述 [J]. 南京审计大学学报, 2016, 13 (4): 100-105.

[3] 姜江华等. 关于审计学升为一级学科的调研报告 [R]. 中国审计研究报告2017. 北京: 中国时代经济出版社, 2018.

[4] 王会金, 郑石桥. 审计学学科属性、学科体系及学科建设的若干问题探讨 [J]. 南京审计大学学报, 2019, 16 (6): 1-9.

[5] 秦荣生. 关于将审计学设置为一级学科的提案 [EB/OL], https://www.sohu.com/a/299079164_397808.

[6] 孙夏赋. 审计应当定位为管理学类一级学科 [J]. 中国审计, 2020 (19): 43-46.

[7] 雷宇. 从审计内容拓展看审计学科和专业建设 [J]. 财会月刊, 2021 (16): 92-100.

[8] 王冬梅. 会计学和审计学应升级为管理学门类下的一级学科 [J]. 国际商务财会, 2021 (6): 73-78.

[9] 吴传俭, 吴星泽. 审计学科归属经济学门类独立学科的逻辑基础和学科体系构建 [J]. 中国审计评论, 2018 (2): 95-108.

[10] 刘旺洪. 关于增列审计学一级学科的设想 [J]. 审计与经济研究, 2019, 34 (2): 1-7.

[11] 程乃胜. 审计学科应当是法学学科门类中独立的一级学科 [J]. 审计与经济研究, 2017, 32 (1): 1-7.

[12] 金太军, 赵军锋. 国家审计学科建设论纲——基于政治学视角的分析 [J]. 审计与经济研究, 2018, 33 (3): 1-7.

[13] 王平波. 关于创立发展监督学及其审计监督学一级学科的构想 [N]. 中国审计报, 2017-06-28 (006).

[14] 刘国常. 论审计"监督"的本质属性及审计学的学科定位——基于国家治理视角的分析 [J]. 财会通讯, 2019 (10): 3-9.

[15] 孙夏赋. 审计应当定位为交叉学科类一级学科 [J]. 中国审计, 2021 (6): 27-30.

[16] 徐庶睿, 卢超, 章成志. 术语引用视角下的学科交叉测度——以PLOS ONE上六个学科为例 [J]. 情报学报, 2017, 36 (8): 809-820.

[17] Kortelainen T. Studying the International Diffusion of a National Scientific Journal [J]. Scientometrics, 2001, 51 (1): 133-146.

[18] (美) 普赖斯. 小科学, 大科学 [M]. 宋剑耕、戴振飞译. 北京: 世界科学出版社, 1982.

[19] 邱均平. 文献计量学 [M]. 武汉: 科学技术大学出版社, 1988.

[20] 刘艳春. 学科分类体系下一流学科建设的路径选择 [J]. 江苏高教, 2019 (8): 8-14.

[21] 陈悦. 管理学知识图谱 [M]. 大连: 大连理工大学出版社, 2008.

[22] 赵丙军, 司虎克. 基于知识流动的体育亲缘学科定量识别探索 [J]. 图书情报工作, 2013, 57 (1): 122-129.

[23] 文庭孝, 陈书华, 王丙炎, 刘钊, 刘欢. 不同学科视野下的知识计量研究 [J]. 情报理论与实践, 2008 (5): 654-658.

[24] 张俊珍, 许治平, 郭伟, 王硕, 于善, 闵瑞欣, 方可, 张小清. 体育人文社会学的知识结构及演变趋势——基于2014—2018年体育核心期刊论文的引文分析 [J]. 上海体育学院学报, 2020, 44 (12): 69-79.

[25] 王硕, 许治平, 郭伟, 张俊珍, 于善, 闵瑞欣, 张焱, 马琳. 我国体育教育训练学引文的学科结构状况及演变趋势 [J]. 体育学刊, 2021, 28 (3): 91-98.

[26] 张庆玲. 重审学科分类及其建设 [J]. 学位与研究生教育, 2021 (5): 53-60.

Research on the Source of Knowledge, Knowledge Diffusion and the Evolution of Subject Characteristics of Auditing under the Perspective of Knowledge Flows
——Based on the Analysis of CNKI Citation Database from 1982 to 2022

He Penghao

(School of Government Audit, Nanjing Audit University, Nanjing 211815)

[Abstract] This article explores the law of the development of the auditing from the perspective of knowledge flow, divides the knowledge growth of the auditing subject into three stages from 1982 to 2022 according to Price's Law of Knowledge Growth, takes the amount of citation and the amount of quoted in the literature as a measure of knowledge source and knowledge diffusion, measures the affinity between auditing and other subjects in accordance with the Pareto analysis method, and applies the Tony Beecher disciplinary classification method to measure the disciplinary characteristics of auditing at different stages. The following conclusions are drawn: (1) the knowledge production of the auditing discipline has shown a rapid growth, experiencing three stages: recovery growth, explosive growth, and sustained growth; (2) the source of knowledge of the auditing discipline has become more extensive, with the number of affinity and proximity subjects increasing from 6 to 33. Knowledge diffusion is more concentrated, and the number of affinity and proximity subjects has decreased from 36 to 24. (3) From the point of view of knowledge sources, the auditing discipline has gone through the process of changing from "soft" to "hard", and the identity of the discipline has been further strengthened. In terms of knowledge diffusion, the influence of the auditing discipline is mainly concentrated in the field of "applied sciences", and the proportion of influencing subjects is relatively fixed. The findings of the study further support the view that the auditing discipline should be positioned as a first – level discipline in the cross – disciplinary category.

[**Key words**] Audit subject; knowledge source; knowledge diffusion; related subjects

数字化与企业内部控制质量

韩冬梅[1]　马圣楠[1]　刘建梅[2]

(1. 山东财经大学　会计学院，济南　250014；
2. 天津财经大学　会计学院，天津　300221)

【摘　要】 随着大数据、人工智能等信息技术的高速发展及规模化商用，世界范围内数字经济热潮席卷而来，我国政府也一直在鼓励数字经济的落实和发展，因此，越来越多的企业借助新兴数字技术进行数字化转型。文章选取2009—2019年沪深A股上市公司作为样本，采用Python抓取上市公司的年报文本数据进行文本识别，量化企业数字化和数字化程度，检验企业数字化对内部控制质量的影响。研究发现，企业积极推进数字化有利于提升内部控制质量，且企业数字化水平越高，内部控制质量越高。本文进一步分析识别了企业数字化影响内部控制质量的直接和间接机制，即企业数字化通过直接影响内部控制要素以及强化外部媒体监督和提升分析师关注度而提高了内部控制质量。

【关键词】 数字化；内部控制质量；分析师关注度；媒体关注

一、引言

自20世纪四五十年代第三次科技革命以来，计算机技术飞速发展，由此而带来信息化的高速进步推动了社会经济的飞跃发展，数字技术开始转化为直接的社会生产力，全球范围内掀起了数字经济的发展高潮。根据信息产业研究机构国际数据公司（IDC）预测，到2023年数字经济产值将占全球GDP的62%，数字化成为经济高质量增长的重要动

基金项目：国家自然科学基金资助项目（71902096，71702123）；山东财经大学2022年研究生创新项目（2022cxxm055）。

作者简介：韩冬梅（1981—），女，管理学博士，山东财经大学会计学院副教授，硕士生导师，研究方向为行为会计与审计、个体投资者与资本市场信息披露；马圣楠（1998—），女，山东财经大学会计学院硕士研究生，研究方向为公司治理与信息披露；刘建梅（1985—），通讯作者，女，管理学博士，天津财经大学会计学院讲师，硕士生导师，研究方向为企业数字化转型、信息披露与公司财务。

力源。顺应全球数字化发展的趋势,我国政府自2013年以来一直在大力敦促数字经济的落实发展问题,带动越来越多的企业借助新兴数字技术实施改革,进行数字化转型。《中国数字经济发展白皮书》显示,截至2020年,中国数字经济的规模已达到了39.2亿元,占GDP比重为38.6%,同比名义增长为9.7%。这意味着数字经济已经成为国民经济的核心增长极之一。数字经济发展的影响和企业数字化后果的研究已成为理论界的重要议题。

从微观层面看,企业数字化转型带来了商业模式、运营管理方式、组织结构等一系列的变化。理论界对这些变化进行了理论分析和实证研究,结果发现:数字化会提高生产效率(Bounfour, 2016;Ghosh et al., 2014;严若森和钱向阳,2018)[1-3],有利于企业创新(戚聿东和蔡呈伟,2020;范周,2020;王宏鸣等,2022)[4-6],能够抑制企业债务违约风险和股价崩盘风险(王守海等,2022;林川,2022)[7-8]以及提升企业绩效(Johnson et al., 2017;周驷华和万国华,2016;崔瑜等,2013;郑国坚等,2016)[9-12]等。这些文献从企业外部效果指标论证企业数字化的后果,随着企业数字化转型的深入推进,更需要打开"黑箱子",了解企业数字化对企业内部结构和制度的影响。

企业数字化是指从企业上层的公司治理到具体的每一个运作流程,从产品设计到质量检测,从订单分配到终端销售,也就是企业生产经营的每一个环节,都搭建起相适应的数字化平台,以数字技术推动企业日常的生产运营,进而使企业生产经营效率提高和经营利润的提升。内部控制是由董事会、监事会、经理层和全体员工实施的、旨在实现控制目标的过程,涉及每一个流程,具有全面性、全员性及全过程性。简而言之,企业数字化与内部控制两者之间具有天然的紧密联系。因此,本文预期企业数字化会影响内部控制质量。在借鉴前人研究的基础上,我们选取2009—2019年沪深A股上市公司作为样本,采用Python抓取上市公司的年报文本数据进行文本识别,以检验企业数字化对内部控制质量的影响。研究发现:第一,企业积极推进数字化有利于提升企业自身的内部控制质量,且企业数字化水平越高,其自身内部控制质量越高。第二,企业数字化会同时影响企业内外部环境进而影响内部控制质量:一是通过影响内部控制要素;二是通过分析师关注度和媒体关注度两个外部因素影响内部控制质量,即数字化会引起更多的分析师关注和媒体关注,增强对企业的监督,进而提升企业自身的内部控制质量。

本文可能的贡献在于:第一,本文采用Python抓取所有上市公司的年报文本数据进行企业数字化识别,量化企业数字化和数字化程度,通过实证检验的方法探讨企业实施数字化对企业内部控制质量的影响,补充了企业数字化的经济后果研究,丰富了内部控制质量影响因素的相关文献。第二,本文识别了企业数字化影响内部控制质量的机制路径:数字化一方面通过直接影响内部控制要素影响内部控制质量;另一方面通过增强外部监督(即分析师关注度和媒体关注度),间接影响到内部控制质量。这些研究结论为企业在数字化环境下如何设计、执行内部控制,提高内部控制质量提供经验证据。

本文的其余部分安排如下:第二部分是理论分析与研究假设;第三部分是研究设计;第四部分是实证结果和稳健性检验;第五部分是进一步分析,第六部分是研究结论与政策建议。

二、理论分析与研究假设

(一) 企业数字化对内部控制质量的促进作用

权变理论认为,管理方法与策略应随着内部、外部环境变化而改变,企业采用与其内部、外部环境相适应的制度体系才会发展顺利,实现企业经营目标(张川等,2008；Stringer and Carey,1995)[13-14]。因此,依据权变理论,计算机和互联网技术的发展导致企业所处组织环境发生变化,企业为了适应此变化,进行数字化转型；进一步地,企业数字化又促使内部控制系统的改变,以适应外部环境的变化(张双鹏等,2011)[15]。内部控制的重要目标是提高企业组织的经营效率和效果(曹越等,2020)[16]。企业不断提升数字化水平的最终目标也是提升企业的经营效率,促进企业高质量发展。由此可以看出,在企业数字化适应外部环境的过程中,内部控制与企业数字化具有较好的协作性、互补性,数字化会促进内部控制的有效实施。具体表现为：首先,企业数字化会提升企业信息与沟通的效率与准确性。王京滨等(2023)[17]认为可以简化数据信息搜集、传输、分析流程,实现企业管理可视化与经营决策智能化,有效降低企业信息搜寻成本、监管成本、交易成本,通过提高信息资源集成度与共享度,有效缓解因信息搜集与运用不充分导致的决策失误。其次,数字化有利于内部监督职能的发挥。企业依托日益先进的数字技术不断完善和提升自身的内部控制系统,更好地构建起对企业内外部各系统的监督,加强了各部门之间的牵制与监督力度(张颖和郑洪涛,2010；张羽佳和林红珍,2022)[18-19]。最后,从风险评估环节看,一方面,数字化的应用可以更便捷地搭建风险评估系统,或者对企业现有的风险评估系统进行修整和完善,以保证更精确地识别风险、评估风险和应对风险；另一方面,可以借助于数字化的相关手段建立起一套完备且高效率的控制程序来保证管理层的指令得到及时地实施,保证风险应对措施落地,进而确保企业内部控制的有效实施,提升内部控制质量。

综上所述,一方面,随着数字经济时代的到来,企业内外部环境出现新变化,数字化转型作为企业响应环境变化而进行的一种适应性变革,会对内部控制质量产生积极影响。

另一方面,企业积极推进数字化实施可以有效降低信息不对称程度,提高内部控制质量。第一,企业数字化会减少内部的信息不对称问题。企业实施数字化后,组织结构趋向于网络化和扁平化(林琳和吕文栋,2019)[20]。组织结构网络化将生产经营的各个环节进行信息化处理,企业中的每一个人都是一个管理沟通的信息中心,都可以通过网络渠道获取直接信息,从而提高了组织内的信息透明度。另外,数字技术的使用促使企业开始用智能机器设备代替劳动力,减少组织管理层次,压缩职能机构,增加管理幅度,从而使组织变得灵活、敏捷,降低信息由于层层传递带来的失效问题,缓解信息不对称(Ross et al.,1996；王晓通和张杰,2008)[21-22]。第二,企业数字化会降低企业与外部信息使用者之间的信息不对称。在我国数字化转型的经济背景下，政府从顶层设计的各方面提出了一系列支持、引导企业数字化发展的政策，企业实行数字化既是对国家政策的积极响应，也是积极适应数字发展趋势的重要举措，因此市场对于数字化企业的未来发展更容易持有正面预期，由此会带来更多媒体和分析师的关注（程博，2019）[23]。关注度的显著增强会带来市场对数字化企业的监督力度逐步增大（易露霞等，2021）[24]，媒体和分析师作为信息中介，不仅搭建起企业披露信息的桥梁，还搭建起社会公众接受披露信息的桥梁，通过媒体对企业关于数字化转型进程信息的加工以及传递，加深了社会公众对企业数字化进程的了解，从而反作用于企业，增加对企业信息披露的需求，为了维护良好的形象，企业势必会加强内部控制，以便更多地披露对企业更有利的信息。此外，数字化后企业有能力披露更多的非财务信息，比如企业内部治理和内部经营管理活动的信息（祁怀锦等，2020；何帆和刘红霞，2019）[25-26]，因此媒体可以更好地监督企业（孔东民等，2013）[27]，尤其当媒体曝光企业不合规信息时，监管部门也会在舆论的督导下更加精准地介入检查。这样一来，企业内部控制问题会更加明显地暴露出来，内部控制的缺陷也更容易被发现（许瑜等，2017；陈泽艺和李常青，2019）[28-29]，进而促使企业查漏补缺，完善自身的内部控制建设，提高内部控制质量（曹越等，2020）[16]。

研究模型框架如图2-1所示。

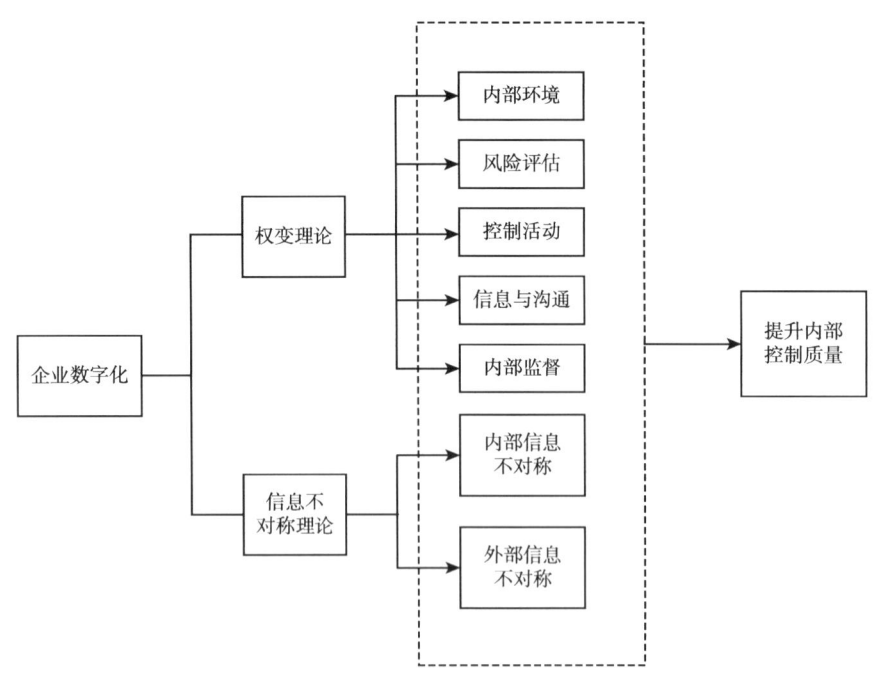

图2-1 研究模型框架

基于以上分析，本文提出如下假设：

假设1：与未实施数字化的企业相比，实施数字化的企业，其内部控制质量相对较高。

（二）企业数字化对内部控制质量的消极影响

依据权变理论，如果企业变革与外部环境不匹配，会影响企业内部资源的利用和制度的运行（曾德明等，2022）[30]。企业固化的组织形态管理模式可能无法适应数字化的高速发展，导致内部控制无法发挥作用。随着数字化技术的高速发展，一方面企业所处的环境本身日新月异，另一方面消费者多元化的要求也加深了企业所处环境的未知性（陈其齐等，2021）[31]。在这种环境下：一是企业由于之前的组织结构呈现垂直化、科层制、等级制，过于僵化，缺乏面对不确定性问题的灵活性和机动性，滞后于数字技术的发展，使得内部控制面临失效，内部控制质量降低（Boland et al.，2007）[32]。二是企业为了顺应当下数字化发展的大趋势，享受数字化发展初期政府对于数字化发展给予的红利与补贴，可能会忽略其自身实际发展现状而盲目地模仿或者直接照搬其他企业的数字化发展路径，以至于构建一套不合理的数字化系统，这反而抑制或者阻碍了内部控制制度的实施。比如，管理层或者其他关键岗位人员利用数字化发展初期可能存在的漏洞进行舞弊抑或是出现其他不合规行为，使得内部控制的监督作用被弱化甚至失效。此外，数字化可能会加剧信息沟通的难度。数字化会把企业各个管理和经营环节的活动转换成数据，但在这些杂乱的海量数据中如何有效、精确地识别出企业所需要的信息并进行有效传递却是个难题（孔东民等，2013；陈其齐等，2021）[27,31]，这会使企业内外部沟通不畅或者效果不佳。总之，基于权变理论和信息不对称理论，如果企业不能很好地适应数字化转型带来的环境变化，则会导致内部控制运行受阻，从而无法有效地发挥其作用、实现其目标。基于以上分析，提出如下假设：

假设2：与未实施数字化的企业相比，实施数字化的企业，其内部控制质量相对较低。

三、研究设计

（一）数据来源与样本选取

本文选取的是沪深A股上市公司2009—2019年的企业数据，主要原因在于：尽管我国政府从2013年起大力敦促数字经济的发展，但在此之前企业数字化转型已经开始。2008年世界经济危机导致世界范围内数字经济发展不稳定，因此本文数据自2009年开始选取。为了使研究结果更加稳健，本文进行了如下处理：①剔除了处于ST或PT状态的公司；②剔除了所有金融类公司；③剔除了资不抵债、收入为负数等财务数据异常的公司；④剔除了相关变量数据缺失的公司。公司的财务数据和公司治理的相关数据来自Wind数据库及国泰安CSMAR数据库，内部控制指数来自深圳DIB内部控制与风险管理数据库，以上相关数据使用Stata16软件进行了相关数据处理。在处理数据时，对所有连续变量进行上下1%的Winsor缩尾处理（张永珅和李小波，2021）[33]。

(二) 变量选取

1. 被解释变量

本文采用深圳 DIB 数据库披露的"内部控制指数"来衡量公司的内部控制质量。借鉴逯东等 (2014)[34]和曹越等 (2020)[16]的研究,将内部控制指数除以 100,用 IC 表示,即 IC = 内部控制指数÷100,该指标数值越大,表示公司内部控制质量越高。

2. 解释变量

(1) 数字化。本文提到的数字化是一个静态概念,侧重的是数字化转型结果的描述;而数字化转型则更强调一个动态过程,是在数字化赋能下的业务开展、组织变革以及运行模式再造的过程。因此,本文借鉴何帆和刘红霞 (2019)[26]的研究,采用"当年是否数字化"的"0-1"虚拟变量来度量数字化,即:利用 Python 软件抓取上交所和深交所全部 A 股上市公司年报,在年报中,如果未出现"人工智能技术""大数据技术""区块链技术""云计算技术",以及一系列数字技术运用类似于"互联网"等词的,则界定为企业未数字化,以 0 来度量;反之,出现上述词汇的,则界定为企业数字化,以 1 来度量。

(2) 数字化程度。数字化程度是指一个企业数字化水平的高低。本文借鉴袁淳等 (2021)[35]的研究,从上市公司年报"管理层讨论与分析 (MD&A)"部分中提取出涉及"数字化"的词频①,再加总除以 MD&A 部分的语段长度,即采用与数字化相关关键词的词频总数与年报"管理者讨论与分析"部分语段长度的比值来衡量。相关的企业数字化文本识别,则采用 Python 抓取所有上市公司的年报文本数据而得 (年报信息来自巨潮资讯网)。

3. 控制变量

为了控制其他因素对内部控制质量的影响,本文借鉴曹越等 (2020)[16]和张永珅和李小波 (2021)[33]的研究,设置了控制变量。主要变量具体定义如表 3-1 所示:

表 3-1 变量定义

变量类型	变量符号	变量名称	变量解释
被解释变量	IC	内部控制质量	DIB 数据库披露的内部控制指数÷100
解释变量	digital_D	数字化	年报中出现"人工智能技术""大数据技术""云计算技术"等与数字化相关关键词的,以 1 度量,反之为 0
	digital	数字化程度	基于上市公司"管理层讨论与分析"中数字化相关关键词占比来衡量

---

① 与数字化相关的词包括:人工智能技术、大数据技术、区块链技术、云计算技术以及一系列数字技术运用类似于"互联网"等。

续表

变量类型	变量符号	变量名称	变量解释
控制变量	Size	公司规模	总资产取对数
	Lev	资产负债率	总负债/总资产
	Tophold	第一大股东持股比例	当年第一大股东持股比例
	Roe	会计业绩	公司当年的净资产收益率
	Outdirrate	独立董事比例	独立董事人数除以高管人数
	Growth	营业收入增长率	(当年营业收入 – 上年营业收入)/上年营业收入
	Age	上市年限	当年减去上市年份加1再取自然对数
	Indep	独立董事规模	独立董事人数除以董事会总人数
	Board	董事会规模	董事会总人数的自然对数
	Dual	两职合一	董事长兼任总经理时取值为1；否则为0
	Ind	行业	如果样本属于本行业取值为1；否则为0
	Year	年份	如果样本属于本年度取值为1；否则为0

（三）建立模型

为了检验前文假设中提出的企业数字化与内部控制质量之间的关系，本文构建了如下实证模型：

$$IC = \beta + \beta_1 Digital + \sum Control + \sum Ind + \sum Year + \varepsilon$$

其中，被解释变量是内部控制质量IC，解释变量是企业的数字化Digital，控制变量为公司规模Size、资产负债率Lev、独立董事比例Outdirrate、会计业绩ROE、审计意见Opinion等，ε为残差项，β_1为相关的回归系数，β为常数项。

四、实证结果与稳健性检验

（一）描述性统计

从表4–1描述性统计结果可以看出，企业内部控制质量IC均值为6.498，最大值为8.592，与最小值0相差较大，反映了当前我国上市公司参差不齐、两极分化的企业内部控制质量水平；而企业数字化程度（digital）均值为0.005，最大值和最小值分别为0.031和0，这表明当前我国各企业数字化水平相对较低，同时也存在不小比例的企业尚未开始实施数字化。公司规模（Size）是公司总资产的自然对数，其均值为22.15，最大值为26.19，最小值为19.95，标准差为1.253，这表明所统计的样本公司之间公司规模差距相对较大；资产负债率（Lev）的最大值为0.866，最小值为0.053，这表明个别企业存在严重的融资约束，均值为0.423，与曹越等（2020）[16]、张永珅和李小波（2021）[33]的研究基本保持一致；会计业绩（Roe）的均值为0.073，也就是说我国上市公司的净资产收益率平均为7.3%,其中,最大值为0.349,最小值为-0.438,标准差为0.104,这表明我国上市企业在盈利方面还存在较大差距;营业收入增长率(Growth)的均值为0.176,表明我国上市公司有着较高水平的增长;企业第一大股东持股比例(Tophold)均值为0.352;企业上市年限(Age)均值为2.705;董事会规模(Board)均值为2.133;独立董事规模(Indep)均值为0.375;独立董事比例(Outdirrate)均值为0.555;两职合一(Dual)均值为0.272。同时,绝大多数变量的标准差小于1,这表示研究数据的稳定性比较高,受到极端数据的不确定性影响相对较低。

此外,为探究所使用模型是否存在多重共线性这一问题,本文参考曹越等(2020)[16]和王烨等(2021)[36]的研究方法,计算了模型中各变量的方差膨胀因子VIF值,计算结果中,各主要变量的VIF值均远远低于10,由此表明模型不存在严重的多重共线性(逯东等,2014)[34]。

表4-1 主要变量的描述性统计结果

变量名	样本数	均值	中位数	标准差	最小值	最大值
digital_D	20910	0.863	1	0.343	0	1
digital	20190	0.005	0.002	0.006	0.000	0.031
IC	20190	6.498	6.717	1.196	0.000	8.592
Tophold	20190	0.352	0.334	0.147	0.909	0.748
Age	20190	2.705	2.708	0.487	1.609	3.401
Size	20190	22.153	21.979	1.253	19.950	26.019
Lev	20190	0.423	0.416	0.203	0.053	0.866
Roe	20190	0.073	0.073	0.104	-0.438	0.349
Growth	20190	0.176	0.113	0.366	-0.514	2.117
Dual	20190	0.272	0.000	0.445	0.000	1.000
Board	20190	2.133	2.197	0.198	1.609	2.708
Indep	20190	0.375	0.333	0.053	0.333	0.571
Outdirrate	20190	0.555	0.500	0.211	0.222	1.333

(二)相关性分析

表4-2相关性分析的结果表明,企业内部控制质量(IC)与企业数字化程度(digital)的系数为0.022,并在1%的水平上显著,这为前文的假设1提供了初步的依据,即企业数字化会影响企业内部控制质量,且企业数字化程度越高,其内部控制质量越高。可以看到企业内部控制质量(IC)与第一大股东持股比例(Tophold)、企业规模(Size)、会计业绩(Roe)、董事会规模(Board)、营业收入增长率(Growth)存在显著正相关关系,企业内部控制质量与上述变量;企业内部控制质量与企业上市年限(Age)、资产负债率(Lev)、独立董事比例(Outdirrate)存在显著负相关关系。此外,企业内部控制质量与两职合一(Dual)负相关但不显著,与独立董事规模(Indep)正相关但不显著。

表 4-2 相关性分析

	IC	digital	Tophold	Age	Size	Lev	Roe	Growth	Dual	Board	Indep	Outdirrate
IC	1.000											
digital	0.022***	1										
Tophold	0.105***	-0.130***	1									
Age	-0.027***	-0.212***	0.006	1								
Size	0.114***	-0.102***	0.197***	0.329***	1							
Lev	-0.054***	-0.160***	0.078***	0.339***	0.523***	1						
Roe	0.416***	0.0100	0.118***	-0.038***	0.118***	-0.117***	1					
Growth	0.149***	0.048***	-0.020***	-0.066***	0.035***	0.035***	0.258***	1				
Dual	-0.001	0.101***	-0.043***	-0.237***	-0.174***	-0.135***	0.006	0.029***	1			
Board	0.049***	-0.106***	0.023	0.182***	0.245***	0.145***	0.050***	-0.021***	-0.183***	1		
Indep	0.011	0.066***	0.047***	-0.059***	0.011*	-0.013*	-0.022*	0.00700	0.128***	-0.537***	1	
Outdirrate	-0.048***	-0.024***	0.039***	0.044***	-0.092***	-0.043***	-0.046***	-0.016**	-0.005	0.107***	0.148***	1

注：***、**、*分别表示1%、5%、10%的显著性水平。

通过变量之间的相关性分析，各变量之间的相关系数的绝对值最大为 0.537 和 0.523，其余均远小于 0.5，说明变量之间的相关性比较小，不会存在多重共线性问题，在可接受的范围内。

(三) 回归分析

表 4-3 回归结果表明，在未加入控制变量时，列 (1) 中 digital_D 的系数在 10% 的水平上显著；在加入控制变量并控制了年份固定效应和行业固定效应后，列 (2) 中 digital_D 的系数在 1% 的水平上显著为正，这表明相比没有实施数字化的企业，数字化会提升企业内部控制质量，验证了前文提出的假设 1。

表 4-3　　　　是否数字化与内部控制质量的回归结果

变量	(1)	(2)
	IC	IC
digital_D	0.041 * (1.70)	0.080 *** (3.48)
Top		0.212 *** (4.01)
Age		-0.242 *** (-12.75)
Size		0.170 *** (20.38)
Lev		-0.533 *** (-11.37)
Roe		4.000 *** (51.92)
Grow		0.158 *** (7.50)
Dual		-0.000 (-0.03)
Board		0.088 * (1.80)
Indep		0.714 *** (4.14)
Outdi		-0.136 *** (-3.68)
Constant	6.463 *** (288.71)	3.145 *** (15.82)

续表

变量	(1)	(2)
	IC	IC
样本量	20910	20910
行业		Yes
年份		Yes
R-squared	0.000	0.225

注：***、**、*分别表示1%、5%、10%的显著性水平。

从表4-4企业数字化程度与内部控制质量的回归结果可以看出，在未加入控制变量时，列（1）中digital的系数为3.979，在1%的水平上显著为正；加入控制变量后，列（2）中digital的系数为3.486，在1%的水平上显著为正；为了使得回归结果更为稳健，列（3）在控制年份和行业固定效应后digital的系数为11.007，在1%的水平上显著正相关。以上结果均表明企业数字化程度与内部控制质量正相关，即企业数字化程度越高，其内部控制质量越高，再次验证了本文提出的假设1。

表4-4　　　　　　数字化程度与内部控制质量的回归结果

变量	(1)	(2)	(3)
	IC	IC	IC
digital	3.979*** (3.12)	3.486*** (2.91)	11.007*** (7.58)
Top		0.004*** (7.90)	0.002*** (4.28)
Age		-0.043** (-2.49)	-0.239*** (-12.58)
Size		0.074*** (9.57)	0.171*** (20.59)
Lev		-0.327*** (-7.20)	-0.533*** (-11.39)
Roe		4.345*** (56.10)	3.995*** (51.94)
Grow		0.164*** (7.71)	0.155*** (7.34)
Dual		0.002 (0.13)	-0.003 (-0.15)
Board		0.327*** (6.71)	0.089* (1.83)
Indep		1.062*** (6.06)	0.680*** (3.95)

续表

变量	(1)	(2)	(3)
	IC	IC	IC
Outdi		-0.219*** (-5.85)	-0.133*** (-3.58)
Constant		3.634*** (19.58)	3.143*** (15.83)
样本量	20910	20910	20910
年份			Yes
行业			Yes
R-squared	0.000	0.187	0.227

注：***、**、*分别表示1%、5%、10%的显著性水平。

（四）稳健性检验

1. 敏感性测试

本文借鉴祁怀锦等（2020）[25]、何帆和刘红霞（2019）[26]的研究，以上市公司财务报表附注披露的年末无形资产明细项中与数字化转型相关的资产金额占无形资产总额的比例来重新度量企业的数字化水平（张永珅和李小波，2021）[33]。具体地说，当无形资产明细项中包含"软件""网络""客户端""管理系统""智能平台"等与数字化转型技术相关的关键词以及与此相关的专利时，将该明细项界定为"数字化技术无形资产"，再对同一公司同年度多项数字化技术无形资产进行加总，计算其占本年度无形资产的比例，即为企业数字化转型程度的代理变量。由表4-5可以看出，在加入控制变量的基础上，无论控制或者不控制年份固定效应和行业固定效应，数字化的系数分别为0.066和0.100，分别在10%和1%的水平上显著为正，与前文结果中的符号和显著性是一致的，进一步证明了本文结论的可靠性，即企业数字化会提升其内部控制质量，且数字化程度越高，内部控制质量水平越高。

表4-5　　　　　　　　　　敏感性测试

变量	(1)	(2)
	IC	IC
digital	0.066* (1.95)	0.100*** (2.63)
Top	0.004*** (7.56)	0.002*** (3.64)
Age	-0.023 (-1.26)	-0.250*** (-12.27)
Size	0.080*** (9.56)	0.192*** (21.35)

续表

变量	(1) IC	(2) IC
Lev	-0.356*** (-7.33)	-0.593*** (-11.75)
Roe	4.314*** (52.33)	3.921*** (48.07)
Dual	0.010 (0.54)	0.013 (0.71)
Grow	0.185*** (8.15)	0.170*** (7.58)
Board	0.306*** (5.91)	0.042 (0.81)
Indep	1.028*** (5.47)	0.616*** (3.34)
Outdi	-0.211*** (-5.45)	-0.121*** (-3.18)
Constant	3.530*** (17.79)	2.976*** (13.92)
样本量	17668	17668
年份		Yes
行业		Yes
R-squared	0.193	0.240

注：***、**、* 分别表示1%、5%、10%的显著性水平。

2. 滞后效应检验

考虑到从企业实施数字化到对内部控制质量产生影响存在一定时滞，为了进一步缓解存在的内生性问题，本文参考张永珅和李小波（2021）[33]的做法，将企业是否数字化分别滞后一期和滞后两期分别进行回归，回归结果如表4-6所示，数字化的系数分别为8.757和11.586，均在1%的水平上显著为正，与前文中的符号和显著性程度是一致的，进一步验证了本文提出的假设。

表4-6　　　　　　　　　滞后效应检验

变量	(1) IC	(2) IC
L.digital	8.757*** (5.78)	
L2.digital		11.586*** (6.12)

续表

变量	(1) IC	(2) IC
Top	0.003*** (4.70)	0.003*** (4.28)
Age	-0.134*** (-6.29)	-0.168*** (-6.05)
Lev	-0.498*** (-9.74)	-0.535*** (-8.60)
Size	0.145*** (16.06)	0.145*** (13.31)
Roe	4.004*** (48.39)	4.104*** (42.09)
Grow	0.188*** (8.34)	0.185*** (6.80)
Dual	-0.005 (-0.26)	-0.014 (-0.63)
Board	0.097* (1.84)	0.102 (1.61)
Indep	0.727*** (3.90)	0.659*** (2.94)
Outdi	-0.111*** (-2.79)	-0.138*** (-2.89)
Constant	3.064*** (13.98)	3.241*** (12.11)
样本量	16714	13845
年份	Yes	Yes
行业	Yes	Yes
R-squared	0.223	0.202

注：***、**、*分别表示1%、5%、10%的显著性水平。

3. 样本自选择问题（PSM）

现有研究认为，企业是否实施数字化以及其数字化程度的高低并不完全是随机的，可能会受到公司规模、会计业绩等一系列可观测因素的影响，所以本研究可能会存在样本自选择方面的内生性问题。为使本文的研究结果更为稳健，即实验组的个体与控制组的个体具有可比性，本文借鉴张永珅和李小波（2021）[33]的做法，采用PSM配对后进行回归。本文将企业数字化程度取中位数，若样本大于中位数，则取值为1，否则取值为0；然后将第一大股东持股比例（Tophold）、上市年限（Age）、公司规模（Size）、营业收入增长率（Growth）、董事会规模（Board）以及独立董事规模（Indep）等变量作为协变量计算倾向得分，随后采用1∶1近邻匹配，如表4-7所示，匹配结果满足倾向得分匹配的"平衡性假设"，配对后的回归结果如表4-8所示，数字化（digital）的系数为0.105，在1%的水平上显著为正，回归结果依然支持本文的假设，即企业数字化有助于提升企业内部控制质量。

表4-7　　　　　　　　　　　　PSM配对平衡性分析

变量	样本匹配	均值		T检验	
		实验组	控制组	t	p>|t|
Tophold	Unmatched	34.184	36.322	-10.50	0.000
	Matched	34.202	34.353	-0.78	0.435
Age	Unmatched	2.603	2.817	-32.39	0.000
	Matched	2.605	2.606	-0.16	0.870
Size	Unmatched	22.065	22.248	-10.59	0.000
	Matched	22.066	22.083	-0.98	0.326
Growth	Unmatched	0.184	0.167	3.28	0.001
	Matched	0.183	0.184	-0.07	0.941
Board	Unmatched	2.114	2.154	-14.79	0.000
	Matched	2.115	2.112	0.82	0.415
Indep	Unmatched	0.378	0.372	7.57	0.000
	Matched	0.378	0.379	-1.53	0.126

表4-8　　　　　　　　　　　　PSM稳健性检验

变量	(1)
	IC
digital	0.105***
	(3.97)
Top	0.003***
	(2.95)
Age	-0.267***
	(-7.78)
Size	0.167***
	(10.03)
Lev	-0.484***
	(-5.48)
Roe	4.019***
	(20.35)
Grow	0.155***
	(3.96)

续表

变量	(1)
	IC
Dual	0.003
	(0.13)
Board	0.110
	(1.27)
Indep	0.651**
	(2.32)
Outdi	-0.219***
	(-2.99)
Constant	3.474***
	(9.85)
样本量	10735
R-squared	0.222

注：***、**、*分别表示1%、5%、10%的显著性水平。

4. 数字化程度去0回归

为进一步检验企业数字化的实施效果，本文将数字化程度为0的企业做删除处理，重新检验企业数字化对于内部控制质量的影响。表4-9的回归结果显示，未加入控制变量时，列（1）中数字化（digital）的系数为3.686，在1%的水平上显著为正；加入控制变量后，列（2）中数字化（digital）的系数为3.922，在1%的水平上显著为正；为使回归结果更为稳健，进一步控制公司行业固定效应及年份固定效应，列（3）中数字化（digital）的系数为10.311，在1%的水平上显著为正。上述实证结果依然支持前文假设，即企业数字化能够显著提升其内部控制质量。

表4-9　　　　　　　　　　数字化程度去0的回归

变量	(1)	(2)	(3)
	IC	IC	IC
digital	3.686***	3.922***	10.311***
	(2.85)	(3.23)	(7.05)
Top		0.004***	0.002***
		(6.62)	(3.52)
Age		-0.049***	-0.227***
		(-2.70)	(-11.46)
Size		0.075***	0.166***
		(8.97)	(18.50)
Lev		-0.366***	-0.547***
		(-7.51)	(-10.88)

续表

变量	(1) IC	(2) IC	(3) IC
Roe		4.258 *** (49.92)	3.907 *** (46.04)
Grow		0.164 *** (7.06)	0.149 *** (6.43)
Dual		0.009 (0.48)	0.006 (0.31)
Board		0.254 *** (4.91)	0.038 (0.73)
Indep		0.942 *** (5.09)	0.519 *** (2.85)
Outdi		-0.187 *** (-4.73)	-0.099 ** (-2.52)
Constant	6.482 *** (574.52)	3.840 *** (19.43)	3.396 *** (15.62)
样本量	18055	18055	18055
年份			Yes
行业			Yes
R - squared	0.000	0.174	0.211

注：***、**、* 分别表示1%、5%、10%的显著性水平。

五、进一步分析

（一）机制路径的识别检验

前述研究主要对数字化是否会影响企业内部控制质量以及数字化程度高低对内部控制质量的影响进行了实证检验。企业数字化通过什么机制影响内部控制质量尚不明确。因此，在本部分中，参考吴非等（2021）[37]、易露霞等（2021）[24]和曹越等（2020）[16]的研究，选取内部控制五要素、分析师关注度与媒体关注度等变量，借助温忠麟和叶宝娟（2014）[38]的中介分析方法，对数字化与内部控制质量二者之间的路径机制进行识别检验。

1. 直接路径的检验

基于权变理论，我们预期企业积极推行数字化会对内部控制五要素产生一系列积极影响，进而提升企业的内部控制质量。为了检验内部控制五要素这一路径机制，首先，本文参考王烨等（2021）[36]的研究，使用DIB内部控制与风险管理数据库中的内部控制五要素指数来衡量企业内部控制五要素情况，包括：内部环境（IC_1）、风险评估（IC_2）、控制活动（IC_3）、信息与沟通（IC_4）和内部监督（IC_5）。其次，分别对数字化与上述五要素指数使用三步法进行中介回归分析。

回归结果如表5-1至表5-5所示，列（3）中变量数字化（digital）分别与内部环境（IC_1）、控制活动（IC_3）和内部监督（IC_5）的系数同时显著为正，说明内部环境、控制活动和内部监督在企业数字化与内部控制质量之间存在部分中介作用，证明了影响机制的存在。由此可见，数字化程度越高，企业的内部控制环境越完善、控制活动越规范、内部监督越健全，进一步带来的是企业内部控制质量的提升。

表5-1　　　　　　　　直接影响机制检验结果：内部环境

变量	(1)	(2)	(3)
	IC	IC_1	IC
digital	11.007*** (7.58)	13.105*** (3.74)	10.428*** (7.22)
IC_1			0.044*** (15.52)
Tophold	0.002*** (4.28)	0.000 (0.13)	0.002*** (4.29)
Age	-0.239*** (-12.58)	-0.352*** (-7.68)	-0.223*** (-11.81)
Size	0.171*** (20.59)	0.136*** (6.74)	0.165*** (19.96)
Lev	-0.533*** (-11.39)	-1.215*** (-10.75)	-0.479*** (-10.28)
Roe	3.995*** (51.94)	0.913*** (4.91)	3.955*** (51.68)
Growth	0.155*** (7.34)	-0.161*** (-3.17)	0.162*** (7.72)
Dual	-0.003 (-0.15)	-0.647*** (-15.61)	0.026 (1.52)
Board	0.089* (1.83)	1.083*** (9.19)	0.042 (0.85)
Indep	0.680*** (3.95)	4.726*** (11.35)	0.471*** (2.74)
Outdi	-0.133*** (-3.58)	-0.441*** (-4.93)	-0.113*** (-3.07)
Constant	3.143*** (15.83)	3.013*** (6.28)	3.010*** (15.23)

续表

变量	(1)	(2)	(3)
	IC	IC$_1$	IC
年份	Yes	Yes	Yes
行业	Yes	Yes	Yes
样本量	20910	20910	20910
R-squared	0.227	0.490	0.236

注：***、**、*分别表示1%、5%、10%的显著性水平。

表 5-2　　　　　　　　直接影响机制检验结果：风险评估

变量	(1)	(2)	(3)
	IC	IC$_2$	IC
digital	11.007*** (7.58)	-3.895** (-1.99)	11.025*** (7.59)
IC$_2$			0.005 (0.89)
Tophold	0.002*** (4.28)	-0.001 (-1.00)	0.002*** (4.29)
Age	-0.239*** (-12.58)	-0.116*** (-4.55)	-0.238*** (-12.54)
Size	0.171*** (20.59)	0.191*** (17.00)	0.170*** (20.34)
Lev	-0.533*** (-11.39)	-0.144** (-2.27)	-0.532*** (-11.38)
Roe	3.995*** (51.94)	-0.247** (-2.38)	3.996*** (51.95)
Growth	0.155*** (7.34)	-0.012 (-0.41)	0.155*** (7.34)
Dual	-0.003 (-0.15)	0.018 (0.80)	-0.003 (-0.15)
Board	0.089* (1.83)	0.101 (1.53)	0.089* (1.82)
Indep	0.680*** (3.95)	0.163 (0.70)	0.680*** (3.94)
Outdi	-0.133*** (-3.58)	-0.091* (-1.82)	-0.132*** (-3.57)
Constant	3.143*** (15.83)	-3.031*** (-11.32)	3.157*** (15.85)

续表

变量	(1) IC	(2) IC₂	(3) IC
年份	Yes	Yes	Yes
行业	Yes	Yes	Yes
样本量	20910	20910	20910
R-squared	0.227	0.614	0.227

注：***、**、* 分别表示1%、5%、10%的显著性水平。

表5-3　　　　　　　　　　直接影响机制检验结果：控制活动

变量	(1) IC	(2) IC₃	(3) IC
digital	11.007*** (7.58)	9.267*** (2.74)	10.643*** (7.36)
IC₃			0.039*** (13.30)
Tophold	0.002*** (4.28)	-0.005*** (-4.04)	0.002*** (4.67)
Age	-0.239*** (-12.58)	-0.552*** (-12.48)	-0.217*** (-11.44)
Size	0.171*** (20.59)	0.076*** (3.93)	0.168*** (20.31)
Lev	-0.533*** (-11.39)	-1.089*** (-9.99)	-0.490*** (-10.50)
Roe	3.995*** (51.94)	0.269 (1.50)	3.985*** (52.02)
Growth	0.155*** (7.34)	-0.022 (-0.44)	0.156*** (7.41)
Dual	-0.003 (-0.15)	0.089** (2.22)	-0.006 (-0.35)
Board	0.089* (1.83)	-0.129 (-1.14)	0.094* (1.95)
Indep	0.680*** (3.95)	0.163 (0.41)	0.674*** (3.93)
Outdi	-0.133*** (-3.58)	-0.334*** (-3.87)	-0.119*** (-3.24)
Constant	3.143*** (15.83)	7.491*** (16.19)	2.848*** (14.31)

续表

变量	(1)	(2)	(3)
	IC	IC$_3$	IC
年份	Yes	Yes	Yes
行业	Yes	Yes	Yes
样本量	20910	20910	20910
R-squared	0.227	0.085	0.233

注：***、**、*分别表示1%、5%、10%的显著性水平。

表5-4　　　　　　　　直接影响机制检验结果：信息与沟通

变量	(1)	(2)	(3)
	IC	IC$_4$	IC
digital	11.007***	11.442***	11.031***
	(7.58)	(8.05)	(7.59)
IC$_4$			-0.002
			(-0.29)
Tophold	0.002***	-0.005***	0.002***
	(4.28)	(-9.71)	(4.25)
Age	-0.239***	-0.348***	-0.239***
	(-12.58)	(-18.70)	(-12.51)
Size	0.171***	0.103***	0.171***
	(20.59)	(12.69)	(20.53)
Lev	-0.533***	0.161***	-0.533***
	(-11.39)	(3.51)	(-11.38)
Roe	3.995***	0.042	3.995***
	(51.94)	(0.55)	(51.94)
Growth	0.155***	0.174***	0.155***
	(7.34)	(8.41)	(7.34)
Dual	-0.003	0.078***	-0.002
	(-0.15)	(4.66)	(-0.14)
Board	0.089*	-0.227***	0.089*
	(1.83)	(-4.74)	(1.82)
Indep	0.680***	-0.053	0.680***
	(3.95)	(-0.31)	(3.95)
Outdi	-0.133***	-0.045	-0.133***
	(-3.58)	(-1.25)	(-3.58)
Constant	3.143***	0.994***	3.145***
	(15.83)	(5.11)	(15.83)

续表

变量	(1)	(2)	(3)
	IC	IC_4	IC
年份	Yes	Yes	Yes
行业	Yes	Yes	Yes
样本量	20910	20910	20910
R-squared	0.227	0.204	0.227

注：***、**、*分别表示1%、5%、10%的显著性水平。

表5-5　　　　　　　　　直接影响机制检验结果：内部监督

变量	(1)	(2)	(3)
	IC	IC_5	IC
digital	11.007***	6.582*	10.612***
	(7.58)	(1.81)	(7.39)
IC_5			0.060***
			(21.95)
Tophold	0.002***	0.009***	0.002***
	(4.28)	(6.55)	(3.33)
Age	-0.239***	0.640***	-0.277***
	(-12.58)	(13.50)	(-14.71)
Size	0.171***	0.103***	0.165***
	(20.59)	(4.97)	(20.06)
Lev	-0.533***	-0.221*	-0.520***
	(-11.39)	(-1.89)	(-11.23)
Roe	3.995***	1.627***	3.897***
	(51.94)	(8.46)	(51.16)
Growth	0.155***	-0.358***	0.176***
	(7.34)	(-6.81)	(8.45)
Dual	-0.003	-0.098**	0.003
	(-0.15)	(-2.29)	(0.20)
Board	0.089*	0.622***	0.052
	(1.83)	(5.11)	(1.08)
Indep	0.680***	1.329***	0.600***
	(3.95)	(3.09)	(3.52)
Outdi	-0.133***	-0.420***	-0.107***
	(-3.58)	(-4.54)	(-2.93)
Constant	3.143***	-2.506***	3.294***
	(15.83)	(-5.05)	(16.76)

续表

变量	(1)	(2)	(3)
	IC	IC$_5$	IC
年份	Yes	Yes	Yes
行业	Yes	Yes	Yes
样本量	20910	20910	20910
r²_a	0.227	0.631	0.244

注：***、**、* 分别表示1%、5%、10%的显著性水平。

2. 间接路径检验

为了检验分析师关注度这一路径机制，本文参考韩艳锦等（2021）[39]的研究，选用第 t 年跟踪公司 i 的分析师人数加1再取自然对数，得到分析师关注度这一变量。如表5-6所示，列（2）中数字化（digital）对分析师关注度（Analysis）的回归系数显著为正，意味着企业数字化后更易引起分析师的关注；列（3）中变量 digital 与 Analysis 系数同时显著为正，说明分析师关注度在企业数字化与内部控制质量之间存在部分中介作用，证明了影响机制的存在。由此可见，数字化程度越高，分析师关注度越高，进一步带来的是企业内部控制质量水平的提升。

表5-6　　　　　　　　间接影响机制检验结果：分析师关注度

变量	(1)	(2)	(3)
	IC	Analysis	IC
digital	10.127*** (6.87)	10.398*** (9.15)	9.192*** (6.23)
Analysis			0.090*** (8.70)
Tophold	0.001*** (2.61)	-0.004*** (-8.54)	0.002*** (3.20)
Age	-0.265*** (-12.30)	-0.332*** (-20.01)	-0.235*** (-10.80)
Size	0.223*** (24.60)	0.404*** (58.00)	0.186*** (18.72)
Lev	-0.570*** (-10.97)	-0.851*** (-21.27)	-0.493*** (-9.39)
Roe	2.026*** (38.01)	1.258*** (30.61)	1.913*** (34.94)
Growth	0.000 (0.24)	-0.000 (-1.19)	0.000 (0.32)

续表

变量	(1)	(2)	(3)
	IC	Analysis	IC
Dual	0.009 (0.48)	0.056 *** (3.91)	0.004 (0.21)
Board	0.050 (0.97)	0.088 ** (2.20)	0.042 (0.82)
Indep	0.388 ** (2.23)	0.111 (0.82)	0.378 ** (2.17)
Outdirrate	-0.067 * (-1.77)	-0.167 *** (-5.75)	-0.052 (-1.37)
Constant	2.531 *** (11.96)	-5.250 *** (-32.17)	3.003 *** (13.77)
年份	Yes	Yes	Yes
行业	Yes	Yes	Yes
样本量	15739	15739	15739
R-squared	0.189	0.276	0.193

注：*** 、** 、* 分别表示1%、5%、10%的显著性水平。

为了检验媒体关注度这一路径机制，本文参考曹越等（2020）[16]的研究，选用中国研究数据服务平台（CNRDS）2009—2019年上市公司新闻舆情数据库披露的报刊和新闻量化统计数据，将报刊和网络媒体报道梳理汇总求和，并对其取对数进行平滑，最终得到媒体关注度（MS）变量。如表5-7所示，列（2）中数字化（digital）对媒体关注度（MS）的回归系数显著为正，意味着企业数字化后更易引起媒体的关注；列（3）中变量digital与MS系数同时显著为正，说明媒体关注度在企业数字化与内部控制质量之间存在部分中介作用，证明了影响机制的存在。由此可见，数字化程度越高，媒体关注度越高，进一步带来的是企业内部控制质量水平的提升。

表5-7　　　　　　　　　　间接影响机制检验结果：媒体关注度

变量	(1)	(2)	(3)
	IC	MS	IC
digital	12.324 *** (6.77)	5.284 *** (4.93)	12.132 *** (6.66)
MS			0.036 ** (2.33)
Tophold	0.004 *** (6.14)	-0.001 ** (-2.58)	0.004 *** (6.19)

续表

变量	(1) IC	(2) MS	(3) IC
Age	-0.321*** (-12.38)	-0.056*** (-3.69)	-0.319*** (-12.29)
Size	0.274*** (25.06)	0.379*** (58.89)	0.260*** (20.95)
Lev	-0.872*** (-14.03)	-0.183*** (-5.00)	-0.866*** (-13.91)
Roe	0.370*** (20.98)	0.009 (0.82)	0.369*** (20.96)
Growth	-0.007*** (-3.25)	-0.000 (-0.04)	-0.007*** (-3.25)
Dual	0.009 (0.37)	0.073*** (5.36)	0.006 (0.25)
Board	-0.031 (-0.48)	0.223*** (5.90)	-0.039 (-0.60)
Indep	0.282 (1.27)	0.592*** (4.54)	0.261 (1.18)
Outdirrate	-0.198*** (-4.42)	-0.213*** (-8.09)	-0.190*** (-4.24)
Constant	1.866*** (6.74)	-4.058*** (-24.91)	2.013*** (7.10)
年份	Yes	Yes	Yes
行业	Yes	Yes	Yes
样本量	11917	11917	11917
R-squared	0.164	0.395	0.165

注：***、**、*分别表示1%、5%、10%的显著性水平。

(二) 行业特征的影响

本文借鉴李莉等 (2014)[40]、张永珅和李小波 (2021)[33] 的研究，按照《战略性新兴产业分类》(2012年) 与经济合作与发展组织 (OECD) 的有关规定，并对标的国家关于高新技术领域的相关政策规定，将信息技术服务类 (I) 与技术服务类 (M) 等相关行业归为高科技行业，其他则为非高科技行业，分别进行样本回归。回归结果如表5-8所示，在控制了企业层级的变量以及年份和行业固定效应的基础上，高科技企业数字化 (digital) 的系数不显著，非高科技企业数字化 (digital) 的系数为0.083，在1%的水平上显著为正,这表明相较于高科技企业,非高科技企业数字化对于其自身内部控制质量的提升作用更为显著。

表 5-8　按行业分组回归

变量	高科技企业	非高科技企业
	IC	IC
digital	0.097 (1.18)	0.083** (2.36)
Tophold	0.004*** (3.03)	0.002*** (2.64)
Age	-0.017*** (-5.24)	-0.013*** (-6.98)
Size	0.170*** (7.69)	0.191*** (15.49)
Lev	-0.406*** (-3.74)	-0.564*** (-7.64)
Roe	3.373*** (19.64)	4.098*** (35.66)
Growth	0.246*** (4.79)	0.162*** (5.19)
Dual	-0.028 (-0.73)	0.015 (0.58)
Board	0.161 (1.42)	-0.143* (-1.95)
Indep	0.539 (1.24)	0.251 (0.99)
Outdi	-0.034 (-0.37)	-0.173*** (-3.13)
Constant	2.585*** (2.99)	2.806*** (9.21)
行业	Yes	Yes
年份	Yes	Yes
样本量	3166	8782
R-squared	0.234	0.247

注:***、**、*分别表示1%、5%、10%的显著性水平。

考虑到不同行业实施数字化的差异化,且不同行业的产业链特征及市场环境也存在较大差异,下面重点分析数字化对企业内部控制质量的影响是否存在行业异质性。本文借鉴 Ke 等(2016)[41]的做法,将样本划分为管制性行业和竞争性行业,即将证监会 2012 年版行业分类下行业代码为 B、C25、C31、C32、C36、C37、D、E48、G53、G54、G55、

G56、I63、I64、K 以及 R 的行业定义为管制性行业,其他行业则视为竞争性行业,分别进行样本回归。

回归结果如表 5-9 所示,可以看到,虽然在竞争性行业和管制性行业中,数字化对内部控制质量的系数均在 1% 水平上显著为正,采用 SUE 方法对系数差异进行检验,发现两组样本的系数差异在 5% 水平上显著。这些结果表明,在竞争性行业与管制性行业中,数字化对内部控制质量的促进效果是有显著差别的,管制性行业中数字化对内部控制质量的促进作用更大。这可能是因为,对于企业来讲,通过与政府之间的政治关联,可以得到更多优质的资源,并能获得税收优惠等各项政策上的扶持(林爱梅和窦海林,2021)[42],在管制性行业中,受到政府的严格审批和控制,通过政府干预,可以组织专业化队伍通过分工精进某些行业的技术化水平,以更好弥补行业信息不对称问题(谢建,2020)[43],那么企业就会为了能够披露对本身有利的信息而加强内部控制质量管理。

表 5-9　　　　　　　　　　　　行业特征的影响

变量	(1) 竞争性行业	(2) 管制性行业
digital	9.369*** (6.16)	20.473*** (4.43)
Tophold	0.157** (2.53)	0.376*** (3.64)
Age	-0.251*** (-11.52)	-0.180*** (-4.49)
Size	0.160*** (15.35)	0.195*** (13.05)
Lev	-0.467*** (-8.83)	-0.707*** (-7.08)
Roe	3.971*** (44.62)	4.059*** (26.23)
Growth	0.157*** (6.26)	0.147*** (3.75)
Dual	-0.015 (-0.80)	0.050 (1.20)
Board	0.028 (0.50)	0.224** (2.39)
Indep	0.577*** (2.94)	0.735** (2.05)
Outdirrate	-0.064 (-1.51)	-0.328*** (-4.34)

续表

变量	(1) 竞争性行业	(2) 管制性行业
Constant	3.542*** (14.51)	2.232*** (6.19)
样本量	15471	5439
R-squared	0.224	0.246
Digital 系数差异检验	6.62**	

注：***、**、* 分别表示1%、5%、10%的显著性水平。

六、研究结论与政策建议

(一) 研究结论

本文选取了2009—2019年11年间主板、中小板及创业板所有上市公司，实证检验了企业数字化实施对内部控制质量的影响。研究发现：

第一，企业积极推进数字化有利于提升企业自身的内部控制质量，且企业数字化水平越高，其自身内部控制质量越好。

第二，企业数字化通过直接和间接两条机制路径提升其内部控制质量：直接路径是通过影响内部控制五要素中的内部控制环境、内部控制活动和内部监督，进而提升内部控制水平；间接路径是通过强化外部媒体舆论监督和提升分析师关注度，进而提高内部控制质量。在经过改变变量衡量方式等一系列稳健性测试之后，本文结论依然成立。

(二) 政策建议

基于上述研究发现，本文提出如下建议：

第一，构建和完善促进企业数字化实施的支持体系。在当前数字经济蓬勃发展的大背景下，亟须牢牢把握机遇，多举措推动企业加快数字化实施进程，进而为中国产业结构转型升级和经济高质量发展奠定坚实基础。要注重引导企业在管理组织结构优化方面倾注努力，以使其内部治理架构能够更好地适配数字化实施需要，既能释缓转型风险，也有助于充分发挥数字化对企业内部控制质量的提升效应。

第二，通过数字化创建更加良好的内部环境。企业通过自身的数字化建设，一是能够更加清晰地梳理企业的组织架构，给企业内部控制的结构带来巨大变化，构建合理的权责体系（郑石桥和李瑶，2022）[44]，使内部控制的权重得以明确；二是可以为企业形成较好的文化氛围，提升企业竞争力，进一步提升企业内部控制质量。

第三，借助数字化技术和手段加强信息与沟通。企业在数字化建设过程中，应搭建起智能化的信息传递平台，促进信息在企业的各个层级之间流通，提高信息传递的及时性，避免信息失真情况的发生；同时也可以与合作伙伴（供应商、客户、股东、监管机构等）进行交流，获取大量外部信息，实现信息共享。

第四，借助数字化技术助力加大内部监督力度。变革监督方式，使上下级、内外部形成统一平台，对企业内部控制活动进行实时监督，提高控制效率。

（三）研究局限与未来研究方向

本文识别了影响内部控制质量的又一个因素：企业数字化，为企业如何适应数字经济发展提供实证参考。但仍存在以下局限：一是尽管在稳健性检验中我们做了敏感性测试、滞后效应检验以及 PSM 检验，但对于企业数字化与内部控制质量之间可能存在的内生性干扰问题还需进一步探讨并进行检验；二是企业数字化的度量仍存在一定不足，尽管本文使用了目前被认可的两种度量方式，但可能无法全面地反映企业数字化的现状，未来需要更好地挖掘、论证；三是本文仅检验了数字化对企业内部控制质量的影响，其进一步的经济后果尚不明确，比如，数字化是否可以通过内控来提升企业绩效，这需要未来进一步拓展研究。

参考文献：

[1] Bounfour A. Digital Futures, Digital Transformation [J]. Progress in IS. Cham. Springer International Publishing, 2016 (10): 978-3.

[2] Ghosh K, Khuntia J, Chawla S, Deng X. Media Reinforcement for Psychological Empowerment in Chronic Disease Management [J]. Communications of the Association for Information Systems, 2014, 34 (1): 22.

[3] 严若森, 钱向阳. 数字经济时代下中国运营商数字化转型的战略分析 [J]. 中国软科学, 2018 (4): 172-182.

[4] 戚聿东, 蔡呈伟. 数字化对制造业企业绩效的多重影响及其机理研究 [J]. 学习与探索, 2020 (7): 108-119.

[5] 范周. 数字经济变革中的文化产业创新与发展 [J]. 深圳大学学报（人文社会科学版）, 2020, 37 (1): 50-56.

[6] 王宏鸣, 陈永昌, 杨晨. 数字化能否改善创新要素错配？——基于创新要素区际流动视角 [J]. 证券市场导报, 2022 (1): 42-51.

[7] 王守海, 徐晓彤, 刘烨炜. 企业数字化转型会降低债务违约风险吗？[J]. 证券市场导报, 2022 (4): 45-56.

[8] 林川. 数字化转型与股价崩盘风险 [J]. 证券市场导报, 2022 (6): 47-57.

[9] Johnson G A, Lewis R A, Reiley D H. When Less Is More: Data and Power in Advertising Experiments [J]. Marketing Science, 2017, 36 (1): 43-53.

[10] 周驷华, 万国华. 信息技术能力对供应链绩效的影响：基于信息整合的视角 [J]. 系统管理学报, 2016, 25 (1): 90-102.

[11] 崔瑜, 焦豪, 张样. 基于IT能力的学习导向战略对绩效的作用机理研究 [J]. 科研管理, 2013, 34 (7): 93-100.

[12] 郑国坚, 林东杰, 谭伟强. 系族控制、集团内部结构与上市公司绩效 [J]. 会计研究, 2016 (2): 36-43+95.

[13] 张川, 潘飞, John Robinson. 非财务指标采用的业绩后果实证研究——代理理论 VS. 权变理论 [J]. 会计研究, 2008 (2): 39-46+95-96.

[14] Stringer, C., Carey, P. Internal Control Redesign: An Exploratory study of Australian Organizations [J]. Accounting, Accountability and Performance, 2002, 8, (2), 61-86.

[15] 张双鹏, 胡本源, 陈利军, 刘婧. 基于权变理论的内部控制与企业绩效的实证研究 [J]. 会计之友, 2011 (9): 48-52.

[16] 曹越, 孙丽, 郭天枭, 蒋华玲. "国企混改" 与内部控制质量: 来自上市国企的经验证据 [J]. 会计研究, 2020 (8): 144-158.

[17] 王京滨, 刘赵宁, 刘新民. 数字化转型与企业全要素生产率——基于资源配置效率的机制检验 [J]. 科技进步与对策, 2023 (5): 1-11.

[18] 张颖, 郑洪涛. 我国企业内部控制有效性及其影响因素的调查与分析. 审计研究, 2010 (1): 75-81.

[19] 张羽佳, 林红珍. 基于数字化赋能的企业内部控制研究——来自华为1987—2022年的经验证据. 财会通讯 2022 (22): 142-148.

[20] 林琳, 吕文栋. 数字化转型对制造业企业管理变革的影响——基于酷特智能与海尔的案例研究 [J]. 科学决策, 2019 (1): 85-98.

[21] Ross J W, Beath C M, Goodhue D L. Develop Long-term Competitiveness through IT Assets [J]. MIT Sloan Management Review, 1996, 38 (1): 31-42.

[22] 王晓通, 张杰. 企业效率及组织形式的演进机理分析 [J]. 现代管理科学, 2008, 178 (1): 43-45.

[23] 程博. 分析师关注与企业环境治理——来自中国上市公司的证据 [J]. 广东财经大学学报, 2019, 34 (2): 74-89.

[24] 易露霞, 吴非, 徐斯旸. 企业数字化转型的业绩驱动效应研究 [J]. 证券市场导报, 2021 (8): 15-25+69.

[25] 祁怀锦, 曹修琴, 刘艳霞. 数字经济对公司治理的影响——基于信息不对称和管理者非理性行为视角 [J]. 改革, 2020 (4): 50-64.

[26] 何帆, 刘红霞. 数字经济视角下实体企业数字化变革的业绩提升效应评估 [J]. 改革, 2019 (4): 137-148.

[27] 孔东民, 刘莎莎, 应千伟. 公司行为中的媒体角色: 激浊扬清还是推波助澜? [J]. 管理世界, 2013 (7): 145-162.

[28] 许瑜, 冯均科, 李若昕. CEO激励、媒体关注与内部控制有效性的关系研究 [J]. 审计与经济研究, 2017, 32 (2): 35-45.

[29] 陈泽艺, 李常青. 媒体关注与内部控制缺陷修正: 市场压力或信息透明 [J]. 当代财经, 2019, (11): 72-81.

[30] 曾德明, 罗侦, 文金艳等. 权变视角下知识重组对技术创新质量的影响——基于中国医药制造业

企业的实证研究 [J]. 管理评论, 2022, 34 (9): 87-97.

[31] 陈其齐, 杜义飞, 薛敏. 数字化转型及不确定环境下中国管理研究与实践的创新发展——第11届"中国·实践·管理"论坛评述 [J]. 管理学报, 2021, 18 (3): 337-342.

[32] Boland, R. J., Lyytinen, K. and Yoo, Y. Wakes of Innovation in Project Networks: The Case of Digital 3-D Representations in Architecture, Engineering and Construction [J]. Organization Science, 2007 (18): 631-647.

[33] 张永珅, 李小波. 企业数字化转型与审计定价 [J]. 审计研究, 2021 (3): 62-71.

[34] 逯东, 王运陈, 付鹏. CEO激励提高了内部控制有效性吗？——来自国有上市公司的经验证据 [J]. 会计研究, 2014 (6): 66-72+97.

[35] 袁淳, 肖土盛, 耿春晓等. 数字化转型与企业分工: 专业化还是纵向一体化 [J]. 中国工业经济, 2021, 402 (9): 137-155.

[36] 王烨, 孙娅妮, 孙慧倩. 员工持股计划如何提升内部控制有效性？——基于PSM的实证研究 [J]. 审计与经济研究, 2021, 36 (1): 14-25.

[37] 吴非, 胡慧芷, 林慧妍, 任晓怡. 企业数字化转型与资本市场表现——来自股票流动性的经验证据 [J]. 管理世界, 2021, 37 (7): 10+130-144.

[38] 温忠麟, 叶宝娟. 中介效应分析: 方法和模型发展 [J]. 心理科学进展, 2014, 22 (5): 731-745.

[39] 韩艳锦, 冯晓晴, 宋建波. 基于信息生成环节的分析师关注与股价崩盘风险 [J]. 管理学报, 2021, 18 (2): 279-286.

[40] 李莉, 闫斌, 顾春霞. 知识产权保护、信息不对称与高科技企业资本结构 [J]. 管理世界, 2014 (11): 1-9.

[41] Ke B, Liu N, Tang S. The Effect of Anti-corruption Campaign on Shareholder Value in a Weak Institutional Environment: Evidence From China [J]. Unpublished Working Paper, 2016.

[42] 林爱梅, 窦海林. 地方政绩诉求、政府研发补贴与企业创新效率关系研究 [J]. 科技进步与对策, 2021, 38 (13): 72-81.

[43] 谢建. 管制行业获得了更优惠的信贷吗 [J]. 江西财经大学学报, 2020, 131 (5): 45-57.

[44] 郑石桥, 李瑶. 权力距离对内部控制缺陷认定标准的影响 [J]. 中国审计评论, 2022 (1): 105-126.

Digitalization and Internal Control Quality of Enterprises

Han Dongmei[1] Ma Shengnan[1] Liu Jianmei[2]

(1. School of Accounting, Shandong University of Finance and Economics, Jinan 250014; 2. School of accounting, Tianjin University of Finance and Economics, Tianjin 300221)

[**Abstract**] With the rapid development and large-scale commercial use of information technology such as big data and artificial intelligence, the upsurge of digital economy is sweeping across the world. Our government has also been vigorously urging the implementation and development of the digital economy. Therefore, more and more enterprises are carrying out digital transformation with the help of emerging digital technology. This paper selects A – share listed companies in Shanghai and Shenzhen from 2009 to 2019 as a sample, uses Python to capture the annual report text data of listed companies for text recognition, quantify the digitalization and its degree of enterprise, and test the impact of enterprise digitalization on the quality of internal control. The research found that digitalization is conducive to improve the quality of internal control, and the higher the digitalization level of enterprises, the higher the quality of internal control. It further analyzes and identifies the direct and indirect mechanisms by which enterprise digitalization affects the quality of internal control, that is, enterprise digitalization improves the quality of internal control by directly affecting internal control elements, strengthening external media supervision and enhancing analysts' attention.

[**Key words**] Digitalization; Internal control quality; Analyst attention; Media attention

内部控制质量与企业杠杆操纵

喻 彪[1,2] 杨 刚[2]

(1. 贵州工程应用技术学院 a. 经济与管理学院,
b. 贯彻新发展理念毕节示范区研究中心,贵州 毕节 551700;
2. 西南大学 经济管理学院,重庆 400715)

【摘 要】 利用2007—2021年沪深两市A股非金融类上市企业的相关数据,考察了内部控制质量对企业杠杆操纵程度的影响。研究发现:高质量内部控制能够显著降低企业杠杆操纵程度;机制检验表明,高质量内部控制主要通过缓解企业融资约束来抑制企业杠杆操纵;异质性分析表明,高质量内部控制对杠杆操纵的抑制效应在账面杠杆率较高的企业、产品市场竞争较激烈的行业以及数字金融发展水平较低的地区中更为显著;经济后果检验表明,高质量内部控制抑制企业杠杆操纵也进一步降低了企业财务风险。本文的研究不仅从杠杆操纵角度丰富和拓展了内部控制的经济效应,也为防止企业虚假降杠杆提供了有益的政策启示。

【关键词】 内部控制质量;杠杆操纵;融资约束;财务风险

一、引言

自2008年"四万亿"经济刺激计划实施以来,我国企业杠杆率呈现持续上升态势。高杠杆率诱发的企业债务违约风险及金融市场波动成为阻碍我国经济高质量发展的主要风险因素,"去杠杆"则演变为近年来供给侧结构性改革的重点任务之一。在企业面临的来自政策监管与资本市场双重"去杠杆"压力与日俱增的情况下,一些高杠杆企业实质

基金项目:贵州省教育厅人文社会科学研究青年项目"新形势下金融推动贵州数字经济与实体经济深度融合研究"(2022QN004)。

作者简介:喻彪(1986—),男,湖南安乡人,贵州工程应用技术学院经济与管理学院讲师,贵州工程应用技术学院贯彻新发展理念毕节示范区研究中心助理研究员,西南大学经济管理学院博士研究生,主要研究方向为内部控制与公司治理;杨刚(1969—),男,重庆荣昌人,西南大学经济管理学院教授,博士生导师,管理学博士,从事研究方向为公司治理与产业经济。

性"去杠杆"步履维艰，转而利用表外负债、名股实债等财务活动来进行杠杆操纵，以降低账面杠杆率，掩饰财务风险（许晓芳和陆正飞，2020；许晓芳等，2020）[1-2]。不难看出，企业杠杆操纵行为的实质是虚假降杠杆，不仅会降低企业财务信息质量，误导利益相关者的投融资决策，更为重要的是，虚假降杠杆积聚的不透明负债还可能加剧整个金融系统的坏账与流动性危机，进而诱发系统性金融风险，不利于宏观经济体系安全稳定运行。国家发展改革委在2018年和2019年连续两年发布的《降低企业杠杆率工作要点》中均明确指出，要"防止虚假降杠杆"，这表明企业杠杆操纵已经成为不可忽视且亟待解决的问题。因此，深入探讨企业杠杆操纵治理措施就具有很强的理论价值和现实意义。

从行为动机来看，杠杆操纵是企业内部人在信息不对称的情况下，为了满足内部考核、外部监管以及融资需求而实施的降低企业账面杠杆率的一种机会主义行为（许晓芳等，2020；卿小权等，2023）[2-3]，但其在本质上最终还是由融资问题所引致（饶品贵，2022）[4]。因此，缓解融资约束有助于从根源上抑制企业杠杆操纵。内部控制是合理保证企业财务报告真实可靠、经营合法合规并最终实现经营效率效果的一系列制度安排（李小荣等，2021）[5]。高质量内部控制在改善企业信息透明度、发挥公司治理效能并降低企业风险的基础上，有助于提升企业贷款可得性（夏芸和徐欣，2011；刘焱和姚海鑫，2013；张红英和赵丹，2017）[6-8]，降低企业债务融资成本（陈汉文和周中胜，2014；戴经纬和李子阳，2016；林钟高和丁茂桓，2017）[9-11]和股权融资成本（陈汉文和程智荣，2015）[12]，进而缓解融资约束（程小可等，2013；顾奋玲和解角羊，2018）[13-14]，改善企业资本投资效率（周中胜等，2016；池国华和王钰，2017）[15-16]，激励企业创新投资（钟凯等，2016）[17]和绿色投资（吴树畅等，2022）[18]，抑制企业避税（陈作华和方红星，2018）[19]，提升企业价值（张亚洲，2020）[20]。那么，高质量内部控制能否通过发挥资源支持效应，缓解企业融资约束，从而有效治理企业杠杆操纵行为以保障企业资产负债表信息质量呢？本文着墨于此进行探讨与研究。

本文的边际贡献主要体现在：第一，扩充了企业杠杆操纵治理机制的文献体系。已有探究治理企业杠杆操纵行为相关机制的文献主要集中在党组织治理、混合所有制改革、机构投资者监督、地方政府债务扩张、债券发行、企业市场竞争地位、银行竞争以及资本市场开放等方面，鲜有研究关注到内部控制质量的影响，本文从内部控制视角对此做了有益扩充。第二，拓展了内部控制经济效应的相关研究。从合理保证企业会计信息质量角度来看，现有研究主要注意到了高质量内部控制对利润表信息质量的影响，罕有以资产负债表信息质量为着手点来探究内部控制的经济效应，本文以此为突破口，基于杠杆操纵角度探讨了高质量内部控制对资产负债表信息质量所带来的积极影响。第三，明确了高质量内部控制抑制企业杠杆操纵的作用机制及相关情境因素，有助于深化对内部控制经济效应以及企业杠杆操纵动机的理论认知。此外，本文也具有重要的实践指导价值，为监管部门进一步有效抑制企业杠杆操纵，防范化解重大风险提供了有益的政策启示。

二、文献综述

(一) 企业杠杆操纵治理因素的相关研究

尽管理论和实务研究均已意识到企业会通过使用一些表外负债、名股实债的方法来降低其账面杠杆率以掩盖财务风险，但这些研究大多只片面地考虑了诸如经营租赁、可转债等特定融资方式对企业杠杆率的影响。许晓芳和陆正飞（2020）[1]开创性地对企业杠杆操纵行为进行了研究，他们系统界定了企业杠杆操纵的概念，并提出了综合测度企业杠杆操纵程度的 XLT – LEVM 法，验证了杠杆操纵行为在我国企业中的普遍存在性（许晓芳等，2020）[2]。得益于他们的基础性研究，部分学者进一步从强化公司治理与缓解融资约束等视角解释和检验了如何有效抑制企业杠杆操纵。公司治理方面，翟淑萍等（2021）[21]发现，党组织以"双向进入、交叉任职"的方式参与公司治理能够显著抑制国有企业杠杆操纵，非国有股东参与高层治理也能有效抑制国有企业杠杆操纵（马新啸和窦笑晨，2022）[22]。机构投资者通过发挥监督效应，能够有效降低企业杠杆操纵程度（卿小权等，2023）[3]，而外部极端收益冲击则会致使此类监督弱化，给企业实施杠杆操纵提供可乘之机（吴晓晖等，2022）[23]。融资约束方面，饶品贵等（2022）[4]发现，地方政府债务扩张会加剧企业外部信贷融资障碍，从而诱发企业杠杆操纵。李晓溪和杨国超（2022）[24]发现，企业为了顺利发行债券也会操纵杠杆以达到降低账面杠杆率的目的。其他相关研究还发现，市场垄断势力越强的企业，外部融资能力也越强，进行杠杆操纵越少（彭方平等，2023）[25]；银行竞争（范润和翟淑萍，2023）[26]以及资本市场开放（管考磊和朱海宁，2023）[27]带来的资源支持效应也有助于抑制企业杠杆操纵。

(二) 内部控制经济效应的相关研究

围绕内部控制的财务报告目标、经营目标以及合规目标，现有研究进行了大量探讨，取得了丰硕成果。从财务报告目标来看，基于利润表信息质量的考察发现，高质量内部控制能够显著提升企业应计质量（Doyle et al.，2007；Ashbaug – skaife et al.，2008；董望和陈汉文，2011；刘启亮等，2013）[28-31]、增强企业会计稳健性（方红星和张志平，2012）[32]及会计信息可比性（梅丹，2017）[33]，从而改善企业会计信息透明度（孙光国和杨金凤，2013）[34]。从经营目标来看，高质量内部控制能够有效降低两类代理冲突（杨德明等，2013）[35]、缓解企业融资约束（程小可等，2013；顾奋玲和解角羊，2018）[13-14]，从而改善资本及劳动投资效率（周中胜等，2016；池国华和王钰，2017；喻彪和杨刚，2022）[15-16,36]，增加现金持有价值（喻彪和王祥兵，2017）[37]，提升应收账款与存货管理效率（邓春梅等，2019；喻彪和王皓南，2020）[38-39]，进而助力企业业绩改善和价值提升（张亚洲，2020）[20]，促进企业高质量发展（张广胜和孟茂源，

2020)[40]。就合规目标而言，已有文献也发现，高质量内部控制能有效抑制企业避税（陈作华和方红星，2018）[19]和违规（杨道广和陈汉文，2015）[41]，从而降低企业诉讼风险（毛新述和孟杰，2013）[42]。

（三）文献简要评述

综上所述，一方面，虽然现有研究已经注意到在"去杠杆"政策背景下，我国企业存在比较严重的杠杆操纵现象，但对于企业杠杆操纵治理机制的相关研究却仍然亟待深入和扩展；另一方面，内部控制作为确保企业财务信息质量，规范企业经营管理活动的重要制度安排，以往研究主要是基于利润表从盈余操纵角度进行分析和检验，而鲜有文献基于资产负债表从杠杆操纵视角进行探讨。基于此，本研究旨在检验高质量内部控制是否以及如何影响企业杠杆操纵行为，以扩充现有文献。

三、理论分析与研究假说

已有研究认为，企业可能出于迎合政策与监管要求以及满足外部融资需求等目的而进行杠杆操纵（许晓芳等，2020）[2]，其本质还是融资问题，融资约束是诱发企业杠杆操纵的重要成因（饶品贵，2022）[4]。尽管近年来我国多层次资本市场的基本框架已初步形成，为处于不同生命周期的企业提供了丰富的融资途径，但目前还未对我国以银行为主体的间接金融体系产生颠覆性变革，企业为了满足常规运营及投资需求，仍然需要从银行等传统金融机构大量融入信贷资金（解维敏等，2021）[43]。但是能否成功融入信贷资金的决定性因素之一就是企业未来的还本付息能力，杠杆率是测度企业财务风险及偿债能力的主要财务指标，在信贷决策过程中，银行等债权人会着重关注企业杠杆率。因杠杆率太高而不能满足信贷机构要求的标准时，企业就存在动力来操纵杠杆以降低账面杠杆率，进而顺利获取外部融资（饶品贵等，2022；李晓溪和杨国超，2022）[4,24]。因此，降低融资约束能在一定程度上抑制企业为了获取外部信贷融资而诱发的杠杆操纵动机，从而有效治理企业杠杆操纵。高质量内部控制能够从提升企业信息透明度、缓解代理冲突等方面有效破解企业面临的外部融资障碍，降低融资约束，这对于从根源上治理企业杠杆操纵具有重要作用。

一方面，融资约束产生的根本症结在于企业内外部的信息不对称。在信息不对称的情况下，债权人在借贷前不能准确设定债权投资风险溢价，在事后也面临着公司内部人的利益侵占风险，由此会导致外部融资可得性降低或者信贷融资标准提高，加剧企业融资约束。高质量内部控制可以提升企业信息透明度。从财务信息角度来说，合理保证企业财务信息真实、可靠是内部控制的基本目标之一。高质量内部控制为财务报告生成过程的合理、合法性以及结果的真实、可靠性提供了重要的工作基础与制度保障（刘中华和梁红玉，2015）[44]，有助于提高应计质量（Doyle et al.，2007；Ashbaug-skaife et al.，2008；董望和陈汉文，2011；刘启亮等，2013）[28-31]、增强企业会计稳健性（方红星和张志平，2012)[32]及会计信息可比性（梅丹，2017)[33]，从而在整体上改善企业会计信息质量（孙光国和杨金凤，2013)[34]。从非财务信息角度来说，高质量内部控制意味着企业建立了良好的信息与沟通体系，可以促进更多非财务信息在企业内部不同层级、不同业务系统以及企业内外部之间进行及时通畅的传送，使得银行等债权人等能够更为快速、深入地了解企业实际财务状况与经营情况（李小荣等，2021)[5]。由此，高质量内部控制能够从财务信息与非财务信息两个方面提升企业信息透明度，确保银行等债权人能够凭借充分且可靠的信息做出合理的债权投资决策，从而降低企业融资约束，抑制企业杠杆操纵。

另一方面，代理冲突也是导致企业融资约束的重要原因之一（Fazzari et al.，1988；Kaplan and Zingales，1997)[45-46]。在委托代理框架下，债权人通常面临与公司管理者和大股东之间的代理冲突（Jensen and Meckling，1976)[47]。因此，债权人在做出信贷决策时，会充分考虑其利益被公司内部人所侵占的风险（Boubakri and Ghouma，2010)[48]。当公司治理水平欠佳，债权人预期其利益可能被公司内部人侵害，致使债权投资收益不能实现时，债权人对公司进行债权投资的意愿会随之降低，要求的风险溢价也会相应提高，由此会加剧企业融资约束。高质量内部控制可以有效缓解债务代理冲突。内部控制的核心思想是监督与制衡，高质量内部控制不仅表明企业已经塑造并形成了良好的控制环境与文化氛围，能够有效提升大股东、各层级管理者以及普通员工的控制理念、道德意识与诚信度（李小荣等，2021)[5]，而且还能够通过完善债务契约合理分配各利益相关方权责利，实现各业务流程的优化与升级，形成各平等利益主体之间的相互制衡以及各科层权力主体自上而下的监督（谢志华，2009)[49]，从而有效预防、监督和纠正债务契约执行过程中公司内部人的道德风险问题（陈汉文和周中胜，2014；林钟高和丁茂桓，2017)[9,11]。由此，高质量内部控制能够有效约束公司内部人侵占债权人利益的资产替代行为，从而降低公司内部人与债权人之间的代理冲突，缓解债务融资约束，抑制企业杠杆操纵。

基于上述分析，提出如下研究假说：

H1：高质量内部控制能够有效抑制企业杠杆操纵。

四、研究设计

（一）样本选择与数据来源

考虑到我国从2007年开始全面实施国际趋同的会计准则体系，以2007—2021年沪深两市A股非金融类上市企业作为初始研究样本。为了更好地对变量间的因果逻辑关系进行考察，回归模型中对内部控制质量指标及相应的控制变量均进行了滞后一期处理。因此，企业杠杆操纵变量的样本时间范围为2008—2021年，其余变量的样本时间范围为2007—2020年。在初始研究样本的基础上，借鉴许晓芳等（2020)[2]的做法，剔除年初及年末均有有息负债但当年没有利息支出的样本、当年有利息支出但年末没有有息负债的样本、预期总资产周转率和预期有息负债率小于0的样本、相关变量数据缺失的样本，最后获得24588个公司年度观测值。为了减轻异常值对研究结论的干扰，对主要连续型变量在上下1%分位数上进行了缩尾处理。所使用的内部控制质量指标来自迪博数据库，其他公司层面的财务数据与治理数据来自国泰安数据库和万得数据库。

（二）主要变量定义

1. 被解释变量

企业杠杆操纵（LM）：借鉴许晓芳等（2020）[2]提出的XLT-LEVM法。首先基于预期模型法分别估算企业的表外负债金额与名股实债金额，然后再分别使用基本的XLT-LEVM法、拓展的XLT-LEVM法（直接法）以及拓展的XLT-LEVM法（间接法）来测算企业杠杆操纵程度，得到相应的杠杆操纵指标LEVM、ExpLEVM以及ExpLEVMI①，三个指标的取值越大，表明企业杠杆操纵程度越高。

2. 解释变量

内部控制质量（ICQ）：借鉴毛新述和孟杰（2013）[42]、李小荣等（2021）[5]的做法，使用经对数化处理后的迪博内部控制指数来衡量企业内部控制质量，ICQ的取值越大，内部控制质量越高。

3. 控制变量

参考已有相关研究（许晓芳等，2020；卿小权等，2023；吴晓晖等，2022）[2-3,23]，从公司财务及治理特征两个方面选择控制变量，具体包括：企业规模（Size）、资产负债率（Lev）、盈利能力（ROA）、总资产增长率（Growth）、经营现金流量（CFO）、固定资产占比（PPE）、非债务税盾（Ndts）、上市年限（Firmage）、产权性质（SOE）、股权集中度（Top5）、独立董事比例（IDR）、机构持股比例（InsHold）。此外，还在模型中加入了年度固定效应（Year）与行业固定效应（Industry）。各变量的详细计算方式见表1。

表1　变量定义

变量类别	变量名称	变量符号	变量定义
被解释变量	杠杆操纵	LEVM	基本的XLT-LEVM法计算的杠杆操纵程度
		ExpLEVM	拓展的XLT-LEVM法（直接法）计算的杠杆操纵程度
		ExpLEVMI	拓展的XLT-LEVM法（间接法）计算的杠杆操纵程度
解释变量	内部控制质量	ICQ	迪博内部控制指数加1后取自然对数

---

① 具体计算方法详见许晓芳等（2020）的研究。

续表

变量类别	变量名称	变量符号	变量定义
控制变量	企业规模	Size	总资产取自然对数
	资产负债率	Lev	总负债/总资产
	盈利能力	ROA	净利润/总资产
	总资产增长率	Growth	（期末总资产－期初总资产）/期初总资产
	经营现金流量	CFO	经营现金净流量/总资产
	固定资产占比	PPE	固定资产净额/总资产
	非债务税盾	Ndts	折旧/总资产
	上市年限	Firmage	公司上市年限加1后取自然对数
	产权性质	SOE	国企取1，否则取0
	股权集中度	Top5	前五大股东持股比例平方和
	独立董事比例	IDR	独立董事人数/董事会人数
	机构持股比例	InsHold	机构持股数量/总股数

（三）模型设定与说明

为了检验内部控制质量是否影响企业杠杆操纵，建立如下多元回归模型（1）：

$$LM_{it} = \alpha_0 + \alpha_1 ICQ_{it-1} + \alpha_i Controls_{it-1} + Year + Industry + \mu_{it} \quad (1)$$

其中，LM 为被解释变量，表示企业杠杆操纵程度，包括 LEVM、ExpLEVM 及 ExpLEVMI 三个指标；ICQ 为解释变量，表示企业内部控制质量；Controls 为前述一系列控制变量，Year 及 Industry 分别为年度固定效应与行业固定效应，μ 表示随机误差项。如若研究假说 H1 成立，则模型（1）中 ICQ 的回归系数 α_1 应该显著为负。在回归分析中还对标准误进行了公司个体层面的聚类稳健处理以降低异方差及时间序列相关的影响。

（四）描述性统计与相关性分析

表 2 报告了各变量的描述性统计结果。LEVM 的均值为 0.116，表明企业通过表外负债和名股实债等手段进行杠杆操纵的程度约为 11.6%；标准差为 0.208，最大值和最小值分别为 1.744 和 0，表明不同企业的杠杆操纵程度存在较大差别，ExpLEVM 及 ExpLEVMI 的描述性统计情况与 LEVM 类似。这与许晓芳等（2020）[2]的计算结果具有较强可比性。ICQ 的最大值和最小值分别为 6.881 和 0，标准差为 1.290，表明不同企业的内部控制质量也具有较强异质性。

未列示的皮尔逊相关系数矩阵显示，ICQ 与 LEVM、ExpLEVM 及 ExpLEVMI 的相关系数分别为 -0.059、-0.059、-0.037，且均在 1% 的水平上显著；其余各变量间的相关系数也普遍低于 0.5，表明不存在严重的多重共线性。方差膨胀因子检验发现其最大值 2.73，远小于临界值 10，平均值也仅为 1.61，进一步说明各变量间不存在多重共线性。

表2　描述性统计

变量	样本量	平均值	标准差	最小值	p25	中位数	p75	最大值
LEVM	24588	0.116	0.208	0.000	0.000	0.042	0.158	1.744
ExpLEVM	24588	0.118	0.208	0.000	0.002	0.045	0.160	1.746
ExpLEVMI	24588	0.114	0.214	-0.113	0.003	0.047	0.157	1.781
ICQ	24588	6.219	1.290	0.000	6.423	6.506	6.558	6.881
Size	24588	22.263	1.285	19.033	21.352	22.087	22.992	26.477
Lev	24588	0.473	0.199	0.078	0.319	0.466	0.617	1.293
ROA	24588	0.029	0.070	-0.578	0.012	0.032	0.060	0.213
Growth	24588	0.170	0.364	-0.510	0.010	0.095	0.220	4.099
CFO	24588	0.045	0.069	-0.223	0.006	0.044	0.086	0.307
PPE	24588	0.232	0.169	0.001	0.100	0.200	0.332	0.787
Ndts	24588	0.021	0.016	-0.019	0.009	0.018	0.030	0.305
Firmage	24588	2.240	0.717	0.693	1.792	2.398	2.833	3.367
SOE	24588	0.406	0.491	0.000	0.000	0.000	1.000	1.000
Top5	24588	0.159	0.115	0.011	0.071	0.128	0.220	0.598
IDR	24588	0.374	0.054	0.250	0.333	0.333	0.429	0.600
InsHold	24588	0.454	0.237	0.001	0.277	0.475	0.638	0.937

五、实证结果与分析

（一）基本回归分析

表3报告了内部控制质量影响企业杠杆操纵的回归分析结果。从表3中可以看出，ICQ与LEVM、ExpLEVM及ExpLEVMI的系数均至少在5%的水平上显著为负，意味着企业杠杆操纵程度与内部控制质量显著负相关。从经济意义上来看，以第（1）列中的回归系数为例，内部控制质量每提高一个标准差，企业通过表外负债和名股实债两种手段进行杠杆操纵的程度（LEVM）平均下降约5.56%（=0.005×1.290/0.116），具有明显的经济意义。总体来看，基本回归分析的结果表明，内部控制质量越高，企业杠杆操纵程度越低，研究假说H1得到验证。

表3　基本回归分析

变量	(1)	(2)	(3)
	LEVM	ExpLEVM	ExpLEVMI
ICQ	-0.005*** (-3.335)	-0.005*** (-3.324)	-0.003** (-2.297)
Size	-0.006*** (-2.595)	-0.006** (-2.530)	-0.006*** (-2.680)

续表

变量	(1) LEVM	(2) ExpLEVM	(3) ExpLEVMI
Lev	0.175*** (12.611)	0.179*** (12.861)	0.162*** (11.713)
ROA	0.047 (1.440)	0.046 (1.399)	0.126*** (3.697)
Growth	−0.010*** (−2.673)	−0.009*** (−2.650)	−0.001 (−0.293)
CFO	0.028 (1.046)	0.027 (0.992)	−0.024 (−0.823)
PPE	−0.037* (−1.678)	−0.019 (−0.882)	−0.023 (−1.016)
Ndts	0.665*** (3.005)	0.523** (2.379)	0.485** (2.134)
Firmage	−0.016*** (−5.099)	−0.016*** (−5.128)	−0.018*** (−5.414)
SOE	−0.006 (−1.211)	−0.006 (−1.192)	−0.003 (−0.562)
Top5	−0.063*** (−3.186)	−0.065*** (−3.270)	−0.061*** (−2.982)
IDR	0.030 (0.920)	0.031 (0.964)	0.018 (0.537)
InsHold	0.011 (1.039)	0.011 (1.061)	0.014 (1.308)
_cons	0.254*** (5.139)	0.249*** (5.036)	0.257*** (5.129)
年度固定效应	Yes	Yes	Yes
行业固定效应	Yes	Yes	Yes
样本量	24588	24588	24588
调整 R^2 值	0.032	0.033	0.025

注：*、** 和 *** 分别表示在10%、5%和1%的水平上统计显著，括号内为标准误经企业个体层面聚类稳健调整对应的 t 统计量。下同。

（二）稳健性检验

1. 内生性处理

（1）公司个体固定效应模型。为了缓解不随时间或公司变化而难以观测的因素带来的遗漏变量问题的影响，进一步控制公司个体固定效应（Firm）进行检验。表4第（1）-（3）列的结果表明，ICQ 的系数至少在5%的水平上显著为负，表明内部控制质量越高，企业杠杆操纵程度越低,依然支持研究假说 H1。

(2) Heckman 两阶段法。迪博内部控制指数在构建过程中使用到了企业自主披露的内部控制缺陷数据,而企业在内部控制缺陷信息披露方面的自由裁量权可能导致其存在自选择偏差。对此,采用 Heckman 两阶段法予以缓解。首先,以内部控制质量行业年度中位数为标准,设置虚拟变量 ICQ_Dum,当内部控制质量高于行业年度中位数时取 1,否则为 0;其次,参考叶康涛等(2015)[50]的研究,以 ICQ_Dum 作为被解释变量,选取企业规模(Size)、资产负债率(Lev)、是否亏损(Loss)、成长性(Growth)、上市年限(Firmage)、产权性质(SOE)、第一大股东持股比例(Top1)、独立董事比例(IDR)、是否被"四大"会计师事务所审计(Big4)以及年度(Year)与行业(Industry)虚拟变量作为解释变量进行 Probit 回归并计算逆米尔斯比率(IMR);最后,将 IMR 代入模型(1)中重新进行回归分析。表 4 第(4)-(6)列的结果显示,IMR 系数均不显著,表明模型(1)不存在明显的自选择偏差。同时,ICQ 的系数仍然至少在 5% 的水平上显著为负,表明高质量内部控制抑制企业杠杆操纵的结论仍然成立。

表 4　　　　　　　　公司个体固定效应与 Heckman 两阶段法

变量	(1) LEVM	(2) ExpLEVM	(3) ExpLEVMI	(4) LEVM	(5) ExpLEVM	(6) ExpLEVMI
ICQ	-0.005*** (-3.092)	-0.005*** (-3.059)	-0.004** (-2.357)	-0.005*** (-3.213)	-0.005*** (-3.204)	-0.003** (-2.241)
控制变量	Yes	Yes	Yes	Yes	Yes	Yes
IMR				0.007 (1.172)	0.007 (1.159)	0.003 (0.469)
_cons	0.398*** (4.418)	0.395*** (4.369)	0.591*** (6.419)	0.222*** (4.064)	0.218*** (3.976)	0.244*** (4.336)
公司固定效应	Yes	Yes	Yes	No	No	No
年度固定效应	Yes	Yes	Yes	Yes	Yes	Yes
行业固定效应	No	No	No	Yes	Yes	Yes
样本量	24588	24588	24588	24588	24588	24588
调整 R^2 值	0.020	0.020	0.017	0.033	0.033	0.025

(3) 倾向得分匹配法。高质量内部控制与和低质量内部控制公司之间的系统性差异也可能会影响前述基本回归分析结果的准确性。为此,使用倾向得分匹配法来减小企业间系统性差异的影响。以前述 Heckman 两阶段法中 ICQ_Dum = 1 的样本为处理组,ICQ_Dum = 0 的样本为对照组,以模型(1)中的所有控制变量作为协变量,分别进行了 1∶1 最邻近无放回匹配和卡尺匹配以更好地缓解系统性偏差。匹配后大多数协变量的标准化偏差有所降低并且差异在处理组与对照组中不再显著,表明两种方式的匹配效果均较好。表 5 第(1)-(3)列和第(4)-(6)列分别报告了使用 1∶1 匹配和卡尺匹配后的样本重新进行回归分析的结果,ICQ 的系数均显著为负,前文结论依然成立。

表 5　倾向得分匹配法

变量	(1) LEVM	(2) ExpLEVM	(3) ExpLEVMI	(4) LEVM	(5) ExpLEVM	(6) ExpLEVMI
ICQ	-0.005*** (-3.272)	-0.005*** (-3.261)	-0.003** (-2.185)	-0.005*** (-3.188)	-0.005*** (-3.179)	-0.004** (-2.304)
控制变量	Yes	Yes	Yes	Yes	Yes	Yes
_cons	0.251*** (4.833)	0.245*** (4.720)	0.255*** (4.822)	0.264*** (5.243)	0.259*** (5.140)	0.265*** (5.184)
年度固定效应	Yes	Yes	Yes	Yes	Yes	Yes
行业固定效应	Yes	Yes	Yes	Yes	Yes	Yes
样本量	23587	23587	23587	24143	24143	24143
调整R^2值	0.034	0.034	0.026	0.033	0.033	0.025

2. 其他稳健性检验

（1）变更杠杆操纵度量方式。参考许晓芳等（2020）[2]研究，进一步使用行业中位数法对表外负债金额及名股实债金额进行估计，然后重新依据前述三种方法计算相应的杠杆操纵程度指标（LEVM_I、ExpLEVM_I、ExpLEVMI_I），对应的回归分析结果如表6第（1）-（3）列所示，ICQ的系数均在1%的水平上显著为负，前文结论并未发生改变。

（2）变更内部控制质量度量方式。内部控制质量较低的企业更可能存在内部控制实质性缺陷。参考宫义飞和谢元芳（2018）[51]的研究，以企业是否存在内部控制重要缺陷或（和）重大缺陷来衡量内部控制质量（ICMW）。具体而言，当企业存在内部控制重要缺陷或（和）重大缺陷时，内部控制质量较低，ICMW取值为1，否则取0。相应的回归结果如表6第（4）-（6）列所示，ICMW的系数均在1%的水平上显著为正，表明存在内部控制重要缺陷或（和）重大缺陷的企业杠杆操纵程度更高，从反面进一步验证了前文结论。

表 6　其他稳健性检验

变量	(1) LEVM_I	(2) ExpLEVM_I	(3) ExpLEVMI_I	(4) LEVM	(5) ExpLEVM	(6) ExpLEVMI
ICQ	-0.004*** (-4.561)	-0.004*** (-4.553)	-0.003*** (-2.769)			
ICMW				0.029*** (2.597)	0.029*** (2.582)	0.022*** (3.334)
控制变量	Yes	Yes	Yes	Yes	Yes	Yes
_cons	0.240*** (6.401)	0.236*** (6.300)	0.240*** (6.410)	0.259*** (4.988)	0.254*** (4.877)	0.233*** (5.764)
年度固定效应	Yes	Yes	Yes	Yes	Yes	Yes
行业固定效应	Yes	Yes	Yes	Yes	Yes	Yes
样本量	24588	24588	24588	21423	21423	21423
调整R^2值	0.064	0.063	0.047	0.031	0.032	0.048

六、进一步分析

前述实证结果为高质量内部控制治理企业杠杆操纵提供了经验证据,但对于其中的潜在作用机制还有待进一步揭示,并且针对不同企业、行业和地区情境下高质量内部控制影响杠杆操纵行为效果是否存在差异也亟须进一步明确。另外,高质量内部控制是否会因为抑制企业杠杆操纵进而降低企业未来财务风险也值得进一步检验。基于此,本文针对以上三个方面的问题作进一步分析与探讨。

(一) 作用机制检验

理论分析认为,高质量内部控制能够从提升企业信息透明度、缓解债务代理冲突等方面有效破解企业面临的外部融资障碍,改善融资约束,从而在一定程度上抑制企业旨在顺利获取外部融资而诱发的杠杆操纵动机,有效治理企业杠杆操纵行为。为了进一步揭示内部控制质量对企业杠杆操纵的潜在影响机制,本文进一步检验企业融资约束程度差异是否会对两者之间的关系产生影响。如若上述理论分析的逻辑成立,则可以预期在融资约束程度较高的企业中,高质量内部控制抑制杠杆操纵的效应应该会更加明显。

为了对此进行检验,参考 Kaplan 和 Zingales (1997)[46] 的研究,采用 KZ 指数 (KZI) 衡量企业融资约束程度,KZI 的取值越大,企业融资约束程度越高。进一步地,将 KZI 及其与 ICQ 的交乘项引入模型 (1) 中进行回归分析,相应的结果如表 7 所示,ICQ × KZI 的系数均在 1% 的水平上显著为负,表明随着企业面临的融资约束程度增强,高质量内部控制抑制企业杠杆操纵的效应越显著,这与理论分析的逻辑相符。

表 7　　作用机制检验:融资约束程度的影响

变量	(1) LEVM	(2) ExpLEVM	(3) ExpLEVMI
ICQ	-0.000 (-0.278)	-0.000 (-0.275)	0.002 (1.124)
ICQ × KZI	-0.003*** (-3.543)	-0.003*** (-3.539)	-0.003*** (-4.039)
KZI	-0.004** (-2.309)	-0.004** (-2.236)	-0.005*** (-2.814)
控制变量	Yes	Yes	Yes
_cons	0.238*** (4.539)	0.232*** (4.429)	0.241*** (4.528)
年度固定效应	Yes	Yes	Yes
行业固定效应	Yes	Yes	Yes
样本量	24588	24588	24588
调整 R^2 值	0.034	0.035	0.027

(二) 异质性分析

1. 企业异质性：账面杠杆率的影响

当企业账面杠杆率越高时，其面临的监管及其他利益相关方的压力会越大，因而具有较强的动机进行杠杆操纵。因此，账面杠杆率越高，公司的杠杆操纵程度也越高（许晓芳等，2020）[2]，进而高质量内部控制抑制企业杠杆操纵的效应也会越明显。但是，较高的账面杠杆率也会使得公司受到监管部门、债权人以及新闻媒体更多的监督与关注，这会增加杠杆操纵被发现的可能性，从而抑制企业杠杆操纵行为，弱化高质量内部控制抑制企业杠杆操纵的效应。为了检验该问题，参考许晓芳等（2020）[2]以及吴晓晖等（2022）[23]的做法，采用总负债与总资产的比值来衡量企业账面杠杆率（Lev），并将Lev及其与ICQ的交乘项引入模型（1）中进行回归分析，相应的结果如表8所示，ICQ×Lev的系数均在1%的水平上显著为负，表明高质量内部控制抑制企业杠杆操纵的效应在账面杠杆率高的企业中更为显著。

表8 企业账面杠杆率的影响

变量	(1) LEVM	(2) ExpLEVM	(3) ExpLEVMI
ICQ	0.000 (0.324)	0.000 (0.338)	0.002* (1.713)
ICQ × Lev	−0.040*** (−5.657)	−0.041*** (−5.663)	−0.043*** (−5.936)
Lev	0.164*** (11.944)	0.168*** (12.197)	0.150*** (10.921)
控制变量	Yes	Yes	Yes
_cons	0.202*** (4.125)	0.197*** (4.021)	0.202*** (4.060)
年度固定效应	Yes	Yes	Yes
行业固定效应	Yes	Yes	Yes
样本量	24588	24588	24588
调整 R^2 值	0.036	0.036	0.029

2. 行业异质性：产品市场竞争程度的影响

产品市场竞争是公司外部治理机制的重要组成部分。激烈的产品市场竞争有助于提升公司信息披露质量（任宏达和王琨，2019）[52]，进而降低管理者操纵杠杆的内部信息优势，强化债权人等外部利益相关者对企业杠杆操纵行为的监督制约，从而弱化高质量内部控制的杠杆操纵抑制效应。但是，激烈的产品市场竞争也会压缩企业盈利空间，加剧流动性风险，使得企业面临的不确定性增加，更加需要充裕的现金流量作为支撑。为了获取外部信贷支持，管理者进行杠杆操纵的动机更强，可能会加剧企业杠杆操纵程度。因此，高质量内部控制对杠杆操纵的抑制作用可能在产品市场竞争度高的行业中更为显著。为了检验该问题，采用基于公司营业收入计算的赫芬达尔指数（HHI）作为产品市场竞争程度的衡量指标，HHI 越大，产品市场竞争程度越低。进一步地，将 HHI 及其与 ICQ 的交乘项引入模型（1）中进行回归分析，相应的结果如表 9 所示，ICQ × HHI 的系数均在 5% 的水平上显著为正，表明高质量内部控制抑制企业杠杆操纵的效应在产品市场竞争程度较为激烈的行业中更为显著。

表 9　产品市场竞争程度的影响

变量	(1) LEVM	(2) ExpLEVM	(3) ExpLEVMI
ICQ	-0.005*** (-3.320)	-0.005*** (-3.310)	-0.003** (-2.276)
ICQ × HHI	0.045** (2.325)	0.046** (2.322)	0.047** (2.391)
HHI	-0.011 (-0.287)	-0.011 (-0.288)	0.002 (0.050)
控制变量	Yes	Yes	Yes
_cons	0.259*** (5.135)	0.255*** (5.035)	0.261*** (5.101)
年度固定效应	Yes	Yes	Yes
行业固定效应	Yes	Yes	Yes
样本量	24588	24588	24588
调整 R^2 值	0.033	0.033	0.026

3. 区域异质性：数字金融发展水平的影响

通过对各类现代数字信息技术的深度运用，数字金融能够有效革新企业的融资环境与信息环境，从而对企业杠杆操纵行为产生显著影响。表现为：一是数字金融发展有助于扩大金融服务的覆盖面与可得性，更好地实现资金供需双方在融资金额、期限以及风险收益之间的匹配，进而缓解企业融资约束，抑制企业杠杆操纵动机。二是数字金融通过对客户海量标准化与非标准化数据的收集、挖掘与分析，能够实现对客户的深度画像，有效降低资金供需双方信息不对称，从而提升杠杆操纵被发现的可能性，压缩杠杆操纵空间。因此，随着数字金融发展水平的提升，高质量内部控制对杠杆操纵的抑制作用可能会有所弱化。为了检验该问题，参考陈中飞和江康奇（2021）[53]的做法，采用北京大学数字金融研究中心发布的"数字普惠金融指数"来衡量各省份的数字金融发展水平（DFI）①，DFI 越大，数字金融发展水平越高。进一步地，将 DFI 及其与 ICQ 的交乘项引

---

① 北京大学"数字普惠金融指数"编制的起始时间点为 2011 年，因而此处回归样本量有所减少。

入模型（1）中进行回归分析，相应的结果如表 10 所示，ICQ×DFI 的系数至少在 10% 的水平上显著为正，表明高质量内部控制抑制企业杠杆操纵的效应在数字金融发展水平较低的地区中更为显著。

表 10　　　　　　　　　　　地区数字金融发展水平的影响

变量	（1）	（2）	（3）
	LEVM	ExpLEVM	ExpLEVMI
ICQ	-0.005*** (-3.620)	-0.005*** (-3.602)	-0.004*** (-2.607)
ICQ×DFI	0.003** (2.146)	0.003** (2.126)	0.005* (1.893)
DFI	0.043*** (3.581)	0.042*** (3.518)	0.040*** (3.264)
控制变量	Yes	Yes	Yes
_cons	0.097 (1.542)	0.095 (1.495)	0.108* (1.680)
年度固定效应	Yes	Yes	Yes
行业固定效应	Yes	Yes	Yes
样本量	21227	21227	21227
调整 R^2 值	0.034	0.035	0.027

（三）经济后果检验

企业杠杆操纵行为的实质是虚假降杠杆，企业实际杠杆率并不会因此得以改善。尽管企业可以通过杠杆操纵来增强外部融资能力以获取更多银行信贷资金支持（饶品贵等，2020）[4]，但这同时也会增加企业未来债务到期时的还本付息压力，从而累积企业财务风险。那么，高质量内部控制在抑制企业杠杆操纵的同时能否进一步降低企业财务风险呢？为了对此进行检验，本文借鉴 Kim 等（2021）[54]和饶品贵等（2022）[4]的做法，通过估计两阶段模型来识别高质量内部控制导致的杠杆操纵程度变化对企业财务风险的影响。具体而言：首先，将模型（1）变换为如下一阶差分模型（2），以被解释变量 ΔLM 的拟合值（$\widehat{\Delta LM}$）反映高质量内部控制对企业杠杆操纵程度变化的影响；其次，构建模型（3）以进一步估算杠杆操纵程度变化对企业财务风险的影响。

$$\Delta LM_{it} = \beta_0 + \beta_1 \Delta ICQ_{it-1} + \beta_i \Delta Controls_{it-1} + Year + Industry + \varepsilon_{it} \quad (2)$$

$$\Delta Risk_{it} = \gamma_0 + \gamma_1 \widehat{\Delta LM}_{it} + \gamma_i Controls_{it-1} + Year + Industry + \delta_{it} \quad (3)$$

其中，Δ 表示变化量，Risk 表示企业财务风险，借鉴饶品贵等（2020）[4]的做法，使用根据 Altman（1968）[55]破产风险模型计算的 Z–Score 衡量，Z–Score 的取值越小，企业财务风险越高，本文对其进行了相反数处理，即 Risk 的取值越大，企业财务风险越高。其余变量的界定与前述模型（1）一致。

表 11 分别报告了模型（2）和模型（3）的回归分析结果。第（1）-（3）列中 ΔICQ 的系数均在 5% 的水平上显著为负，表明内部控制质量的提升会显著降低企业杠杆操纵程度，这也进一步验证了前述基本回归分析中的结论。第（4）-（6）列中，$\widehat{\Delta LEVM}$、$\widehat{\Delta ExpLEVM}$ 以及 $\widehat{\Delta ExpLEVMI}$ 的系数均在 1% 的水平上显著为正，表明杠杆操纵程度的减少会显著降低企业财务风险水平。综上所述，高质量内部控制抑制企业杠杆操纵会进一步降低企业财务风险。

表 11　经济后果检验

变量	(1) $\Delta LEVM$	(2) $\Delta ExpLEVM$	(3) $\Delta ExpLEVMI$	(4) $\Delta Risk$	(5) $\Delta Risk$	(6) $\Delta Risk$
ΔICQ	-0.004** (-2.044)	-0.003** (-2.026)	-0.004** (-2.014)			
$\widehat{\Delta LEVM}$				4.878*** (5.553)		
$\widehat{\Delta ExpLEVM}$					4.911*** (5.574)	
$\widehat{\Delta ExpLEVMI}$						4.811*** (8.246)
控制变量	Yes	Yes	Yes	Yes	Yes	Yes
_cons	0.009 (0.434)	0.009 (0.422)	0.010 (0.426)	-3.756*** (-9.849)	-3.757*** (-9.851)	-3.649*** (-9.588)
年度固定效应	Yes	Yes	Yes	Yes	Yes	Yes
行业固定效应	Yes	Yes	Yes	Yes	Yes	Yes
样本量	19884	19884	19884	16055	16055	16055
调整 R^2 值	0.014	0.014	0.026	0.202	0.202	0.204

七、研究结论与启示

利用 2007—2021 年沪深 A 股非金融类上市企业的相关数据，本文考察了内部控制质量对公司杠杆操纵的影响效应及潜在作用机制。研究发现：高质量内部控制能够显著降低企业杠杆操纵程度，其潜在作用机制主要在于改善企业融资约束；异质性分析表明，高质量内部控制对企业杠杆操纵的抑制效应在账面杠杆率较高的企业、产品市场竞争较激烈的行业以及数字金融发展水平较低的地区中更显著；经济后果检验表明，高质量内部控制抑制企业杠杆操纵也进一步降低了企业财务风险。

研究结论具有一定管理与政策启示。对于企业而言：一方面，要高度重视高质量内部控制在提升企业财务信息质量与经营合规性中的重要作用，进一步健全和完善内部控制制度，不断提升公司治理水平，规范企业经营行为，优化企业杠杆结构，有效防范企业财务风险，进而促进企业高质量发展。另一方面，要注意防范激烈的产品市场竞争环境所引致的经营风险与财务风险，不断增强自身竞争力；同时，也要主动拥抱并善于利用数字金融等现代融资手段以有效缓解融资约束，在降低财务风险的同时获取自身经营发展所需资金。

对于监管部门而言：一方面，要为企业提供更为详细、具体的内部控制建设指南，帮助企业加深对内部控制的理解、更加高效地建立和保持有效的内部控制体系，从而有效约束企业杠杆操纵行为。另一方面，要进一步结合企业杠杆操纵压力、外部治理环境以及金融发展环境，提高对企业杠杆操纵行为的监管力度与精确度，切实保证"去杠杆"政策高效落实。

参考文献：

[1] 许晓芳，陆正飞．我国企业杠杆操纵的动机、手段及潜在影响 [J]．会计研究，2020（1）：92－99．

[2] 许晓芳，陆正飞，汤泰劼．我国上市公司杠杆操纵的手段、测度与诱因研究 [J]．管理科学学报，2020，23（7）：1－26．

[3] 卿小权，董启琛，武瑛．股东身份与企业杠杆操纵——基于机构投资者视角的分析 [J]．财经研究，2023（2）：138－153．

[4] 饶品贵，汤晟，李晓溪．地方政府债务的挤出效应：基于企业杠杆操纵的证据 [J]．中国工业经济，2022（1）：151－169．

[5] 李小荣，韩琳，马海涛．内部控制与劳动力投资效率 [J]．财贸经济，2021，42（1）：26－43．

[6] 夏芸，徐欣．企业内部控制信息披露与债务契约——来自中国房地产上市公司的经验证据 [J]．经济管理，2011，33（3）：114－122．

[7] 刘焱，姚海鑫．上市公司内部控制实质性缺陷与债务融资约束 [J]．软科学，2013，27（10）：78－82．

[8] 张红英，赵丹．政治关系、内部控制缺陷与信贷约束——基于民营上市公司的经验证据 [J]．财经论丛，2017（4）：71－81．

[9] 陈汉文，周中胜．内部控制质量与企业债务融资成本 [J]．南开管理评论，2014，17（3）：103－111．

[10] 戴经纬，李子阳．内部控制视角下货币政策与债务融资成本关系研究 [J]．中国审计评论，2016（2）：109－121．

[11] 林钟高，丁茂桓．内部控制缺陷及其修复对企业债务融资成本的影响——基于内部控制监管制度变迁视角的实证研究 [J]．会计研究，2017（4）：73－80＋96．

[12] 陈汉文，程智荣．内部控制、股权成本与企业生命周期 [J]．厦门大学学报（哲学社会科学版），2015（2）：40－49．

[13] 程小可，杨程程，姚立杰．内部控制、银企关联与融资约束——来自中国上市公司的经验证据 [J]．审计研究，2013（5）：80－86．

[14] 顾奋玲，解角羊．内部控制缺陷、审计师意见与企业融资约束——基于中国A股主板上市公司的

经验数据 [J]. 会计研究, 2018 (12): 77-84.

[15] 周中胜, 徐红日, 陈汉文, 陈俊. 内部控制质量对公司投资支出与投资机会的敏感性的影响: 基于我国上市公司的实证研究 [J]. 管理评论, 2016, 28 (9): 206-217.

[16] 池国华, 王钰. 内部控制缺陷披露与投资不足: 抑制还是加剧? [J]. 中南财经政法大学学报, 2017 (6): 3-10+158.

[17] 钟凯, 吕洁, 程小可. 内部控制建设与企业创新投资: 促进还是抑制? ——中国"萨班斯"法案的经济后果 [J]. 证券市场导报, 2016 (9): 30-38.

[18] 吴树畅, 王新楷, 曲迪. 内部控制质量、融资约束与绿色投资——基于重污染行业的证据 [J]. 南京审计大学学报, 2022, 19 (6): 21-30.

[19] 陈作华, 方红星. 融资约束、内部控制与企业避税 [J]. 管理科学, 2018, 31 (3): 125-139.

[20] 张亚洲. 内部控制有效性、融资约束与企业价值 [J]. 财经问题研究, 2020 (11): 109-117.

[21] 翟淑萍, 毛文霞, 白梦诗. 国有上市公司杠杆操纵治理研究——基于党组织治理视角 [J]. 证券市场导报, 2021 (11): 12-23.

[22] 马新啸, 窦笑晨. 非国有股东治理与国有企业杠杆操纵 [J]. 中南财经政法大学学报, 2022 (3): 45-59.

[23] 吴晓晖, 王攀, 郭晓冬. 机构投资者"分心"与公司杠杆操纵 [J]. 经济管理, 2022, 44 (1): 159-175.

[24] 李晓溪, 杨国超. 为发新债而降杠杆: 一个杠杆操纵现象的新证据 [J]. 世界经济, 2022, 45 (10): 212-236.

[25] 彭方平, 廖敬贤, 何锦安. 企业垄断势力对财务杠杆操纵行为的影响研究 [J]. 管理学报, 2023, 20 (2): 297-307.

[26] 范润, 翟淑萍. 银行竞争影响企业杠杆操纵吗 [J]. 山西财经大学学报, 2023, 45 (4): 31-46.

[27] 管考磊, 朱海宁. 资本市场开放与公司杠杆操纵: 基于"沪深港通"的经验证据 [J]. 世界经济研究, 2023 (4): 73-86+135.

[28] DOYLE J, GE W, MCVAY S. Accruals Quality and Internal Control over Financial Reporting [J]. The Accounting Review, 2007, 82 (5): 1141-1170.

[29] ASHBAUGH-SKAIFE H, COLLINS D W, KINNEY W, LAFOND R. The Effect of SOX Internal Control Deficiencies and Their Remediation on Accrual Quality [J]. The Accounting Review, 2008, 83 (1): 217-250.

[30] 董望, 陈汉文. 内部控制、应计质量与盈余反应——基于中国 2009 年 A 股上市公司的经验证据 [J]. 审计研究, 2011 (4): 68-78.

[31] 刘启亮, 罗乐, 张雅曼, 陈汉文. 高管集权、内部控制与会计信息质量 [J]. 南开管理评论, 2013, 16 (1): 15-23.

[32] 方红星, 张志平. 内部控制质量与会计稳健性——来自深市 A 股公司 2007—2010 年年报的经验证据 [J]. 审计与经济研究, 2012, 27 (5): 3-10.

[33] 梅丹. 内部控制质量与会计信息可比性关系的实证研究——基于我国上市公司 2011—2014 年的证据 [J]. 经济与管理评论, 2017, 33 (5): 34-41.

[34] 孙光国, 杨金凤. 高质量的内部控制能提高会计信息透明度吗? [J]. 财经问题研究, 2013 (7): 77-86.

[35] 杨德明，林斌，王彦超. 内部控制、审计质量与代理成本 [J]. 财经研究，2009，35（12）：40-49+60.

[36] 喻彪，杨刚. 内部控制重大缺陷与企业劳动投资效率 [J]. 财会月刊，2022（13）：32-40.

[37] 喻彪，王祥兵. 内部控制、两权分离与公司现金持有——基于民营上市公司的经验证据 [J]. 财会月刊，2017（3）：13-19.

[38] 邓春梅，高然，晏雨薇，陈燊. 内部控制质量对企业运营目标的影响：来自应收账款内部控制缺陷的证据 [J]. 中央财经大学学报，2019（4）：60-75.

[39] 喻彪，王皓南. 内部控制对存货管理效率的影响研究——基于我国制造业上市公司的经验证据 [J]. 贵州工程应用技术学院学报，2020，38（4）：130-138.

[40] 张广胜，孟茂源. 内部控制、媒体关注与制造业企业高质量发展 [J]. 现代经济探讨，2020（5）：81-87.

[41] 杨道广，陈汉文. 内部控制、法治环境与守法企业公民 [J]. 审计研究，2015（5）：76-83.

[42] 毛新述，孟杰. 内部控制与诉讼风险 [J]. 管理世界，2013（11）：155-165.

[43] 解维敏，吴浩，冯彦杰. 数字金融是否缓解了民营企业融资约束？[J]. 系统工程理论与实践，2021，41（12）：3129-3146.

[44] 刘中华，梁红玉. 内部控制缺陷的信贷约束效应 [J]. 审计与经济研究，2015，30（2）：13-20.

[45] FAZZARI S M, HUBBARD R G, PEPERSON B C. Financing Constraints and Corporate Investment [J]. Brookings Papers on Economic Activity, 1988 (1): 141-206.

[46] KAPLAN S N, ZINGALES L. Do Investment - Cash Flow Sensitivities Provide Useful Measures of Financing Constraints? [J]. The Quarterly Journal of Economics, 1997, 112 (1): 169-215.

[47] JENSEN M C, MECKLING W H. Theory of the Firm: Managerial Behavior, Agency Costs and Ownership Structure [J]. Journal of Financial Economics, 1976, 3 (4): 305-360.

[48] BOUBAKRI N, GHOUMA H. Control /Ownership Structure, Creditor Rights Protection, and the Cost of Debt Financing: International Evidence [J]. Journal of Banking and Finance, 2010, 34 (10): 2481-2499.

[49] 谢志华. 内部控制：本质与结构 [J]. 会计研究，2009（12）：70-75+97.

[50] 叶康涛，曹丰，王化成. 内部控制信息披露能够降低股价崩盘风险吗？[J]. 金融研究，2015（2）：192-206.

[51] 宫义飞，谢元芳. 内部控制缺陷及整改对盈余持续性的影响研究——来自A股上市公司的经验证据 [J]. 会计研究，2018（5）：75-82.

[52] 任宏达，王琨. 产品市场竞争与信息披露质量——基于上市公司年报文本分析的新证据 [J]. 会计研究，2019（3）：32-39.

[53] 陈中飞，江康奇. 数字金融发展与企业全要素生产率 [J]. 经济学动态，2021（10）：82-99.

[54] KIM Y, SU L, WANG Z, WU H. The Effect of Trade Secrets Law on Stock Price Synchronicity: Evidence from the Inevitable Disclosure Doctrine [J]. The Accounting Review, 2021, 96 (1): 325-348.

[55] ALTMAN E. Financial Ratios, Discriminant Analysis and the Prediction of Corporate Bankruptcy [J]. Journal of Finance, 1968, 23 (4): 589-609.

Internal Control Quality and Corporate Leverage Manipulation

Yu Biao[1,2]   Yang Gang[2]

(1. School of Economics and Management, Guizhou University of Engineering Science,
Institute of Applying the New Development Philosophy, Guizhou University of
Engineering Science, Bijie, Guizhou   551700;
2. School of Economics and Management, Southwest University, Chongqing   400715)

[**Abstract**] Use the relevant data of Shanghai and Shenzhen A – share non – financial listed enterprises from 2007 to 2021, this paper examines the impact of internal control quality on the company leverage manipulation. The results show that high – quality internal control can significantly inhibit leverage manipulation; The mechanism test shows that high – quality internal control suppresses leverage manipulation mainly by alleviating corporate financing constraints. The heterogeneity analysis shows that the inhibitory effect of high – quality internal control on leverage manipulation is more significant in enterprises with high book leverage ratio, industries with fierce product market competition, and regions with lower levels of digital finance development. The economic consequence test shows that high – quality internal control inhibits corporate leverage manipulation and further reduces corporate financial risk. The research in this paper not only enriches and expands the economic effects of internal control from the perspective of leverage manipulation, but also provides useful policy enlightenment for preventing false deleveraging of enterprises.

[**Key words**] Internal Control Quality; Leverage Manipulation; Finance Constraints; Financial Risk

商誉减值与审计费用

倪古强　展鲁溪

（浙江工商大学　会计学院，浙江　杭州　310000）

【摘　要】 商誉减值始终是资本市场的重要关注点，且其通常存在较高风险。但目前商誉减值的审计质量存在较大的问题，审计费用作为影响审计质量的原因之一也会对商誉减值审计产生影响，故规范存在商誉减值的上市公司的审计定价是提升商誉减值审计质量的关键，而厘清商誉减值是如何影响上市公司的审计收费至关重要。基于此，本文选取2008－2021年中国上市公司的数据作为研究样本，实证检验商誉减值对审计费用的影响。研究发现：第一，相较于未发生商誉减值的上市公司，发生商誉减值损失的公司的审计费用会更高。第二，商誉减值损失的金额越高，审计费用就会越高，两者呈正相关关系。第三，商誉减值通过影响公司的代理风险、信息风险以及诉讼风险，进一步影响审计费用。本研究丰富了商誉减值和审计费用的相关研究，厘清商誉减值对审计费用的影响机理，同时为上市公司经营管理、市场监管者、会计师事务所以及投资者与债权人等提供理论与实证证据。

【关键词】 商誉减值；审计费用；审计成本；审计风险

一、引言

商誉减值是影响企业财务状况的重要因素，因商誉减值所引发的上市公司业绩集中"爆雷"现象始终困扰着上市公司，也引起了各界利益相关者（如投资者、融资方、政府等）的广泛关注：每到年底业绩的披露期，由于超额商誉的确认而导致大量商誉减值的计提给公司的财务状况造成极大的负面影响。

基金项目：国家青年自然科学基金项目（72102212）。

作者简介：倪古强（1986—），男，山东潍坊人，浙江工商大学会计学院讲师，管理学博士，主要研究方向为会计与审计中的判断与决策；展鲁溪（2000—），女，浙江宁波人，浙江工商大学会计学院2022级管理学学士，研究方向为会计与审计。

"商誉爆雷"对被审计单位的利益相关者造成巨大的不良影响，而审计费用是衡量会计师事务所对被审计单位的利益相关者是否负责的指标之一：审计费用与审计质量之间的关系密切，且审计收费正向影响审计质量，正的异常审计费用同样能提高审计质量（许浩然等，2016；朱宏泉和朱露，2018）[1-2]。从成本效益原则来看，审计费用在大多数情况下是更多审计资源的投入和会计师事务所努力程度的体现，故也能说明审计费用与审计质量呈正相关。因此审计收费的高低水平对审计质量至关重要。

但是，就商誉减值的审计质量问题而言，一方面由于商誉减值决策本身就存在复杂性和主观性，另一方面则是审计师未投入足够的资源，导致在商誉减值上的审计失败案例比比皆是，商誉减值风险也成为审计风险中的重中之重。为此，商誉减值审计受到了政府的广泛重视。2018年11月，中国证券监督管理委员会发布《会计监管风险提示8号——商誉减值》，并列示有关商誉减值审计中的诸多问题及相关的监管事项；2019年3月，财政部召开了商誉减值审计风险警示会，向诸多会计师事务所提示风险，布置一系列监管措施。此外，审计收费普遍存在以下两个方面的问题。第一，缺乏规范性。整个审计行业对于定价收费方面的指导准则尚未完善。由于审计收费标准的不确定性，会计师事务所在收费上存在随意性，这使得甲乙双方在协商定价时有较大的商讨空间，打乱市场秩序，从而对审计质量产生极大的考验，如事务所会为争夺市场份额而牺牲审计质量（夏冬林和林震昃，2003）[3]。第二，价格偏低。低价竞争的严重现象存在于中国审计市场。一些会计师事务所的审计服务报价明显低于行业正常水平（温菊英和张立民，2013）[4]。从近几年审计行业的发展环境来看，国际四大会计师事务所（普华永道中天、毕马威华振、安永华明、德勤华永）占据了超大的国内审计市场份额，在审计收费上也远超内资会计师事务所。然而，不少公司依旧会倾向于选择"国际四大"，接受他们的高价，同时享受他们高质量的服务。故内资会计师事务所为了提高成交量、抢占余下的市场份额，往往故意压低审计报价。但是对于商誉减值这类非常复杂的经济事项，过低的价格会影响正常的审计成本投入，进而影响审计质量。

综上，商誉减值存在非常大的风险，且目前资本市场上商誉减值的审计质量存在较大的问题，审计费用作为影响审计质量的原因之一也会对商誉减值审计产生影响，故规范存在商誉减值或商誉减值风险的上市公司的审计定价是提升商誉减值审计质量的关键，而厘清商誉减值对上市公司审计价格的影响路径至关重要。本文将基于2008-2021年中国上市公司的相关数据分析以研究商誉减值是如何影响审计费用的。

二、文献综述

（一）关于商誉减值的研究文献

有关商誉减值经济后果的研究，学术界鲜有深入探讨或研究。目前关于商誉减值经济后果的学术成果有股价崩盘风险（王文姣等，2017；韩宏稳等，2019）[5-6]以及对股票市场乃至资本市场的不良影响（张新民等，2020；曲晓辉等，2016）[7-8]；更多文献则是基于管理层机会主义，对商誉减值的影响因素进行研究：退市风险、债务契约、薪酬激励、管理层变更、股票市场表现、管理层个人声誉等因素都会影响管理层的决策，管理层可能会计提错误数量的商誉减值，或者择机计提（Beatty 和 Weber，2006；Zang，2008；Lapointe - Antunes 等，2008；Ramanna 和 Watts，2009）[9-12]。此外，鉴于管理层对商誉减值拥有较大的操纵空间，管理层存在盈余管理的动机和行为，主要表现为盈余平滑或"洗大澡"（Massoud 和 Raiborn，2003；董晓洁，2014）[13-14]。

（二）关于审计费用的研究文献

绝大多数有关审计费用的研究分析以审计定价模型（Simunic，1980）[15]为理论基础。Simunic（1980）[15]认为审计定价等于会计师事务所投入的审计资源（即审计成本）与风险溢价之和：从审计成本的角度来看，Simunic（1980）[15]本人分别用企业总资产规模和子公司数量对企业规模和业务复杂程度进行衡量，并研究发现这两项解释变量均与审计费用呈显著正相关；从审计风险的角度来看，公司各方面的风险都可能增加审计风险进而增加风险溢价，审计师通过增加审计费用来应对风险较高的客户（Bell 等，2001；Venkataraman 等，2008）[16-17]。现有的大量文献都是在审计定价模型的框架上就各个要素对审计费用的影响做进一步探讨和研究。总体上可被分为三个部分：公司自身情况、审计师特征以及外部环境。但无论研究的要素如何变化，多数都涉及对审计投入，或审计风险，或二者兼有的影响，进而探讨对审计费用的影响。

（三）现有文献评述

根据上述文献回顾，我们发现目前已有不少国内外学者对商誉减值的影响因素及经济后果、审计费用的影响因素做了大量研究。但是，本文认为现有文献尚存在以下三个方面不足：

第一，关于商誉减值的文献，大多数研究均集中在对商誉减值的影响因素上，而对商誉减值的经济后果的研究相对较少，且多数有关商誉减值经济后果的文献是将目光集中在公司股价或外部股票市场上；也有部分文献会提到商誉减值对财务风险的影响，但是研究并未深入。

第二，目前有很多关于审计费用的影响因素的研究，研究的目标要素涉及各个领域，且大多数的影响因素研究归根结底都是从审计定价模型（Simunic，1980）[15]出发，将审计投入和风险溢价作为基础影响路径提出研究假设；就风险溢价来说，多数文献只是简单提到公司经营风险或审计风险会影响审计费用，但并未仔细厘清中间的影响机制。

第三，现有文献中，只有少数学者对商誉减值与审计费用的课题进行研究，且实证数据也相对较早，存在过时的风险。

此外，相关文献亦并未深入探讨商誉减值对审计费用的影响路径，缺少严密的实证分析。

三、理论分析与假设提出

根据以往的研究，可推测商誉减值本质上是通过影响公司的审计风险，进而影响审计师所要求的风险补偿（风险溢价）和审计资源投入（审计成本），最终影响审计费用（Simunic，1980）[15]。

根据审计定价的风险要素理论，审计风险是由固有风险、控制风险和检查风险三个要素构成的。审计师定价往往发生在审计工作开始之前，审计师尚未执行控制测试和实质性程序，无法精确定位控制风险水平和检查风险水平；此时，合伙人或审计经理的核心工作是对公司的整体经营环境风险进行评估，即评估固有风险。当固有风险增加时，审计风险也会随之增加。商誉减值影响固有风险的路径，主要体现在代理风险、信息风险和诉讼风险上（权小锋等，2018）[18]：

（一）商誉减值增加代理风险

公司管理层计提商誉减值的行为往往存在委托代理问题，而公司的委托代理风险提高就会进一步增加审计固有风险，故审计师将提高定价。

在当前会计准则下，商誉不需要做定期摊销，而对于"商誉减值与否"的判断存在大量主观性因素，管理层对于商誉减值存在较大的操纵利润的空间。出于对公司退市风险、债务契约、薪酬激励、股票市场表现、管理层个人声誉等因素的考量，管理层极有可能会计提错误数量的商誉减值，或者择机计提（Beatty 和 Weber，2006；Zang，2008；Lapointe - Antunes 等，2008；Ramanna 和 Watts，2009）[9-12]。而公司高管的这些机会主义操作均会加剧公司未来业绩的不稳定性，造成投资价值失真，进而损害公司股东的利益。一般来说，当公司计提越多的商誉减值，就意味着公司治理结构效率越差，代理人问题就会越突出，代理风险越高（蔡吉甫，2007）[19]。

（二）商誉减值增加信息风险

理论上可预期商誉减值会降低公司信息透明度，大额商誉减值事项也可映射出公司的低信息质量水平，并以此增加外部审计对其固有风险的评估等级，进而增加审计收费。

一方面，从商誉减值本身的经济后果出发，商誉减值会加剧被审计单位与外界（包括审计师、投资者、债权人等）之间的信息不对称。管理层在商誉减值方面存在盈余管理动机，且商誉减值是盈余管理的重要手段，主要表现在盈余平滑和"洗大澡"（卢煜和曲晓辉，2016）[20]。商誉减值计提方法复杂性较高、信息透明度较低、主观操纵空间较大，这使管理层传递给资本市场的信息可能有误或不及时，存在隐瞒信息的主观动机，故而增加了注册会计师对商誉减值计提的真实性和合规性判断的难度，也容易影响投资者、债权人等对公司业绩的评价或判断。这样就会增加被审计单位的信息风险，审计师也就需要投入更多的审计资源。

另一方面，从商誉减值以外的因素出发，一般来说，公司的内部控制质量和会计稳健性越差，商誉减值计提得越多（张新民等，2018；韩宏稳和唐清泉，2021）[21-22]；审计师在评价固有风险时有理由认为，当一家上市公司计提了大量商誉减值时，很有可能是公司的内控或会计稳健性出现了问题，那么公司出现信息错报、漏报的风险就会增大，即提高了被审计单位的信息风险水平。

(三) 商誉减值增加诉讼风险

商誉减值极有可能通过影响股价波动进而损害利益相关者的权益，并增加了利益相关者对公司提起诉讼的概率。而鉴于其高法律诉讼风险，审计师将提高服务费用以应对高水平的审计固有风险。

商誉减值损失会对公司未来股价崩盘风险产生显著的影响：计提商誉减值意味着并购业务中所形成的商誉未能给企业带来预期收益，商誉减值会对企业财务报表，尤其是利润表造成巨大的负面影响，而当这类公司负面信息流入股票市场时，极有可能会引起公司股价的波动（韩宏稳等，2019）[6]。基于此，不难得出商誉减值有可能导致利益相关者权益受损，增强了投资者挖掘公司其他负面消息的动机，从而导致公司的法律诉讼风险提高。

根据以上论述，由于计提商誉减值增加了被审计单位的固有风险，因此被审计单位管理层在面对大额的商誉减值计提事项时，往往会倾向于低估商誉减值损失，减少计提数额，伪装公司依旧正常运营的假象，从而对利益相关者造成损失。审计师在进行定价决策时将考虑风险溢价和审计成本：从风险溢价的角度来看，当上市公司商誉减值计提得越多时，公司的经营风险就会越大，进而导致审计风险增加。审计师在进行最初的企业整体风险评估时将考虑，如果未发现商誉减值的异常，但是在出具报告以后被审计单位却发生了"商誉爆雷"现象，则会造成事务所声誉受损，或遭到相关监管部门的处罚，甚至将面临诉讼事项。鉴于这部分风险补偿的考量，审计师将会增加审计收费。从审计成本的角度来看，一方面，存在商誉减值的公司，其整体审计风险评估结果会相对较高，审计师会为了应对审计风险而加大审计工作的成本投入，如降低被审计单位的重要性水平，扩大整体审计范围，执行更多的审计程序等，故审计费用较高。另一方面，由于商誉减值测试的复杂性，在不考虑其他主、客观因素的前提下，计提商誉减值损失本身就是复杂程度较高的业务，故审计商誉减值时需要投入更多的审计资源，审计人员需要耗费更多的时间，因此审计收费较高（Simunic，1980；Ghosh A 和 Xing C，2021；Chen V Y S 等，2019）[15,23-24]。

根据上述影响机制，本文提出如下假设：

H1：商誉减值与审计费用呈正相关。

四、商誉减值与审计费用：实证检验

(一) 研究设计

1. 样本选择与数据来源

研究所选取的初始样本为2008—2021年的中国上市公司。本章对初始样本数据进行如下处理：(1) 剔除关键数据缺失或数据异常的样本；(2) 剔除金融行业的样本；(3) 对连续变量进行了1%水平的缩尾处理。经过上述处理后，最终确定3686家上市公司，合计共30566个观测值，运用统计软件STATA16.0进行数据处理和分析检验。

2. 模型设计和变量定义

借鉴国内外相关文献（Simunic，1980；张新民等，2018）[15,21]，本章构建多元回归模型以分析检验商誉减值对审计费用的影响。同时在模型中增加了公司治理、财务特征等相关控制变量，并对模型采用修正异方差 Robust 的回归方法。模型设计如下：

在模型中，审计费用为本章的被解释变量，参考魏志华和陈逸群（2019）[25]的模型，

$$\begin{aligned}Lnfee_{i,t} =\ & \alpha_1 GWI\_D_{i,t} + \alpha_2 Size_{i,t} + \alpha_3 Lev_{i,t} + \alpha_4 ROA_{i,t} + \alpha_5 Growth_{i,t} \\& + \alpha_6 Board_{i,t} + \alpha_7 Indep_{i,t} + \alpha_8 Top1_{i,t} + \alpha_9 INST_{i,t} \\& + \alpha_{10} Mshare_{i,t} + \alpha_{11} Big4_{i,t} + \alpha_{12} Opinion_{i,t} \\& + \alpha_{13} Change_{i,t} + \sum Year + \sum Ind + \varepsilon_{i,t}\end{aligned}$$ （模型1）

$$\begin{aligned}Lnfee_{i,t} =\ & \beta_1 GWI\_A_{i,t} + \beta_2 Size_{i,t} + \beta_3 Lev_{i,t} + \beta_4 ROA_{i,t} + \beta_5 Growth_{i,t} \\& + \beta_6 Board_{i,t} + \beta_7 Indep_{i,t} + \beta_8 Top1_{i,t} + \beta_9 INST_{i,t} \\& + \beta_{10} Mshare_{i,t} + \beta_{11} Big4_{i,t} + \beta_{12} Opinion_{i,t} \\& + \beta_{13} Change_{i,t} + \sum Year + \sum Ind + \varepsilon_{i,t}\end{aligned}$$ （模型2）

本文以上市公司所披露的审计费用取自然对数（Lnfee）来度量审计收费。而对于商誉减值，根据WIND（万德）数据库并参考卢煜和曲晓辉（2016）[20]的做法，分别用是否发生商誉减值（GWI_D）的虚拟变量以及商誉减值损失金额与年末资产总额的比例（GWI_A）来作为模型1、模型2的主要解释变量。

借鉴已有研究（卫真，2019；孙泽宇和齐保垒，2021）[26-27]，为控制财务特征和公司治理等要素对审计费用的影响，本章引入企业规模（Size）、资产负债率（Lev）、总资产净利润率（ROA）、营业收入增长率（Growth）、董事会规模（Board）、独立董事比例（Indep）、第一大股东持股比例（Top1）、机构投资者持股比例（INST）、管理层持股比例（Mshare）、是否四大（Big4）、审计意见类型（Opinion）、会计师事务所是否发生变更（Change）等作为控制变量。同时研究模型中还加入行业虚拟变量（Industry）和年度虚拟变量（Year），并且以此控制其他外部因素，如宏观经济环境、制度变迁等，对实证检验结果的影响。相关的变量定义及测量方式见表1。

表1 变量定义与测量方式

类别	变量名称	变量符号	测量方式
被解释变量	审计费用	Lnfee	审计费用取自然对数
解释变量	是否发生商誉减值	GWI_D	若发生商誉减值，取1；否则，取0
	商誉减值额	GWI_A	（商誉减值损失金额/年末资产总额）×100
控制变量	公司规模	Size	年总资产取自然对数
	资产负债率	Lev	年末总负债/年末总资产
	总资产净利润率	ROA	净利润/总资产平均余额
	营业收入增长率	Growth	（本年营业收入/上一年营业收入）-1
	董事会规模	Board	董事会人数取自然对数
	独立董事比例	Indep	独立董事/董事会总人数
	第一大股东持股比例	Top1	第一大股东持股数量/总股数

续表

类别	变量名称	变量符号	测量方式
控制变量	机构投资者持股比例	INST	机构投资者持股总数/流通股本
	管理层持股比例	Mshare	管理层持股数据/总股本
	是否四大	Big4	公司经由四大（普华永道、德勤、毕马威、安永）审计为1，否则为0
	会计师事务所变更	Change	若当期发生了会计师事务所变更事项为1，否则为0
	审计意见类型	Opinion	若审计师出具非标准审计意见为1，否则为0

（二）回归结果分析

本节主要利用匹配样本检验商誉减值对审计费用的影响。在内容上，具体可被分为以下两个部分：一是描述性统计；二是基准回归。

1. 描述性统计及相关性结果

表2为本章的描述性统计。结果显示：（1）被解释变量审计费用（lnfee）的标准差（0.687）和最大值（16.16）与最小值（12.43）之间的差距均相对较小，这说明所研究的上市公司之间的审计费用存在一定差异，但是差异相对较小；（2）解释变量商誉减值金额占总资产百分比（GWI_A）的标准差为1.157，最小值为0，最大值为9.853，这说明上市公司之间商誉减值发生的金额差距较大，且有公司计提的商誉减值金额巨大。此外，GWI_D的均值表明真实发生商誉减值损失样本占总样本的12.8%。

表2　　　　　　　　　　变量的描述性统计

变量	观测值	均值	中位数	标准差	最小值	最大值
Lnfee	30566	13.64	13.53	0.687	12.43	16.16
GWI_A	30566	0.201	0	1.157	0	9.853
GWI_D	30566	0.128	0	0.334	0	1
Size	30566	22.15	21.95	1.395	19.35	26.86
Lev	30566	0.447	0.438	0.218	0.0542	0.979
ROA	30566	0.0368	0.0361	0.0691	−0.285	0.225
Growth	30566	0.184	0.101	0.527	−0.638	3.762
Board	30566	2.138	2.197	0.204	1.609	2.708
Indep	30566	0.374	0.333	0.0531	0.333	0.571
Top1	30566	0.340	0.316	0.148	0.0843	0.739
INST	30566	0.383	0.387	0.233	0.000100	0.880
Mshare	30566	0.121	0.00170	0.192	0	0.681
Big4	30566	0.0611	0	0.239	0	1
Change	30566	0.127	0	0.333	0	1
Opinion	30566	0.954	1	0.209	0	1

表3提供了变量的相关性结果。结果显示：（1）各主要变量之间的相关性系数绝对值均小于0.5，故可排除共线性较高的可能性；（2）商誉减值与审计费用的相关性系数显著为正，且在1%水平上显著正相关，初步证明了假设H1；（3）控制变量与被解释变量，即审计费用（lnfee）大多显著，表明与商誉减值存在相关性，这初步验证模型设计的合理性。

表3 变量的相关性结果

	Lnfee	GWI_A	GWI_D	Size	Lev	ROA	Growth	Board	Indep	Top1	INST	Mshare	Big4	Change	Opinion
Lnfee	1														
GWI_A	0.0801***	1													
GWI_D	0.175***	0.453***	1												
Size	0.736***	-0.0302***	0.0812***	1											
Lev	0.320***	0.00609	0.0235***	0.447***	1										
ROA	-0.0478***	-0.391***	-0.183***	0.0242***	-0.359***	1									
Growth	0.0180**	-0.0656***	-0.0462***	0.0381***	0.0341***	0.211***	1								
Board	0.167***	-0.0544***	-0.0399***	0.297***	0.181***	0.0158**	-0.0127*	1							
Indep	0.0367***	0.0222***	0.0198***	0.00148	-0.0167**	-0.0219***	0.00085	-0.512***	1						
Top1	0.0839***	-0.103***	-0.0952***	0.181***	0.0253***	0.134***	0.0147*	0.0122*	0.0390***	1					
INST	0.289***	-0.0711***	-0.0315***	0.432***	0.165***	0.103***	-0.00421	0.202***	-0.0439***	0.342***	1				
Mshare	-0.146***	0.0428***	0.0335***	-0.277***	-0.324***	0.159***	0.0366***	-0.204***	0.0802***	-0.0827***	-0.455***	1			
Big4	0.468***	-0.0322***	-0.0294***	0.406***	0.152***	0.0258***	-0.0130*	0.149***	0.0234***	0.110***	0.218***	-0.121***	1		
Change	-0.0341***	0.0240***	-0.000573	-0.0247***	0.0473***	-0.0417***	0.0591***	0.0157**	-0.00587	0.0162**	-0.0141*	-0.0408***	0.00498	1	
Opinion	0.0136*	-0.143***	-0.0576***	0.130***	-0.196***	0.326***	0.0525***	0.0382***	-0.0107	0.109***	0.0759***	0.0682***	0.0387***	-0.0627***	1

注：*、**、*** 分别表示10%、5%、1%的显著性水平。

2. 基准回归结果

表 4 检验假设 H1，即在控制其他条件的情况下，商誉减值对审计费用的影响。在全样本第（1）列和第（2）列中，GWI_A、GWI_D 的回归系数表明商誉减值与审计费用在 1% 的显著性水平上呈正相关，即商誉减值显著正向影响审计费用。此外，在全样本第（3）列和第（4）列增加了控制变量，GWI_A、GWI_D 对 Lnfee 的作用方向和显著性水平均未发生变化，说明其结果较为稳健。以上回归结果说明，商誉减值提高了上市公司的审计固有风险（包括代理风险、信息风险以及诉讼风险），进一步增加了其审计费用，即实证结果支持假设 H1。

表 4　　商誉减值对审计费用影响的回归结果

VARIABLES	(1) Lnfee	(2) Lnfee	(3) Lnfee	(4) Lnfee
GWI_A	0.028*** (11.61)		0.029*** (12.81)	
GWI_D		0.262*** (24.04)		0.142*** (18.87)
Size			0.339*** (116.48)	0.334*** (114.46)
Lev			0.082*** (5.45)	0.074*** (4.92)
ROA			-0.267*** (-5.74)	-0.351*** (-8.13)
Growth			0.020*** (3.81)	0.023*** (4.29)
Board			-0.042*** (-2.64)	-0.037** (-2.36)
Indep			0.039 (0.71)	0.047 (0.86)
Top1			-0.120*** (-6.69)	-0.108*** (-5.99)
INST			-0.047*** (-3.51)	-0.041*** (-3.07)
Mshare			0.111*** (8.10)	0.114*** (8.32)
Big4			0.668*** (46.02)	0.676*** (46.62)
Change			-0.023*** (-2.96)	-0.023*** (-2.93)
Opinion			-0.183*** (-14.05)	-0.185*** (-14.23)

续表

VARIABLES	(1) Lnfee	(2) Lnfee	(3) Lnfee	(4) Lnfee
Constant	13.139*** (427.49)	13.130*** (428.68)	6.241*** (90.56)	6.316*** (91.44)
Observations	30566	30566	30566	30566
R – squared	0.161	0.174	0.642	0.644
Year FE	Yes	Yes	Yes	Yes
Industry FE	Yes	Yes	Yes	Yes

注：*，**，*** 分别表示10%，5%，1%的显著性水平；括号内为t值。

（三）稳健性检验

1. 缩短时间窗口

此稳健性检验将样本区间缩短为2008—2017年，剔除2018—2021年的数据。本章节基本思想有两点：第一，2018年11月，国际会计准则理事会曾提出用商誉摊销法代替现用的商誉减值法；2019年1月4日，财政部下属的会计准则委员会发布了《关于咨询委员对会计准则咨询论坛部分议题文件的反馈意见》，对商誉的后续会计处理进行了深入讨论，认为商誉后续会计处理应该采用摊销办法，并提出了对应的理由。鉴于会计准则委员会的权威性，并基于对商誉减值准则变化的预测，有一部分公司可能考虑到商誉摊销法会长期影响未来财务报表的有关指标，因此会在商誉准则变动意见提出后的近年内大量计提商誉减值以降低将来准则变动对公司未来财务数据的影响。为了排除会计准则变化的干扰，本书剔除2018年及以后的样本数据。第二，2019年11月底，全球暴发新冠疫情，疫情对我国经济的影响相当大，并导致不少行业由繁荣走向衰败；在新冠疫情的大环境下，无论是公司对计提商誉减值的决策，还是会计师事务所对存在商誉减值的被审计单位的定价决策均受之影响，故2019年及以后的样本数据可能较为不稳定，且这些样本中解释变量和被解释变量之间的关系也不符合正常逻辑，故予以剔除。因此本文先剔除2017年之后的观测数据，再进行回归分析来检验实证结果的稳健性。表5回归结果显示，商誉减值与审计费用呈显著正相关关系，与主回归检验结果一致，说明本文主回归检验结果具有稳健性。

表5　　　　　　　　　　　缩短时间窗口的回归结果

VARIABLES	(1) Lnfee	(2) Lnfee	(3) Lnfee	(4) Lnfee
GWI_A	0.097*** (4.18)		0.187*** (10.57)	
GWI_D		0.200*** (12.20)		0.123*** (11.37)

续表

VARIABLES	(1) Lnfee	(2) Lnfee	(3) Lnfee	(4) Lnfee
Size			0.341*** (92.92)	0.339*** (91.92)
Lev			0.066*** (3.66)	0.062*** (3.44)
ROA			-0.015 (-0.26)	-0.036 (-0.60)
Growth			0.015*** (2.67)	0.016*** (2.74)
Board			-0.022 (-1.17)	-0.021 (-1.13)
Indep			0.079 (1.23)	0.081 (1.25)
Top1			-0.109*** (-5.05)	-0.104*** (-4.82)
INST			-0.061*** (-3.78)	-0.059*** (-3.67)
Mshare			0.093*** (5.50)	0.092*** (5.46)
Big4			0.730*** (39.72)	0.734*** (39.85)
Change			-0.038*** (-4.10)	-0.037*** (-4.05)
Opinion			-0.181*** (-11.18)	-0.184*** (-11.31)
Constant	13.110*** (401.13)	13.103*** (401.55)	6.108*** (73.78)	6.154*** (74.08)
Observations	20294	20294	20294	20294
R-squared	0.146	0.152	0.645	0.645
Year FE	Yes	Yes	Yes	Yes
Industry FE	Yes	Yes	Yes	Yes

注：*，**，*** 分别表示10%，5%，1%的显著性水平；括号内为t值。

2. 变量替换

参考现有文献（黄溶冰，2020）[28]，该稳健性检验将改变被解释变量（审计费用）的衡量方法，对其进行敏感性检验：采用包括境内审计费用和甲方承担的其他费用（如差旅费用、调研费用等）的总审计费用（Lnfee1）替换主回归对审计费用的衡量方式。

表6 回归结果显示，其回归结果方向和显著性水平与本文主回归检验结论一致，说明本文主回归检验结果具有稳健性。

表6   变量替换的回归结果

VARIABLES	(1) Lnfee1	(2) Lnfee1	(3) Lnfee1	(4) Lnfee1
GWI_A	0.055*** (2.68)		0.064*** (3.56)	
GWI_D		0.263*** (11.94)		0.096*** (5.92)
Size			0.290*** (57.61)	0.286*** (56.42)
Lev			0.045 (1.43)	0.040 (1.27)
ROA			-0.558*** (-5.27)	-0.583*** (-5.69)
Growth			0.026** (2.35)	0.026** (2.40)
Board			0.003 (0.10)	0.007 (0.24)
Indep			-0.071 (-0.69)	-0.060 (-0.59)
Top1			-0.155*** (-4.27)	-0.146*** (-4.03)
INST			-0.010 (-0.33)	-0.007 (-0.22)
Mshare			-0.212*** (-5.06)	-0.201*** (-4.83)
Big4			0.419*** (19.67)	0.423*** (19.87)
Change			-0.056*** (-3.48)	-0.054*** (-3.38)
Opinion			-0.119*** (-4.26)	-0.123*** (-4.39)
Constant	11.671*** (44.04)	11.656*** (43.78)	5.635*** (25.60)	5.687*** (25.72)
Observations	9712	9712	9712	9712
R-squared	0.077	0.091	0.517	0.518
Year FE	Yes	Yes	Yes	Yes
Industry FE	Yes	Yes	Yes	Yes

注：*，**，***分别表示10%，5%，1%的显著性水平；括号内为t值。

(四) 进一步研究：影响机制检验

本章旨在研究商誉减值是否影响公司审计固有风险，进而影响审计师定价决策；而审计固有风险可从代理风险、信息风险和诉讼风险这三个方面展开。

以下研究参考温忠麟等（2004）[29]所提出的中介效应检验方法并运用中介效应检验三步法来验证代理风险、信息风险和诉讼风险作为影响机制的中介效应：第一步，检验解释变量（商誉减值）对被解释变量（审计费用）的影响，若解释变量对被解释变量的主回归系数显著，则可以进一步检验中介效应，否则终止检验；第二步，建立解释变量（商誉减值）对中介变量（信息风险、代理风险和诉讼风险）的回归模型；第三步，建立解释变量（商誉减值）、中介变量（信息风险、代理风险和诉讼风险）、被解释变量（审计费用）三者之间的回归模型。若上述第二步回归模型中解释变量对中介变量的系数以及上述第三步回归模型中中介变量对被解释变量的系数均为显著，则说明存在显著中介效应。此外，在第三步，即对中介变量进行控制的回归结果中，当解释变量对被解释变量的影响不显著时，则为完全中介效应；反之，则为部分中介效应。

鉴于主回归结果已说明商誉减值与审计费用呈显著正相关关系，且通过了稳健性检验，故以下中介效应均通过了上述第一步检验，且无须再重复检验。现构建模型如下，其中 RISK 代表可能影响审计费用的审计风险，即中介变量：

$$\begin{aligned} RISK_{i,t} = {} & \beta_1 GWI\_D_{i,t} + \beta_2 GWI\_A_{i,t} + \beta_3 Size_{i,t} + \beta_4 Lev_{i,t} + \beta_5 ROA_{i,t} \\ & + \beta_6 Growth_{i,t} + \beta_7 Board_{i,t} + \beta_8 Indep_{i,t} + \beta_9 Top1_{i,t} + \beta_{10} INST_{i,t} \\ & + \beta_{11} Mshare_{i,t} + \beta_{12} Big4_{i,t} + \alpha_{13} Opinion_{i,t} + \alpha_{14} Change_{i,t} \\ & + \sum Year + \sum Ind + \varepsilon_{i,t} \end{aligned} \quad (公式1)$$

$$\begin{aligned} Lnfee_{i,t} = {} & \beta_1 GWI\_D_{i,t} + \beta_2 GWI\_A_{i,t} + \beta_3 RISK_{i,t} + \beta_4 Size_{i,t} + \beta_5 Lev_{i,t} \\ & + \beta_6 ROA_{i,t} + \beta_7 Growth_{i,t} + \beta_8 Board_{i,t} + \beta_9 Indep_{i,t} + \beta_{10} Top1_{i,t} \\ & + \beta_{11} INST_{i,t} + \beta_{12} Mshare_{i,t} + \beta_{13} Big4_{i,t} + \beta_{14} Opinion_{i,t} \\ & + \beta_{15} Change_{i,t} + \sum Year + \sum Ind + \varepsilon_{i,t} \end{aligned} \quad (公式2)$$

1. 商誉减值与审计风险：代理风险视角的解释

根据以往的研究，以代理成本来反映公司代理风险，并用"管理费用+1"取对数（MFEE）衡量代理成本。如表7所示，第（1）列和第（3）列的回归结果表明商誉减值与代理成本（MFEE）呈正相关关系，且在1%的显著水平上通过显著性检验，说明商誉减值会提升公司的代理风险；第（2）列和第（4）列则是在回归模型中加入中介变量代理成本（MFEE），以研究商誉减值与审计费用之间的关系，在加入中介变量后，其回归系数在1%的水平上显著，且 GWI_A 和 GWI_D 对 lnfee 的回归系数仍然显著，说明代理风险在商誉减值与审计费用之间起到部分中介的作用。回归结果表明，商誉减值会提升被审计单位的代理成本，而鉴于其高代理风险水平，审计师会提高审计定价。

表7　　代理风险的中介效应检验结果

VARIABLES	(1) MFEE	(2) Lnfee	(3) MFEE	(4) Lnfee
GWI_A	0.041*** (9.12)	0.032*** (10.83)		
GWI_D			0.178*** (16.75)	0.110*** (14.16)
MFEE		0.144*** (28.77)		0.141*** (28.11)
Size	0.758*** (177.42)	0.231*** (49.58)	0.753*** (175.21)	0.230*** (49.48)
Lev	0.047** (1.97)	0.068*** (4.54)	0.041* (1.77)	0.061*** (4.08)
ROA	0.650*** (8.63)	-0.278*** (-5.91)	0.587*** (8.52)	-0.351*** (-7.95)
Growth	-0.054*** (-6.43)	0.029*** (5.31)	-0.051*** (-6.18)	0.030*** (5.61)
Board	0.046* (1.88)	-0.052*** (-3.24)	0.051** (2.09)	-0.049*** (-3.08)
Indep	-0.004 (-0.05)	0.025 (0.46)	0.005 (0.07)	0.030 (0.55)
Top1	-0.057** (-1.97)	-0.122*** (-6.88)	-0.040 (-1.40)	-0.114*** (-6.39)
INST	0.217*** (10.52)	-0.088*** (-6.56)	0.223*** (10.87)	-0.082*** (-6.15)
Mshare	-0.122*** (-5.90)	0.118*** (8.64)	-0.121*** (-5.89)	0.121*** (8.81)
Big4	0.040** (1.99)	0.665*** (44.51)	0.048** (2.40)	0.669*** (44.85)
Change	-0.005 (-0.49)	-0.026*** (-3.38)	-0.006 (-0.49)	-0.026*** (-3.35)
Opinion	-0.102*** (-4.65)	-0.155*** (-11.67)	-0.106*** (-4.84)	-0.159*** (-11.94)
Constant	1.789*** (16.92)	5.947*** (86.30)	1.889*** (17.82)	6.011*** (86.85)
Observations	28547	28547	28547	28547
R-squared	0.740	0.651	0.742	0.653
Year FE	Yes	Yes	Yes	Yes
Industry FE	Yes	Yes	Yes	Yes

注：*，**，***分别表示10%，5%，1%的显著性水平；括号内为t值。

2. 商誉减值与审计风险：信息风险视角的解释

参考现有文献（魏志华和陈逸群，2019）[25]，本节以信息透明度来反映公司信息风险，并采用盈余管理程度（EM）来衡量公司信息透明度。表 8 显示的第（1）列的回归结果表明商誉减值显著提高了公司的盈余管理程度（EM），这说明商誉减值会提升公司的信息风险；进一步，在控制盈余管理程度（EM）后，发现表 8 第（2）列和第（4）列显示商誉减值对审计费用的正向影响仍然显著，且代理风险正向显著影响审计费用。上述实证结果支持了代理风险在商誉减值与审计费用两者之间发挥了部分中介效应。该回归结果表明，商誉减值使得管理层倾向于进行盈余管理，导致公司信息透明度降低，进而提高了信息风险，并由此增加了审计费用。

表 8　　信息风险的中介效应检验结果

VARIABLES	(1) EM	(2) Lnfee	(3) EM	(4) Lnfee
GWI_A	0.002 *** (3.79)	0.021 *** (10.27)		
GWI_D			−0.002 (−0.94)	0.146 *** (17.53)
EM		0.117 *** (5.05)		0.126 *** (5.45)
Size	−0.011 *** (−12.07)	0.346 *** (106.42)	−0.011 *** (−11.71)	0.342 *** (104.83)
Lev	0.091 *** (16.00)	0.070 *** (3.99)	0.088 *** (15.65)	0.059 *** (3.41)
ROA	0.132 *** (7.66)	−0.305 *** (−5.82)	0.105 *** (6.87)	−0.387 *** (−8.11)
Growth	0.006 *** (3.53)	0.023 *** (4.15)	0.006 *** (3.67)	0.026 *** (4.61)
Board	−0.030 *** (−5.93)	−0.062 *** (−3.51)	−0.031 *** (−5.99)	−0.058 *** (−3.27)
Indep	0.038 ** (2.14)	0.019 (0.31)	0.037 ** (2.07)	0.024 (0.39)
Top1	0.022 *** (3.13)	−0.231 *** (−10.18)	0.021 *** (2.97)	−0.220 *** (−9.72)
INST	−0.034 *** (−6.26)	0.004 (0.20)	−0.033 *** (−6.14)	0.014 (0.77)
Mshare	−0.009 (−1.36)	0.194 *** (8.88)	−0.006 (−0.90)	0.184 *** (8.44)

续表

VARIABLES	(1) EM	(2) Lnfee	(3) EM	(4) Lnfee
Big4	-0.017*** (-5.13)	0.641*** (40.25)	-0.017*** (-5.18)	0.647*** (40.77)
Change	0.009*** (3.42)	-0.012 (-1.32)	0.009*** (3.51)	-0.011 (-1.29)
Opinion	-0.064*** (-12.97)	-0.178*** (-12.60)	-0.064*** (-13.02)	-0.178*** (-12.68)
Constant	0.513*** (23.23)	6.121*** (79.04)	0.510*** (23.06)	6.193*** (79.81)
Observations	22957	22957	22957	22957
R-squared	0.153	0.620	0.152	0.623
Year FE	Yes	Yes	Yes	Yes
Industry FE	Yes	Yes	Yes	Yes

注：*，**，*** 分别表示10%，5%，1% 的显著性水平；括号内为 t 值。

3. 商誉减值与审计风险：诉讼风险视角的解释

根据现有研究，以公司的违规风险来体现其法律诉讼风险。对于违规风险的衡量方式，有学者以企业违规倾向衡量违规风险：若上市公司当年存在违规行为被监管部门当年或者以后年度谴责和处罚，则取1，否则为0（权小锋等，2018；魏志华等，2017）[18,30]。但是为了更准确地反映公司违规风险水平，本节选择以证监会或交易所披露的公司违规次数（ILLEGAL）作为中介变量。

与上述中间效应检验结果相同，表9第（1）列和第（3）列的回归结果同样表明商誉减值显著提高了公司的违规风险（ILLEGAL），这意味着随着公司商誉减值损失金额的增加，公司将要面临的诉讼风险提升。在此基础上，建立检验中介效应的模型，将商誉减值与违规风险（ILLEGAL）同时放入模型对审计费用进行回归：表9第（2）列和第（4）列的分析结果表明，由于商誉减值和违规风险（ILLEGAL）对审计费用的回归系数均显著，故诉讼风险在商誉减值与审计费用两者之间发挥了部分中介效应，且公司计提的商誉减值越多，其面临的诉讼风险越大，审计定价也就越高。

表9　　　　　　　　　　诉讼风险的中介效应检验结果

VARIABLES	(1) ILLEGAL	(2) Lnfee	(3) ILLEGAL	(4) Lnfee
GWI_A	0.053*** (8.22)	0.028*** (12.07)		
GWI_D			0.155*** (10.04)	0.138*** (18.26)

续表

VARIABLES	(1) ILLEGAL	(2) Lnfee	(3) ILLEGAL	(4) Lnfee
ILLEGAL		0.030*** (8.92)		0.029*** (8.64)
Size	0.002 (0.37)	0.338*** (116.59)	-0.001 (-0.29)	0.334*** (114.62)
Lev	0.109*** (3.55)	0.079*** (5.25)	0.082*** (2.69)	0.071*** (4.78)
ROA	-0.904*** (-9.15)	-0.240*** (-5.16)	-1.158*** (-12.08)	-0.318*** (-7.33)
Growth	0.037*** (3.65)	0.019*** (3.61)	0.041*** (4.09)	0.022*** (4.08)
Board	-0.087*** (-3.31)	-0.039** (-2.48)	-0.084*** (-3.20)	-0.035** (-2.21)
Indep	-0.113 (-1.21)	0.042 (0.78)	-0.109 (-1.17)	0.050 (0.92)
Top1	-0.348*** (-11.72)	-0.110*** (-6.11)	-0.340*** (-11.46)	-0.098*** (-5.44)
INST	-0.131*** (-5.80)	-0.043*** (-3.22)	-0.121*** (-5.37)	-0.038*** (-2.82)
Mshare	-0.000 (-0.02)	0.111*** (8.11)	0.012 (0.43)	0.114*** (8.30)
Big4	-0.075*** (-4.92)	0.670*** (46.21)	-0.068*** (-4.45)	0.677*** (46.78)
Change	0.086*** (5.95)	-0.025*** (-3.31)	0.088*** (6.07)	-0.025*** (-3.27)
Opinion	-0.716*** (-18.39)	-0.162*** (-12.36)	-0.722*** (-18.51)	-0.164*** (-12.59)
Constant	1.320*** (11.57)	6.202*** (89.91)	1.387*** (12.12)	6.276*** (90.78)
Observations	30566	30566	30566	30566
R-squared	0.106	0.643	0.105	0.645
Year FE	Yes	Yes	Yes	Yes
Industry FE	Yes	Yes	Yes	Yes

注：*，**，*** 分别表示10%，5%，1%的显著性水平；括号内为t值。

综上，三次中介效应检验结果均表明：代理风险、信息风险以及诉讼风险在商誉减值与审计费用之间发挥部分中介效应，即商誉减值会通过增加公司的代理风险、信息风险和诉讼风险，进一步提高审计费用。

五、研究结论与建议

(一) 研究结论

本文选择商誉减值对审计费用的影响作为研究的切入点,选择符合筛选条件的3686家上市企业在2008—2021年的有关数据作为样本进行实证研究,并得出结论:由于商誉减值增加了被审计单位的审计固有风险,包括代理风险、信息风险以及法律诉讼风险,因此,相比没有发生商誉减值的上市公司,发生商誉减值损失的公司的审计费用会更高;同时商誉减值损失的金额越高,审计费用就会越高,两者呈显著正相关关系。

(二) 研究建议

根据本文研究结论,现提出以下建议:

第一,从上市公司的角度,应当重视并购时商誉溢价和后期商誉减值问题。基于此,理应提高公司治理效率,致力于解决委托代理问题、信息不对称问题等,从根源上降低公司的信息风险、代理风险和法律风险。比如,合理设定管理层的薪酬计划,将公司的长远利益与管理层的个人利益绑定,在公司内部设置审计部门,提高公司内部控制质量和会计稳健性水平,做到信息透明和准确传递等。而这除了能够整体降低经营风险和审计费用外,也能最大限度地提高公司的经营效率,提高其盈利能力,增强公司发展的可持续性。

第二,从市场监管者的角度,当一家上市公司的审计报告并未出现异常且审计费用与商誉减值损失金额不匹配时,监管者应该就此做出相应的核查,比如审计师是否投入足够的资源开展审计工作、审计工作是否有效、审计结果是否准确,以及会计师事务所与上市公司之间是否存在利益输送关系、审计师是否存在道德风险等。

第三,从投资者和债权人的角度,这些利益相关者可以从商誉减值损失金额和审计师收费水平上大致推测公司的经营风险水平,并统筹考虑是否要进行投资或借款活动,进一步衡量未来的收益和损失。

第四,从会计师事务所的角度,合伙人或审计经理在对被审计单位进行初步风险评估时要格外注重合并商誉溢价情况以及历年来的商誉减值损失金额是否存在异常,将商誉及商誉减值金额背后的各类风险进行挖掘,评估其可能会带来的经济后果;将被审计单位的商誉减值损失纳入整体风险评估的范围后,再决定是否与被审计单位展开进一步合作,并做出合理的定价决策和审计资源分配,以此将审计失败风险降到最低,降低未来事务所声誉受损、被监管部门处罚,甚至被起诉的风险。

参考文献:

[1] 许浩然,张敏,许天慧.定价管制,审计费用与审计质量——来自我国A股上市公司的经验数据[J].会计与经济研究,2016,30(2):3-24.

[2] 朱宏泉,朱露. 异常审计费用,审计质量与 IPO 定价——基于 A 股市场的分析 [J]. 审计与经济研究, 2018 (4): 4-6.

[3] 夏冬林,林震昃. 我国审计市场的竞争状况分析 [J]. 会计研究, 2003 (3): 40-46.

[4] 温菊英,张立民. 低价揽客影响审计质量吗?——来自沪深 A 股经验数据研究 [J]. 中国注册会计师, 2013 (10): 75-82.

[5] 王文姣,傅超,傅代国. 并购商誉是否为股价崩盘的事前信号?——基于会计功能和金融安全视角 [J]. 财经研究, 2017, 43 (9): 76-87.

[6] 韩宏稳,唐清泉,黎文飞. 并购商誉减值,信息不对称与股价崩盘风险 [J]. 证券市场导报, 2019 (3): 59-70.

[7] 张新民,卿琛,杨道广. 商誉减值披露,内部控制与市场反应——来自我国上市公司的经验证据 [J]. 会计研究, 2020 (5): 3-16.

[8] 曲晓辉,卢煜,汪健. 商誉减值与分析师盈余预测——基于盈余管理的视角 [J]. 山西财经大学学报, 2016 (4): 101-113.

[9] Beatty A, Weber J. Accounting discretion in fair value estimates: An examination of SFAS 142 goodwill impairments [J]. Journal of accounting research, 2006, 44 (2): 257-288.

[10] Zang Y. Discretionary behavior with respect to the adoption of SFAS No. 142 and the behavior of security prices [J]. Review of accounting and Finance, 2008.

[11] Lapointe-Antunes P, Cormier D, Magnan M. Equity recognition of mandatory accounting changes: The case of transitional goodwill impairment losses [J]. Canadian Journal of Administrative Sciences/Revue Canadienne des Sciences de l'Administration, 2008, 25 (1): 37-54.

[12] Ramanna K, Watts R L. Evidence on the Use of Unverifiable Estimates in Required Goodwill Impairment [R]. Working Paper, Harvard Business School Accounting & Management Unit, 2009.

[13] Massoud M F, Raiborn C A. Accounting for goodwill: Are we better off? [J]. Review of business, 2003, 24 (2): 26.

[14] 董晓洁. 商誉,减值及盈余管理实证研究 [J]. 商业会计, 2014 (13): 22-24.

[15] Simunic D A. The pricing of audit services: Theory and evidence [J]. Journal of Accounting Research, 1980: 161-190.

[16] Bell T B, Landsman W R, Shackelford D A. Auditors' perceived business risk and audit fees: Analysis and evidence [J]. Journal of Accounting Research, 2001, 39 (1): 35-43.

[17] Venkataraman R, Weber J P, Willenborg M. Litigation risk, audit quality, and audit fees: Evidence from initial public offerings [J]. The Accounting Review, 2008, 83 (5): 1315-1345.

[18] 权小锋,徐星美,蔡卫华. 高管从军经历影响审计费用吗?——基于组织文化的新视角 [J]. 审计研究, 2018 (2): 80-86.

[19] 蔡吉甫. 公司治理,审计风险与审计费用关系研究 [J]. 审计研究, 2007 (3): 65-71.

[20] 卢煜,曲晓辉. 商誉减值的盈余管理动机——基于中国 A 股上市公司的经验证据 [J]. 山西财经大学学报, 2016 (7): 87-99.

[21] 张新民,卿琛,杨道广. 内部控制与商誉泡沫的抑制——来自我国上市公司的经验证据 [J]. 厦门大学学报:哲学社会科学版, 2018 (3): 55-65.

[22] 韩宏稳,唐清泉. 会计稳健性对超额商誉的抑制效应研究 [J]. 证券市场导报, 2021 (7): 41-48.

[23] Ghosh A, Xing C. Goodwill Impairment and Audit Effort [J]. Accounting Horizons, 2021, 35 (4): 83-103.

[24] Chen V Y S, Keung E C, Lin I M. Disclosure of fair value measurement in goodwill impairment test and audit fees [J]. Journal of Contemporary Accounting & Economics, 2019, 15 (3): 100160.

[25] 魏志华, 陈逸群. 企业避税地直接投资与审计费用 [J]. 审计研究, 2019 (3): 21-23.

[26] 卫真. 高管薪酬, 盈余管理与审计费用相关性研究 [J]. 经济问题, 2019 (2): 26-28.

[27] 孙泽宇, 齐保垒. 多个大股东并存与审计师定价决策 [J]. 审计与经济研究, 2021 (3): 2-4.

[28] 黄溶冰. 企业漂绿行为影响审计师决策吗? [J]. 审计研究, 2020 (3): 57-67.

[29] 温忠麟, 张雷, 侯杰泰, 等. 中介效应检验程序及其应用 [D]. 南宁审计大学, 2004.

[30] 魏志华, 李常青, 曾爱民, 等. 关联交易, 管理层权力与公司违规——兼论审计监督的治理作用 [J]. 审计研究, 2017 (5): 87-95.

Goodwill Impairment and Audit Fees

Ni Guqiang   Zhan Luxi

(School of Accounting, Zhejiang Gongshang University, Hangzhou   310000)

[Abstract] Goodwill impairment is always an important focus of the capital market and it has high risk, but there are big problems in the audit quality of goodwill impairment in the capital market. Besides, Audit fee as one of the reasons affecting the audit quality will also have an effect on the goodwill impairment audit. Therefore, to specify the audit pricing standards for listed companies with goodwill impairment is the key to improve the quality of goodwill impairment audit. So it is crucial to clarify how goodwill impairment affects the audit price of listed companies. Based on this, this article selects data of Chinese listed companies for 2008-2021 to empirically test the impact of goodwill impairment on audit expenses. The study found that: (1) Compared with listed companies without goodwill impairment, the audit expenses of companies with goodwill impairment loss will be higher. (2) The higher the amount of goodwill impairment loss, the higher the audit fee will be, and there is a positive correlation between the two variables. (3) Goodwill impairment will further affect the audit charges by affecting the company's agency risks, information risks and litigation risks. The objective of this study is to enrich research on impairment of goodwill and audit fees, clarify the impact mechanism of goodwill impairment on audit fees, and provide theoretical and empirical evidence on the functioning and management of listed companies, market regulators, accounting firms, investors and creditors.

[Key words] Goodwill Impairment; Audit Fees; Audit Costs; Audit Risk

审计质量能否助力高杠杆企业的股权再融资实施？

李元祯[1,2]　李　萌[3,4]　曲　亮[1]

(1. 浙江工商大学工商管理学院（MBA学院），杭州　310018；
2. 浙江工商大学浙商研究院，杭州　310012；
3. 天津财经大学会计学院，天津　300222；
4. 天津财经大学无形资产评价协同创新中心，天津　300222)

【摘　要】 股权再融资是上市公司在资本市场补充股权资本最直接，也是最重要的方式。它为检验高杠杆企业实施"增权"式"去杠杆"提供了独特的视角。本文以2006—2020年A股上市公司股权再融资事件为研究对象，实证检验了高杠杆企业的股权再融资实施行为及其影响因素。结果发现，高杠杆企业更不容易实施股权再融资，会受到一定"限制"，表现为高杠杆企业的股权再融资审批通过率更低，股权再融资规模更小；外部审计作为重要的外部治理机制，能在一定程度上改善高杠杆企业所受到的这种"限制"，表现为外部审计质量越高，高杠杆企业与股权再融资规模之间的负相关程度越低。进一步研究发现，实施股权再融资后的高杠杆企业也持续加大创新投入，一定程度上证明了"去杠杆"带来的积极效应。本文的研究结论，丰富和深化了上市公司股权再融资的影响因素和中国式"去杠杆"研究，也能够为企业降低杠杆率和资本市场股权再融资监管提供一定的政策参考。

【关键词】 高杠杆企业；"增权"式"去杠杆"；股权再融资；审计质量

基金项目：浙江省哲学社会科学规划课题"浙江省上市公司股权再融资带动地方产业发展的机制与对策研究"（21NDQN245YB）；浙江省自然科学基金项目"行政-经济型治理模式对高杠杆企业股权再融资的影响研究——基于浙江上市公司的证据"（LQ20G020005）；国家社会科学基金项目"'链主'视角下上市公司股权再融资对地方产业链的外溢效应研究"（21CGL015）。

作者简介：李元祯（1988—），男，江苏扬州人，浙江工商大学工商管理学院（MBA学院）讲师、浙江工商大学浙商研究院研究员，博士，研究方向为公司治理、政商关系；李萌（1996—），女，天津市人，天津财经大学会计学院博士研究生，研究方向为财务管理、无形资产，本文通讯作者；曲亮（1980—），男，辽宁大连人，浙江工商大学工商管理学院（MBA学院）教授、博士生导师，博士，研究方向为公司治理、平台转型。

一、引言

自 2015 年中央经济工作会议将"去杠杆"列为供给侧结构性改革五大任务之首后，我国企业持续经历着"去杠杆"过程。在"去杠杆"方式的选择上，中央要求贯彻市场化、法治化原则，特别是要发挥好资本市场的作用。国务院五部委联合出台的《2018 年降低企业杠杆率工作要点》中直接提出，要"深入推进市场化、法治化债转股""积极发展股权融资"，并为降杠杆过程中所涉及的 IPO、定向增发等资本市场操作提供政策支持。通过资本市场补充企业股权资本，无疑是更为稳妥、有效的"去杠杆"方式（许晓芳等，2020）[1]，也是杠杆率较高的企业更愿意选择的"增权"式"去杠杆"（周茜等，2020）[2]。

对于上市公司来说，实施股权再融资（seasoned equity offerings，SEO）是其在资本市场补充股权资本最直接，也是最重要的方式（杨星等，2016）[3]。股权再融资既是降低企业杠杆率的有效方式，也是资本市场进一步发展的重要途径，还是贯彻落实党的十九大、十九届三中全会、二十大报告及近年来政府工作报告所指出"发展多层次资本市场""提高直接融资比例""健全资本市场功能"等要求的具体举措。已有研究表明，上市公司在实施股权再融资时会受到业绩水平（陈小悦等，2000[4]；毕金玲等，2016[5]；张红和汪小圈，2021[6]）、公司治理（朱红军等，2008[7]；叶陈刚等，2015[8]）等因素的影响，特别是外部治理机制的重要方面——外部审计因素，即外部审计能够向公司外界发出的信号，影响着其公司股权融资成本（曹书军等，2012[9]；朱丹和李琰，2017[10]）。那么，资本市场对于高杠杆企业发起的股权再融资会是何种态度呢？能够向公司外界发出信号的外部审计，又会对高杠杆企业的股权再融资实施产生何种影响呢？

本文以 2006—2020 年 A 股上市公司股权再融资事件为研究对象，对高杠杆企业的股权再融资实施行为进行了实证研究，并讨论外部审计质量在其中的作用。研究发现：（1）高杠杆企业更不容易实施股权再融资，会受到一定"限制"，表现为高杠杆企业的股权再融资审批通过率更低，股权再融资规模更小；（2）外部审计这一重要的外部治理机制，能在一定程度上改善高杠杆企业所受到的这种"限制"，表现为外部审计质量越高，高杠杆企业与股权再融资规模之间的负相关程度越低；（3）实施股权再融资后的高杠杆企业也有着更高的创新能力，一定程度上证明了"去杠杆"带来的积极效应。

具体而言，本文的研究贡献主要集中在以下三个方面：（1）"去杠杆"方式选择方面，以高杠杆上市公司股权再融资事件的独特视角，直接刻画了高杠杆企业的"增权"式"去杠杆"行为，跳出了已有文献仅观察所有者权益账面变动的层面，丰富了中国式"去杠杆"研究。（2）股权再融资实施的影响因素方面，相较已有讨论财务因素、公司治理等与股权再融资实施的文献，以杠杆水平和治理质量两个维度互动的角度，从信号传递出发，探讨外部审计质量在高杠杆企业发起股权再融资中的作用，特别是对融资规模的影响，补充了直接讨论杠杆率对股权再融资实施影响以及审计质量对股权再融资实施行为影响的文献,拓展了上市公司股权再融资实施影响因素的研究。(3)"去杠杆"的经济后果方面,结合"去杠杆"和股权再融资实施的意义,通过考察再融资实施后企业长期研发投入增长情况,来考察"去杠杆"带来的经济后果,较之已有研究仅关注"去杠杆"后企业绩效变动、短期的销售收入及企业风险情况等,则更为深入和具有现实性。

二、文献回顾

(一) 高杠杆企业的"去杠杆"行为

1. 高杠杆企业的杠杆率调整与经济后果

高杠杆企业,即过度负债企业。陆正飞等(2015)将企业实际负债率高于目标负债率的情形定义为过度负债,将高出的程度定义为过度负债程度[11]。动态权衡理论认为,企业的实际资本结构并非总能处在最优水平,而是处在动态变化过程中;当杠杆率偏离目标杠杆率时,企业会朝着目标杠杆率的方向调整其负债水平(Leary and Roberts,2005[12];姜付秀等,2008[13])。已有文献也多将"过度负债与否"作为样本选取的依据(郑曼妮和黎文靖,2018)[14],来研究企业过度负债的影响因素和经济后果问题。前者方面,部分文献探讨了产权性质(陆正飞等,2015)[11]、利率管制因素(郑曼妮等,2018[15];王红建等,2018[16])、地区同群效应(李志生等,2018)[17]等对企业过度负债可能性和程度的影响;后者方面,早期文献关注不多(Drobetz and Wanzenried,2006)[18],而随着近年来企业"去杠杆"的推进,越来越多的文献开始讨论过度负债企业的杠杆率调整问题。如许晓芳等(2020)发现高杠杆企业相对于非高杠杆企业,"去杠杆"可能性和程度更大,而且企业过度负债程度越高,其"去杠杆"的程度也越高;特别是强制"去杠杆"政策的实施,进一步加大了过度负债的非国企和央企的"去杠杆"程度[1]。

高杠杆企业"去杠杆"的经济后果方面,綦好东等(2018)发现,过度负债企业在"去杠杆"后能够提升企业绩效,而高杠杆企业较之低杠杆企业、大规模企业较之小规模企业、产能过剩行业较之非产能过剩行业、国有企业较之民营企业,"去杠杆"对企业业绩的正面影响更大,且这一影响是通过降低企业财务风险来实现的[19];马草原和朱玉飞(2020)发现,"去杠杆"从整体上抑制了实体企业生产率,但只对负债不足的企业会产生该抑制作用,而对过度负债企业则有利于其生产率的提高[20]。

2. 企业"去杠杆"的方式选择

在"去杠杆"方式的选择上,企业一般会采用偿还债务、增加留存收益、增发股票等方式(DeAngelo et al., 2018)[21]。宏观经济因素方面,已有研究发现宏观经济政策(雒敏等,2013[22];汪勇等,2018[23])、法律环境(黄继承等,2014)[24]、金融发展水平(王连军,2018[25];谭小芬等,2019[26])、媒体关注度(林慧婷等,2016)[27]等都会影响企业"去杠杆"方式选择。如陈达飞等(2018)发现减税和增加政府支出都能推动企业"去杠杆"与稳增长的平衡,而在方式上,提高股权融资比重的效果最好,提高内源融资比例的效果一般[28]。马惠娴和耀友福（2021）则发现，在"去杠杆"政策压力下，高杠杆企业都在降低杠杆，其中高杠杆非国有企业主要采用减少新增债务、增加内源融资的方式，而高杠杆国有企业则是将债务隐藏到权益中，反而导致债务风险上升[29]。

企业微观因素方面，现有研究关注到非理性投资行为（李彬，2013）[30]、财务柔性价值及融资约束（顾研和周强龙，2018）[31]等因素。周茜等（2020）[2]则直接将企业"去杠杆"的方式分为"减债"和"增权"（后者还可再分为"增本"和"留利"）两大类，并发现成长性越好、杠杆率越高的企业，会越多地选择以增加股权的方式，而非偿还债务的方式"去杠杆"；公司治理水平越低的公司，会更多采用其他增权或减短债的方式，或是从会计形式上增加企业账面资本金额（并未增强资本实力），或是被迫去偿还短期债务以降低杠杆率。实证方法上，主要以前后年度企业负债变化率（$\Delta Debt$）与所有者权益变化率（$\Delta Equity$）分别测度"减债"和"增权"，侧重统计意义上的静态描述。

（二）股权再融资的影响因素

1. 财务因素对股权再融资的影响

股权再融资是公司上市后进行股权融资最直接也是最重要的方式（杨星等，2016）[3]，主要包括配股、公开增发与定向增发三种方式，股权分置改革之前，配股和公开增发两种方式运用更多，之后定向增发成为最主要方式。我国资本市场有着比较严格的发行管制（王正位等，2011）[32]，对于股权再融资等证券发行行为也有着业绩要求，即要进行股权再融资必须满足相应财务门槛指标（比如配股和公开增发分别要求发行前三年 ROE 连续达到 10% 和 6%）。故而，普遍存在股权融资偏好的我国上市公司（黄少安和张岗，2001）[33]，经常采用盈余管理乃至利润操纵方式去争取股权再融资。

配股方面，陈小悦等（2000）发现，在监管部门规定配股须达到的净资产收益率指标后，上市公司为实施配股以进行股权再融资，有着利润操纵的动机[4]；Chen 和 Yuan（2004）发现实施配股融资的上市公司确实存在盈余管理行为，特别是在宣布配股信息前两年和当年[34]。定向增发方面，章卫东（2010）发现，上市公司在进行定向增发时采用的盈余管理方式与其新股发行类型有关，在向控股股东发行新股时会进行负向盈余管理，在向机构投资者发行新股时会进行正向盈余管理[35]。公开增发方面，张红和汪小圈（2021）发现，虽然为了争取公开增发而进行盈余管理的上市公司总占比只有 0.28%，但却占到了实际实施公开增发公司的 58.13%，2002—2005 年是为满足公开增发条件而采用盈余管理最严重的时期[6]。

2. 公司治理对股权再融资的影响

除财务因素方面外，公司治理也是股权再融资实施的重要影响因素。内外部治理因素既影响到股权再融资的实施，也影响到其融资成本。股权再融资实施方面，大股东是最关键的内部治理因素，如大股东的所有权性质和政治关联水平能够影响到股权再融资的审批与规模（杨星等，2016）[3]。朱红军等（2008）[7]通过深度的案例解析，发现大股东在定向增发过程中可以利用长时间停牌锁定发行底价、注入次级资产、发行前后盈余管理、发行后高额分红等方式进行利益输送；而大股东对市场时机的选择（吴育辉等，2013[36]；Babenko et al.，2020[37]），以及会计政策的把握（徐辉等，2021）[38]也直接关系到其在股权再融资中的收益。政府则是重要的外部治理因素，如彭韶兵等（2018）[39]发现高政府补贴推高了定向增发的高折价，政府补贴一定程度上成了大股东实施利益输送的手段，间接助推了定向增发的火热；吴水亭和徐扬（2010）[40]考察了发行管制如何影响民营企业实施股权再融资的择时行为、融资规模和发行定价。

股权再融资成本方面，众多文献从公司治理的内外部治理角度进一步揭示其对公司股权融资成本的影响，如信息披露质量（Cheng et al.，2006[41]；曾颖和陆正飞，2006[42]等）内部治理因素，也有文献综合多个内部治理机制研究其对股权融资成本的影响（刘冰和方政，2011[43]）。外部治理方面，涉及中小投资者法律保护（沈艺峰等，2005[44]；姜付秀等，2008[45]），高质量审计（曹书军等，2012[9]；朱丹和李琰，2017[10]），政府监管水平、媒体监督水平、行业竞争水平等（叶陈刚等，2015）[8]；也有部分文献结合内外部治理，比较了单一治理机制与多个治理机制的作用，发现综合治理机制能够促进股权融资成本的降低（蒋琰和陆正飞，2009）[46]。

（三）文献述评

通过梳理当前高杠杆企业"去杠杆"和股权再融资实施影响因素这两方面文献，可以看出：第一，高杠杆企业有着调整自身杠杆率、进行"去杠杆"的动机，并且有着采用"增权"式"去杠杆"的意愿，现有研究也更多侧重统计意义上的静态描述，而股权再融资实施无疑为"增权"式"去杠杆"提供了进行动作刻画的良好视角。第二，现有股权再融资影响因素的研究，考察了财务因素、公司治理等的影响，指出外部治理水平以及审计质量对于股权融资成本的影响，但并未将上述因素结合起来考察其关系，这些都为本文提供了研究空间。故而，本文结合上述两大方面的研究，以实施股权再融资的上市公司为研究对象，研究高杠杆企业的股权再融资实施行为，并考察外部审计质量在两者间的作用，以期为高杠杆企业"增权"式"去杠杆"提供相关理论研究证据。

三、理论分析与假设提出

（一）高杠杆企业与股权再融资实施

动态权衡理论认为，由于最优资本结构的存在，企业在实际资本结构偏离目标资本结构后，就会进行自发的动态调整（姜付秀和黄继承，2011）[48]，因此，对于高出最优资本结构的高杠杆企业而言，会自发进行"去杠杆"，而在我国强制"去杠杆"政策的要求下，高杠杆企业"去杠杆"的力度更大（许晓芳等，2020）[1]，并且在"去杠杆"后能够获得明显的业绩提升（綦好东等，2018[19]；马草原和朱玉飞，2020[20]）。在具体"去杠杆"方式的选择上，在宏观层面，增加股权融资比重较之减税、增加政府支出、提高内源融资等方式的效果更佳（陈达飞等，2018）[28]；在微观层面，成长性越好的高杠杆企业，也越倾向于选择增加股权方式的"去杠杆"（周茜等，2020）[2]。故而，高杠杆企业有着实施股权融资进行"去杠杆"的主观动机。但股权再融资并非上市公司想要实施便能成功的，还要看资本市场和监管部门对其的认可度。对此，我们做如下的分析：

首先，资本市场对于上市公司实施融资有着"质"的要求。我国资本市场经历30多年发展，虽然市场化程度逐步提高、审核制发行逐步导入，但仍然面临着比较严格的发行管制（王正位等，2011）[32]，表现为发行证券融资需要满足财务门槛指标（如净资产收益率、现金分红比例），在公司首次公开发行（IPO）时有着强制性盈利要求。已有研究也发现，规模越大、盈利越好、增长越快、经营现金流越多的公司，过会概率也越高（祝继高和陆正飞，2012[49]；杜兴强等，2013[50]；戴亦一等，2014[51]）；在进行股权再融资（SEO）时同样也有着盈利指标门槛要求，使得上市公司时常采取盈余管理乃至利润操纵去争取配股资格、满足公开增发条件（陈小悦等，2000[4]；张红和汪小圈，2021[6]）。即便是业绩要求不那么严格的定向增发，部分公司也会实施盈余操纵以帮助过会（毕金玲等，2016）[5]。而部分研究要求证监会提高其融资及分红比例（郑蓉等，2014）[52]。因此，对于高杠杆企业这类债务负担较重、经营风险较高而本就不易获得融资的企业来说（饶艳超和胡奕明，2005）[53]，监管部门对其实施股权再融资时的审批通过及融资规模必然也有着一定"限制"。

其次，资本市场被赋予"去杠杆"的职能，高杠杆企业有一定的股权融资机会。党的十九大、十九届三中全会、二十大报告及近年来政府工作报告中都提出要"发展多层次资本市场""提高直接融资比例""健全资本市场功能"等，国务院五部委联合出台的《2018年降低企业杠杆率工作要点》中更是直接提出，要"深入推进市场化、法治化债转股""积极发展股权融资"，并为降杠杆过程中所涉及的IPO、定向增发等资本市场操作提供一些政策支持。实践中，资本市场也确实能为企业降杠杆发挥作用。比如谭小芬等（2019）发现，金融结构市场化程度明显降低了企业杠杆率，特别是在高杠杆、大规模、低盈利等企业中；要推动"去杠杆"，金融层面需要高度重视资本市场发展[54]。马永强和张志远（2021）发现，沪深港通交易制度带来的资本市场开放，有助于提高企业的权益融资比例，缓解企业对债务融资的依赖，降低过度负债；尤其在权益资金较少的公司中，该种"去杠杆"作用表现更明显[55]。也有研究发现，公司通过股权再融资，也能提升公司治理水平、降低经营风险，并在长期提升公司财务绩效（张博等，2019）[56]。故而，监管部门会出于政策落实和企业实践的考量，适度放松对公司质地要求，允许部分高杠杆企业实施股权再融资。

最后，控制风险是资本市场运行的底线，高杠杆企业不会被给予过多股权融资机会。"防风险"一直是近年来资本市场的主基调。证监会领导多次表示，资本市场运行首先是要守住不发生系统性风险的底线（易会满，2022[57]；王建军，2022[58]）。如果资本市场过多给高杠杆企业这种本就风险较大的企业配置资源，则可能形成类似政府补贴性干预机制，导致产能过剩企业长期过剩且久不淘汰（朱希伟等，2017）[59]；也类似于信贷资金错配给负利润"僵尸企业"（钟宁桦等，2016）[60]，导致高杠杆企业的杠杆率长期居高不下，进而引发更大的金融风险。因此，本文认为，监管部门会允许高杠杆企业实施股权再融资以降低杠杆率，但不会过多给予高杠杆企业过多的机会；市场参与者也不会看好高杠杆企业的股权再融资行为，进而认购过多其新发行的股份。综合上述分析，本文提出如下假设：

H1：在实施股权再融资的上市公司中，高杠杆企业申请通过率较低，且在申请通过后的融资规模也较低。

（二）审计质量对高杠杆企业股权再融资实施的作用

高杠杆企业自身经营风险较大且与外部的信息不对称程度也较大，这加剧了银行等面临的道德风险，导致其中的高效率企业可获得的信贷资源减少，进而抑制其生产率的提升（刘晓光和刘元春，2019[61]；黄少卿等，2022[62]）。审计意见承担着信号传递功能，以审计质量为依托的会计信息质量能够被市场参与者认可，可以降低企业与利益相关者之间的信息不对称（张继勋和韩冬梅，2014）[63]，预测公司未来的经营状况及风险（雷宇，2012）[64]，对外部利益相关者的投资判断和决策具有重要影响（曹国华等，2014）[65]。具体来说，高质量审计可能将从"展示决心""显示信心""减少担心"三个方面对高杠杆企业的股权再融资产生影响，在一定程度上改善高杠杆企业所受的"限制"。

首先，高质量审计能帮助高杠杆企业改善公司治理，向监管部门展示其通过改善公司治理水平来提升公司资质的决心。审计作为一种外部治理机制，是内部控制的有效替代（杨德明等，2009）[66]，有利于监督和约束控股股东行为，缓解代理问题；高质量审计也能推动企业内部形成更加完善的监督治理机制，促使控股股东规范融资过程中的行为，合理使用股权融资得来的资金，保证资金的规范使用（吴先聪等，2020）[67]。公司治理水平的提升，将会改善企业融资约束（张纯和吕伟，2007[68]；甄红线和王谨乐，2016[69]；唐玮等，2019[70]），也会一定程度上改善高杠杆企业在融资方面受到的限制。

其次，高质量审计能让高杠杆企业向监管部门和资本市场发出信号，展示其主动提高信息质量、缓解信息不对称的信心。信号传递理论认为，信息优势方为避免信息劣势方的逆向选择行为，可以通过向外界传递有关企业经营的信号，以降低信息不对称程度、推动外部利益相关者正向反应，比如业绩承诺的信号作用能够降低并购过程中的交易成本、提升并购协同效应（吕长江和韩慧博，2014）[71]，在股价低估时向外部投资者传递企业高质量信号（李善民等，2020）[72]。审计报告是投资者做出投资决策的重要参考依据，高质量的审计报告能够让监管部门和市场投资者更容易判断上市公司实施股权融资后的投资计划（曹书军等，2012）[9]，从而让外部信息使用者对高杠杆企业建立起信任。

最后，聘用更高质量的审计师可以减少投资者的担心，减少其因承担信息风险而要求的风险溢价，降低高杠杆企业实施股权融资的成本。审计师出具的审计报告，能够展示出被审计企业财务报告的真实、可靠性，公允反映其财务状况和经营状况，进而降低企业的融资成本。债权融资方面，得到较好的审计意见、聘任高质量审计事务所，都能给债权人发出积极的信号,明显提升上市公司的债务期限(雒敏和麦海燕,2011)[73];更高审计质量带来的更高会计质量,能够获得评级机构给予的更高信用评级,也会降低债券投资者要求的投资回报率,进而降低公司债权融资成本(朱松,2013)[74];吴先聪等(2020)发现高质量的审计能够抑制由于控股股东股权质押导致的债务融资成本增加[67]。股权融资方面,曹书军等(2012)[9]认为,高质量的审计意味着较低的信息风险,降低了股权融资成本,并发现事务所规模、行业专长与公司权益融资成本显著负相关;朱丹和李琰(2017)[75]认为,审计和新闻媒体报道作为重要的外部治理机制,存在互补性与协同性,选择高质量审计可以降低权益融资成本,媒体正面报道能与之产生协同效应,强化高质量审计降低权益融资成本的作用;而媒体负面报道则与高质量审计产生信息分歧,弱化高质量审计降低权益融资成本的作用。

综合上述分析,本文提出如下假设:

H2:在实施股权再融资的上市公司中,审计质量能够减弱高杠杆企业与股权再融资的融资规模的负相关关系,即高质量审计可以改善高杠杆上市公司股权再融资的实施。

四、研究设计

(一)样本选择和数据来源

考虑到我国资本市场从2006年开始允许上市公司通过定向增发的方式进行非公开股权融资政策,且定向增发也早已成为股权再融资最重要的方式。本文选取2006—2020年沪深A股申请进行定向增发的上市公司作为研究样本。为了提高数据质量,本文按照以下方式对样本进行筛选:(1)剔除当年交易状态为ST、*ST、PT的上市公司;(2)剔除金融、保险类上市公司;(3)剔除关键数据缺失样本。最终得到4867个公司年度观测值,其中包含3600个证监会审核通过及3412个成功实施定向增发的样本。成功实施定向增发的上市公司,会通过新股发行报告披露外部审计质量的相关数据,而未成功实施定向增发的则不会进行披露,故无法获取。定向增发事件和财务数据来自CSMAR数据库和WinGo(文构)文本数据库,并手工搜集参与该项定向增发事件的事务所是否属于当年全国前十大事务所的数据。为规避极端异常值的影响,本文对所有连续变量在1%和99%分位上进行缩尾处理。本文所用统计软件为Stata14.0。

(二)变量选择

1. 高杠杆企业

高杠杆企业,即过度负债企业。本文参考Harford等(2009)[77]和陆正飞等(2015)[11]的方法,依据模型(1)对样本分年度进行Tobit回归,预测企业的目标负债率。若企业实际负债率大于目标负债率,则为过度负债,$Exlevb\_dum$取值为1,否则取值为0。在稳健性检验中,采用实际负债率大于目标负债率的幅度,即过度负债程度($Exlevb$),衡量过度负债水平。

$$Levb_t = \alpha_0 + \alpha_1 Soe_{t-1} + \alpha_2 Roa_{t-1} + \alpha_3 Ind\_Levb_{t-1} + \alpha_4 Growth_{t-1} \\ + \alpha_5 Fata_{t-1} + \alpha_6 Size_{t-1} + \alpha_7 First_{t-1} \tag{1}$$

2. 股权再融资实施

本文主要参考杨星等（2016）[3]的做法，来测度上市公司的股权再融资实施。根据审批通过与否，设置虚拟变量 $Approval$，审批通过设为1，否则为0；$Proceed$ 代表定向增发绝对规模，用实际募集资金总额的自然对数来衡量。进一步根据定向增发相对规模（$ProceedB$）进行稳健性检验，采用定向增发实际募集资金总额与公司总市值的比值来刻画。

3. 审计质量

本文参考刘文军等（2010）[78]、邢秋航和韩晓梅（2018）[79]、吴先聪等（2020）[67]的做法，采用是否选择十大会计师事务所来衡量审计质量（$Big10$）①。如果企业在定向增发时选择当年排名前十大的会计师事务所，则取值为1，否则为0。

4. 控制变量

本文借鉴杨星等（2016）[3]、翟淑萍等（2015）[80]的研究，设置相关控制变量，变量定义及其计算方法如表1所示。

表1　　变量含义及其计算方法

变量类型	变量符号	含义	计算方法
被解释变量	$Approval$	是否审批通过	公司定向增发申请的审批结果，通过则取1，否则取0
	$Proceed$	股权融资绝对规模	定向增发实际募集资金总额的自然对数，衡量定向增发绝对规模
	$ProceedB$	股权融资相对规模	定向增发实际募集资金总额与公司总市值的比值，衡量定向增发的相对规模
解释变量	$Exlevb\_dum$	是否高杠杆	若企业实际负债率高于模型（1）计算的目标负债率，则代表过度负债，取值为1，否则为0
	$Exlevb$	高杠杆程度	企业实际负债率高于模型（1）计算的目标负债率的幅度
调节变量	$Big10$	审计质量	如果企业在定向增发时选择当年排名前十大的会计师事务所，则取值为1，否则为0
控制变量	$Size$	企业规模	年末总资产的自然对数
	Roa	总资产收益率	净利润/平均资产总额
	$First$	股权集中度	第一大股东持股比例
	$Tato$	总资产周转率	营业收入/平均资产总额
	Exp	管理费用率	管理费用/主营业务收入
	Rca	资本积累率	年末所有者权益的增长额/年初所有者权益总额

---

① 部分文献采用国际四大会计师事务所作为审计质量的代理变量，但样本均值一般仅5%左右（如雒敏和麦海燕，2011[73]；王文姣等，2022[81]），分组后的样本量差异过大，可能会导致计量结果的偏差，故本文不采用该方法。

续表

变量类型	变量符号	含义	计算方法
控制变量	Ndts	非债务税盾	折旧费用/总资产
	Vcf	现金流波动性	现金流总额与总资产比值的3年波动率
	Etr	所得税率	所得税费用/利润总额
	Dual	两职合一	董事长和总经理由一人担任取1，反之为0
	Boardsize	董事会规模	公司董事会人数取自然对数
	Supsize	监事会规模	公司监事会人数取自然对数
	Bm	账面市值比	账面价值/市场价值
	Eps	每股收益	净利润/总股数
	Riskdis	风险信息披露	企业风险相关信息的披露指数
	Soe	产权性质	国有控股时取值为1，否则为0
	Ind	行业	行业虚拟变量
	Year	年份	年份虚拟变量

资料来源：本文作者整理而成。

（三）模型设定

为了检验企业过度负债对股权再融资的影响，本文设定了模型（2），解释变量为是否高杠杆（Exlevb_dum），被解释变量分别为是否审批通过（Approval）和股权融资绝对规模（Proceed），Controls 为模型中的控制变量，本文设置了行业（Ind）和年度（Year）哑变量。此外，为消除可能存在的异方差问题，所有回归均进行了基于公司层面的聚类处理（cluster）。

$$Approval/Proceed = \alpha_0 + \alpha_1 Exlevb\_dum + \alpha_2 Controls + \sum Year + \sum Ind + \varepsilon \quad (2)$$

为了验证审计质量的调节作用，本文设定了模型（3），即在模型（2）的基础上引入审计质量（Big10）及其与过度负债可能性（Exlevb_dum）的交乘项（Exlevb_dum×Big10）。

$$Approval/Proceed = \alpha_0 + \alpha_1 Exlevb\_dum + \alpha_2 Big10 + \alpha_3 Exlevb\_dum \times Big10 \\ + \alpha_4 Controls + \sum Year + \sum Ind + \varepsilon \quad (3)$$

五、实证检验与分析

（一）描述性统计

表2列示了本文主要变量的描述性统计，从中可以看出，Approval 的均值为0.74，说明上市公司实施股权再融资的审批通过率较高，结果与杨星等（2016）[3]的样本大体一致；Exlevb_dum 的占比约为51.6%，说明超半数的上市公司杠杆率超过目标杠杆率，结果与陆正飞等（2015）[11]、綦好东等（2018）[19]计算结果也基本一致；Big10 的占比约为38.3%，说明近年来近四成的上市公司在发起其股权再融资时，选择排名前十的会计师事务所对其财务报告进行审计，该结果较之财务舞弊公司样本中的19.2%更高（刘文军

等，2010)[78]，较全样本公司中的44%－57%略低（邢秋航和韩晓梅，2018[79]；吴先聪等，2020[67]）。其余控制变量的描述性统计，与现有相关文献的结果也基本一致。

表2　　主要变量的描述性统计

变量	均值	最小值	下四分位数	中位数	上四分位数	最大值	标准差
$Approval$	0.740	0	0	1	1	1	0.439
$Proceed$	14.518	0	0	20.069	21.002	23.562	9.524
$Exlevb$	0.008	－0.335	－0.09	0.006	0.102	0.394	0.145
$Exlevb\_dum$	0.516	0	0	1	1	1	0.5
$Big10$	0.383	0	0	0	1	1	0.486
$Size$	22.388	19.972	21.551	22.226	23.052	26.018	1.192
Roa	0.04	－0.208	0.015	0.038	0.067	0.222	0.059
$First$	0.327	0.083	0.213	0.304	0.423	0.738	0.145
$Tato$	0.661	0.083	0.357	0.542	0.800	2.854	0.478
Exp	0.092	0.008	0.044	0.074	0.118	0.427	0.071
Rca	0.515	－0.49	0.063	0.283	0.67	5.295	0.813
$Ndts$	0.018	0	0.008	0.015	0.026	0.063	0.014
Vcf	0.046	0.003	0.020	0.035	0.059	0.227	0.039
Etr	0.156	－0.651	0.096	0.153	0.229	0.784	0.177
$Dual$	0.267	0	0	0	1	1	0.443
$Boardsize$	2.248	1.792	2.079	2.303	2.303	2.773	0.176
$Supsize$	1.487	1.099	1.386	1.386	1.386	2.079	0.195
Bm	0.604	0.111	0.42	0.603	0.787	1.081	0.237
Eps	0.333	－1.423	0.102	0.275	0.518	2.087	0.489
$Riskdis$	0.007	0.003	0.005	0.007	0.008	0.012	0.002
Soe	0.332	0	0	0	1	1	0.471

（二）相关性分析

表3展示了本文自变量和因变量的相关性分析，左下角为Pearson系数，右上角为Spearman系数。从单变量分析来看，$Exlevb$、$Exlevb\_dum$与$Approval$呈显著负相关，与$Proceed$呈显著负相关，初步验证了假设H1。

表3　　主要变量的相关性分析

	$Approval$	$Proceed$	$Exlevb$	$Exlevb\_dum$
$Approval$	1	0.731***	－0.141***	－0.108***
$Proceed$	0.905***	1	－0.147***	－0.116***
$Exlevb$	－0.146***	－0.161***	1	0.866***
$Exlevb\_dum$	－0.108***	－0.122***	0.793***	1

注：*、**和***分别表示10%、5%和1%的显著性水平。下同。

(三) 主效应分析

表4展示了本文的主效应分析结果。列（1）和列（3）的单变量回归结果显示，是否高杠杆（Exlevb_dum）分别与是否审批通过（Approval）、股权融资绝对规模（Proceed）呈显著负相关关系。列（2）和列（4）加入控制变量的回归结果显示，是否高杠杆（Exlevb_dum）分别与是否审批通过（Approval）、股权融资绝对规模（Proceed）呈显著负相关关系，说明杠杆率过高的上市公司在发起股权再融资时，不容易获得监管部门批准，即使能够获批也不容易获得更大规模的融资，假设H1得到了验证。

列（5）加入调节变量的回归结果显示，是否高杠杆（Exlevb_dum）与股权融资绝对规模（Proceed）呈显著负相关关系，是否高杠杆（Exlevb_dum）同审计质量（Big10）的交乘项（Exlevb_dum×Big10），与股权融资绝对规模（Proceed）呈显著正相关关系，说明对于发起股权再融资受到"限制"的高杠杆公司而言，通过改善审计质量、提升外部治理水平，能够一定程度上改善这种"限制"，假设H2得到了验证。

控制变量方面，公司财务状况的相关指标，如总资产收益率（Roa）与股权再融资结果有着较强的正相关性，说明财务业绩在上市公司实施股权再融资时的重要性，结果与张红和汪小圈（2021）[6]基本一致；公司产权性质（Soe）与股权再融资审批结果呈显著正相关关系，说明国有企业在实施股权再融资时确实有一定优势，结果与杨星等（2016）[3]基本一致；而公司治理的相关指标与股权再融资结果的相关性不明显。

表4　是否高杠杆、审计质量与股权再融资实施的回归估计结果

变量	Approval (1)	Approval (2)	Proceed (3)	Proceed (4)	Proceed (5)
Exlevb_dum	-0.497*** (-7.31)	-0.521*** (-5.75)	-0.074* (-1.85)	-0.228*** (-9.30)	-0.278*** (-8.35)
Big10					0.003 (0.10)
Exlevb_dum×Big10					0.094** (2.06)
Size		0.347*** (5.94)		0.757*** (42.99)	0.754*** (42.97)
Roa		2.482* (1.70)		4.303*** (9.39)	4.297*** (9.40)
First		0.429 (1.38)		0.600*** (6.26)	0.592*** (6.19)
Tato		0.438*** (2.86)		0.048 (1.37)	0.049 (1.42)
Exp		-0.370 (-0.45)		0.405 (1.39)	0.392 (1.35)

续表

变量	Approval (1)	Approval (2)	Proceed (3)	Proceed (4)	Proceed (5)
Rca		5.370 *** (9.05)		0.304 *** (20.68)	0.303 *** (20.57)
Ndts		5.043 (1.26)		4.862 *** (4.37)	4.842 *** (4.35)
Vcf		−1.895 (−1.52)		1.074 *** (3.10)	1.073 *** (3.12)
Etr		−0.394 * (−1.68)		−0.186 ** (−2.34)	−0.177 ** (−2.23)
Dual		−0.003 (−0.03)		−0.014 (−0.52)	−0.017 (−0.60)
Boardsize		0.303 (1.13)		−0.122 (−1.62)	−0.129 * (−1.70)
Supsize		0.324 (1.23)		0.069 (1.04)	0.072 (1.09)
Bm		1.366 *** (4.65)		0.006 (0.07)	0.008 (0.10)
Eps		−0.659 *** (−3.91)		−0.311 *** (−6.75)	−0.312 *** (−6.80)
Riskdis		−99.039 *** (−3.18)		2.035 (0.23)	0.615 (0.07)
Soe		0.384 *** (3.34)		−0.002 (−0.05)	−0.002 (−0.07)
常数项	1.315 *** (25.20)	−10.360 *** (−7.29)	20.743 *** (693.57)	3.006 *** (7.66)	3.092 *** (7.89)
观测值	4868	4867	3412	3412	3412
行业	Yes	Yes	Yes	Yes	Yes
年份	Yes	Yes	Yes	Yes	Yes
Adj. R2/Pseudo R2	0.010	0.374	0.001	0.645	0.646

（四）内生性检验

表5展示了本文所进行的内生性检验方法及结果。本文主要采用了三种内生性检验方法来控制研究可能存在的内生性问题：

其一，控制省份固定效应。如列（1）和列（2）所示，在控制省份固定效应后，是否高杠杆（Exlevb_dum）依旧与是否审批通过（Approval）、股权融资绝对规模（Proceed）呈显著负相关关系。

其二，采用工具变量法。为解决本文实证研究中可能存在的互为因果和遗漏变量问题，本文采用工具变量法进行稳健性检验，借鉴许晓芳等（2020）[1]的研究，采用上市公司注册地同地区前一年过度负债程度的平均值作为工具变量以验证本文结论的确当性，列（3）和列（5）显示前一年同地区过度负债程度的平均值与过度负债可能性的系数分别为1.586和1.563，均在1%水平上显著正相关，满足工具变量的相关性原则；同地区企业面临的区域融资环境相类似，但前一年同地区过度负债程度的平均水平与该公司的股权融资情况没有直接关系，满足工具变量的外生性原则，说明工具变量选取合理。列（4）和列（6）是第二阶段回归分析，结果表明，在引入工具变量控制内生性问题后，过度负债与是否审批通过以及股权融资规模呈负相关关系，证明了假设H1的稳健性。此外，弱工具变量检验的F值均远远大于10%的关键判别值，表明不存在弱工具变量问题；Anderson canon. corr. LM statistic检验的P值均小于0.01，说明在1%水平上显著拒绝"工具变量识别不足"的原假设。

其三，仅选用上市公司第一次实施定向增发的样本。为进一步解决因为股权融资而加剧高杠杆带来的内生性问题，本文只选用公司上市后第一次进行定向增发的事件作为研究样本，进行重新回归，结果如列（7）和列（8）所示，是否高杠杆（$Exlevb\_dum$）依旧与是否审批通过（$Approval$）、股权融资绝对规模（$Proceed$）呈显著负相关关系。

表5　内生性检验结果

变量	控制省份固定效应		工具变量法				第一次增发样本	
	$Approval$	$Proceed$	$Exlevb\_dum$	$Approval$	$Exlevb\_dum$	$Proceed$	$Approval$	$Proceed$
	(1)	(2)	(3)	(4)	(5)	(6)	(7)	(8)
$Exlevb\_dum$	-0.512*** (-5.59)	-0.235*** (-9.57)		-0.180*** (-2.76)		-0.496*** (-3.64)	-0.561*** (-4.22)	-0.244*** (-7.53)
$meanExlevb$			1.586*** (12.62)		1.563*** (10.38)			
$Size$	0.342*** (5.81)	0.761*** (42.97)	0.020** (2.31)	0.049*** (6.64)	0.022** (2.12)	0.761*** (51.11)	0.318*** (3.03)	0.747*** (32.95)
Roa	2.547* (1.76)	4.221*** (9.26)	-1.826*** (-9.53)	0.966*** (4.79)	-1.713*** (-6.99)	3.797*** (8.83)	3.347 (1.34)	4.798*** (7.92)
$First$	0.414 (1.31)	0.589*** (6.12)	0.140*** (2.69)	0.006 (0.14)	0.240*** (3.91)	0.661*** (7.18)	-0.162 (-0.35)	0.526*** (4.35)
$Tato$	0.427*** (2.74)	0.057 (1.63)	0.184*** (10.01)	0.054*** (2.74)	0.210*** (9.65)	0.107** (2.49)	0.445** (2.19)	0.011 (0.25)
Exp	-0.449 (-0.55)	0.380 (1.28)	-0.595*** (-4.66)	-0.356*** (-3.16)	-0.527*** (-3.02)	0.253 (0.98)	-0.920 (-0.84)	0.243 (0.64)
Rca	5.442*** (8.90)	0.300*** (20.37)	-0.042*** (-4.65)	0.150*** (18.66)	-0.020** (-2.03)	0.297*** (20.78)	4.633*** (5.56)	0.243*** (13.53)

续表

变量	控制省份固定效应		工具变量法				第一次增发样本	
	Approval	Proceed	Exlevb_dum	Approval	Exlevb_dum	Proceed	Approval	Proceed
	(1)	(2)	(3)	(4)	(5)	(6)	(7)	(8)
Ndts	4.674	4.552***	-1.300**	-0.168	-1.876**	4.380***	11.854**	3.380**
	(1.14)	(4.06)	(-2.10)	(-0.32)	(-2.49)	(4.01)	(2.10)	(2.43)
Vcf	-1.582	1.101***	0.872***	-0.336**	0.833***	1.296***	-0.547	0.620
	(-1.25)	(3.18)	(4.73)	(-2.06)	(3.70)	(3.84)	(-0.29)	(1.41)
Etr	-0.418*	-0.176**	-0.020	-0.031	0.033	-0.178**	-0.211	-0.055
	(-1.74)	(-2.21)	(-0.51)	(-0.94)	(0.61)	(-2.30)	(-0.55)	(-0.47)
Dual	-0.007	-0.014	0.036**	0.009	0.039**	-0.003	0.006	-0.009
	(-0.08)	(-0.49)	(2.25)	(0.63)	(2.04)	(-0.11)	(0.04)	(-0.26)
Boardsize	0.284	-0.141*	0.002	0.083**	0.032	-0.118	0.066	-0.111
	(1.05)	(-1.85)	(0.05)	(2.33)	(0.61)	(-1.63)	(0.16)	(-1.12)
Supsize	0.296	0.063	-0.006	0.024	0.007	0.075	0.419	0.063
	(1.08)	(0.93)	(-0.14)	(0.74)	(0.16)	(1.15)	(1.06)	(0.76)
Bm	1.429***	-0.005	0.074	0.214***	0.183***	0.062	1.868***	0.125
	(4.77)	(-0.05)	(1.61)	(5.60)	(3.30)	(0.74)	(4.19)	(1.13)
Eps	-0.689***	-0.300***	0.085***	-0.025	0.096***	-0.281***	-0.289	-0.326***
	(-4.04)	(-6.57)	(3.68)	(-1.27)	(3.46)	(-6.70)	(-0.93)	(-5.06)
Riskdis	-97.408***	-0.921	-13.707***	-20.006***	-24.916***	-5.490	-109.025**	-1.200
	(-2.98)	(-0.10)	(-2.78)	(-4.78)	(-4.16)	(-0.59)	(-2.43)	(-0.10)
Soe	0.423***	-0.002	-0.042**	0.043***	-0.038*	-0.012	0.301*	0.051
	(3.54)	(-0.06)	(-2.31)	(2.83)	(-1.80)	(-0.41)	(1.68)	(1.28)
常数项	-10.360***	3.006***	0.422	-0.534**	0.092	3.076***	-8.728***	3.138***
	(-6.69)	(7.48)	(1.61)	(-2.45)	(0.30)	(7.16)	(-3.55)	(6.27)
观测值	4867	3412	4867	4867	3412	3412	2390	1799
行业	Yes	Yes	Yes	Yes	Yes	Yes	Yes	Yes
年份	Yes	Yes	Yes	Yes	Yes	Yes	Yes	Yes
省份	Yes	Yes	No	No	No	No	No	No
Adj. R2/ Pseudo R2	0.380	0.645	0.140	0.230	0.160	0.640	0.423	0.647

(五) 稳健性检验

表6和表7展示了本文所进行的稳健性检验方法及结果：

其一，以连续变量取代虚拟变量重新测度高杠杆。结果如表6的列 (1) 至列 (3) 所示。可以看出，高杠杆程度 (Exlevb) 仍然与是否审批通过 (Approval)、股权融资规模 (Proceed) 呈显著负相关关系，而审计质量 (Big10) 也能够改善高杠杆上市公司股权再融资的实施,再次验证了假设 H1 和 H2,表明本文的结论是稳健的。

其二,将股权融资绝对规模更换为股权融资相对规模。结果如表 6 的列(4)和列(5)所示,是否高杠杆(Exlevb_dum)仍然与股权融资相对规模(ProceedB)呈显著负相关关系,而审计质量(Big10)也能够改善高杠杆上市公司股权再融资的实施,再次验证了假设 H1 和 H2,再次表明本文的结论是稳健的。

表 6　　变更度量方式的稳健性检验结果

变量	变更是否高杠杆的度量方式			变更股权融资规模的度量方式	
	Approval	Proceed	Proceed	ProceedB	ProceedB
	(1)	(2)	(3)	(4)	(5)
Exlevb	-2.346*** (-7.02)	-0.913*** (-8.75)	-1.120*** (-7.62)		
Exlevb_dum				-0.006* (-1.85)	-0.013*** (-2.73)
Big10			0.056** (2.32)		-0.002 (-0.58)
Exlevb × Big10			0.373** (1.96)		
Exlevb_dum × Big10					0.012* (1.90)
Size	0.344*** (5.88)	0.755*** (43.42)	0.753*** (43.24)	-0.006*** (-2.66)	-0.006*** (-2.75)
Roa	2.124 (1.45)	4.173*** (8.98)	4.155*** (8.97)	0.419*** (7.26)	0.419*** (7.28)
First	0.561* (1.79)	0.639*** (6.65)	0.630*** (6.57)	0.068*** (4.83)	0.067*** (4.78)
Tato	0.495*** (3.18)	0.061* (1.72)	0.063* (1.79)	0.011** (2.15)	0.011** (2.19)
Exp	-0.721 (-0.86)	0.375 (1.26)	0.355 (1.20)	0.129*** (3.19)	0.129*** (3.19)
Rca	5.328*** (8.98)	0.305*** (21.11)	0.304*** (20.96)	0.025*** (11.84)	0.025*** (11.76)
Ndts	4.522 (1.12)	4.793*** (4.30)	4.740*** (4.24)	0.533*** (3.28)	0.534*** (3.28)
Vcf	-1.613 (-1.29)	1.100*** (3.17)	1.101*** (3.19)	0.141*** (2.87)	0.142*** (2.88)
Etr	-0.393* (-1.65)	-0.204*** (-2.63)	-0.198** (-2.54)	-0.012 (-1.08)	-0.011 (-0.99)
Dual	-0.012 (-0.13)	-0.013 (-0.48)	-0.015 (-0.56)	-0.003 (-0.96)	-0.004 (-1.03)

续表

变量	变更是否高杠杆的度量方式			变更股权融资规模的度量方式	
	Approval	Proceed	Proceed	ProceedB	ProceedB
	(1)	(2)	(3)	(4)	(5)
Boardsize	0.340 (1.26)	-0.113 (-1.50)	-0.117 (-1.56)	-0.017* (-1.72)	-0.018* (-1.79)
Supsize	0.380 (1.42)	0.084 (1.27)	0.089 (1.35)	0.014 (1.43)	0.014 (1.46)
Bm	1.347*** (4.58)	-0.009 (-0.10)	-0.009 (-0.10)	0.288*** (26.55)	0.288*** (26.58)
Eps	-0.674*** (-3.94)	-0.308*** (-6.70)	-0.310*** (-6.76)	-0.048*** (-7.64)	-0.048*** (-7.66)
Riskdis	-101.346*** (-3.23)	1.879 (0.21)	0.289 (0.03)	0.795 (0.68)	0.678 (0.58)
Soe	0.363*** (3.12)	-0.008 (-0.26)	-0.008 (-0.26)	0.014*** (3.19)	0.014*** (3.19)
常数项	-10.687*** (-7.48)	2.856*** (7.39)	2.917*** (7.52)	-0.011 (-0.20)	-0.003 (-0.06)
观测值	4867	3412	3412	3412	3412
行业	Yes	Yes	Yes	Yes	Yes
年份	Yes	Yes	Yes	Yes	Yes
Adj. R2/Pseudo R2	0.377	0.647	0.648	0.409	0.410

其三，剔除受到金融危机影响的样本。考虑到金融危机对资本市场的冲击影响，本文剔除了2008年和2009年的样本重新进行回归分析，如表7中列（1）至列（3）所示，结果未发生变化，再次验证了假设H1和H2，表明本文的结论是稳健的。

其四，仅保留制造业上市公司样本。考虑到制造业企业受到高杠杆影响更大，本文仅保留制造业企业样本重新进行回归分析，如表7中列（4）至列（6）所示，结果也未发生变化，再次验证了假设H1和H2，表明本文的结论是稳健的。

表7　　　　　　　　　　　　　子样本回归的稳健性检验结果

变量	剔除受金融危机影响的样本			仅保留制造业样本		
	Approval	Proceed	Proceed	Approval	Proceed	Proceed
	(1)	(2)	(3)	(4)	(5)	(6)
Exlevb_dum	-0.515*** (-5.66)	-0.275*** (-6.61)	-0.380*** (-4.72)	-0.508*** (-4.19)	-0.262*** (-8.33)	-0.331*** (-7.91)
Big10			-0.018 (-0.36)			-0.007 (-0.17)

续表

变量	剔除受金融危机影响的样本			仅保留制造业样本		
	Approval	Proceed	Proceed	Approval	Proceed	Proceed
	(1)	(2)	(3)	(4)	(5)	(6)
$Exlevb\_dum \times Big10$			0.194** (2.19)			0.128** (2.29)
Size	0.352*** (5.95)	0.749*** (30.37)	0.746*** (30.41)	0.311*** (4.03)	0.794*** (34.61)	0.792*** (34.75)
Roa	2.356 (1.59)	4.900*** (8.16)	4.885*** (8.16)	−2.018 (−1.02)	3.032*** (5.11)	3.044*** (5.15)
First	0.344 (1.10)	0.828*** (5.27)	0.816*** (5.24)	0.416 (1.03)	0.510*** (4.04)	0.497*** (3.95)
Tato	0.390** (2.56)	0.018 (0.30)	0.020 (0.33)	0.862*** (3.88)	0.066 (1.34)	0.071 (1.46)
Exp	−0.455 (−0.56)	0.283 (0.75)	0.258 (0.69)	−0.044 (−0.04)	0.128 (0.34)	0.138 (0.37)
Rca	5.340*** (8.88)	0.357*** (14.47)	0.356*** (14.44)	6.593*** (9.08)	0.336*** (15.41)	0.335*** (15.33)
Ndts	4.995 (1.24)	6.317*** (3.31)	6.308*** (3.32)	1.911 (0.37)	4.468*** (3.18)	4.408*** (3.13)
Vcf	−1.849 (−1.47)	1.342*** (2.59)	1.335** (2.57)	−3.907** (−2.38)	1.404*** (2.77)	1.429*** (2.84)
Etr	−0.364 (−1.55)	−0.028 (−0.12)	−0.015 (−0.06)	−0.277 (−0.91)	−0.141 (−1.37)	−0.134 (−1.29)
Dual	0.013 (0.14)	−0.018 (−0.46)	−0.022 (−0.57)	−0.018 (−0.15)	−0.018 (−0.55)	−0.021 (−0.64)
Boardsize	0.291 (1.08)	−0.153 (−1.03)	−0.166 (−1.11)	0.316 (0.89)	−0.290*** (−3.03)	−0.292*** (−3.06)
Supsize	0.389 (1.44)	0.090 (0.62)	0.093 (0.65)	0.368 (1.01)	0.115 (1.41)	0.123 (1.52)
Bm	1.299*** (4.38)	0.071 (0.45)	0.072 (0.45)	1.563*** (3.99)	−0.059 (−0.53)	−0.060 (−0.55)
Eps	−0.632*** (−3.72)	−0.259*** (−4.62)	−0.261*** (−4.70)	−0.492** (−2.20)	−0.218*** (−3.57)	−0.222*** (−3.66)
Riskdis	−100.533*** (−3.24)	12.557 (1.05)	10.199 (0.86)	−76.573* (−1.94)	−6.086 (−0.55)	−7.671 (−0.69)
Soe	0.403*** (3.46)	−0.003 (−0.04)	−0.002 (−0.04)	0.428*** (2.75)	0.012 (0.29)	0.012 (0.30)

续表

变量	剔除受金融危机影响的样本			仅保留制造业样本		
	Approval	*Proceed*	*Proceed*	*Approval*	*Proceed*	*Proceed*
	(1)	(2)	(3)	(4)	(5)	(6)
常数项	-10.576*** (-7.36)	1.229 (1.27)	1.379 (1.45)	-10.926*** (-5.84)	2.515*** (4.96)	2.578*** (5.09)
观测值	4677	3245	3245	2969	2079	2079
行业	Yes	Yes	Yes	Yes	Yes	Yes
年份	Yes	Yes	Yes	Yes	Yes	Yes
Adj. R2/Pseudo R2	0.369	0.413	0.415	0.416	0.655	0.656

六、进一步讨论：经济后果分析

为了考察高杠杆企业实施股权再融资"去杠杆"，是否能够会因杠杆率降低而产生积极影响，本文主要采用PSM-DID法进行进一步的经济后果分析。在指标选取上，我们主要选取创新投入（*Research*）来测度。原因在于，创新投入需要大量长期资金支持，外部融资资源获取则是进行创新投入的关键因素（解维敏和方红星，2011）[82]；毕金玲等（2018）也发现，定向增发能够促进企业创新投入与产出。故而，我们认为创新投入较之一般财务业绩而言（綦好东等，2018）[19]，是衡量企业"去杠杆"经济后果的更好指标[83]。

首先，本部分以高杠杆企业作为研究对象，将成功实施一次定向增发的样本取值为1，将其作为实验组；否则为0，将其作为对照组，随后采用倾向得分匹配法（Propensity Score Matching，PSM），尽可能找到与实施定向增发样本特征相近的匹配样本，将总资产收益率（Roa）、资本积累率（Rca）、非债务税盾（Ndts）、两职合一（Dual）、风险信息披露（Riskdis）、产权性质（Soe）、营业收入增长率（Growth）作为协变量，使用logit回归模型估计出样本的倾向得分匹配，在此基础上进行无放回的1∶1近邻匹配，最终756家未实施定向增发的高杠杆公司，逐一与756家实施定向增发的公司匹配成功。平衡性检验结果显示（见表8），匹配后处理组和控制组在各控制变量中均不存在显著差异，匹配后的变量标准化偏差（% Bias）大幅缩小，所有变量偏差绝对值小于10%，表明本文的匹配效果良好。

表8　　　平衡性检验结果

变量	定增公司均值	未定增公司均值	匹配公司均值	均值之差（t值）	均值之差（t值）
	(1)	(2)	(3)	(4)=(1)-(2)	(5)=(1)-(3)
Roa	0.0519	0.0295	0.0541	9.23***	-0.77
Rca	0.6057	0.1011	0.5847	46.33***	-0.80

续表

变量	定增公司均值	未定增公司均值	匹配公司均值	均值之差（t值）	均值之差（t值）
	（1）	（2）	（3）	（4）=（1）-（2）	（5）=（1）-（3）
Ndts	0.0170	0.0209	0.0162	-6.94***	1.10
Dual	0.2897	0.2299	0.3267	3.77***	-1.56
Riskdis	0.0067	0.0069	0.0067	-1.89**	0.52
Soe	0.3611	0.4453	0.3558	-4.53***	0.21
Growth	0.6625	0.1966	0.7248	23.63***	-1.19

其次，对处理组和控制组运用双重差分模型（Difference in Difference，DID）进行回归分析。本文以PSM法在高杠杆公司中为实施定向增发的公司，找到未实施定向增发的公司来进行匹配，使两组公司具有相同的实施定向增发的概率，从而满足双重差分的假设条件，进而构建多时点双重差分模型进行检验，考察定向增发事件冲击对企业价值的影响。在此基础上，本文引入模型（4），以研发投入占营业收入比例来测度企业创新投入（Research），引入虚拟变量Treat和Post变量，若是进行定向增发，则Treat变量取值1，否则取值0；若企业在实施定向增发当年或者以后年度，Post取值为1，否则取值为0，其余变量定义与前文模型（2）和模型（3）均一致。模型（4）采用双向固定效应模型进行检验。

$$Research = \alpha_0 + \alpha_1 Treat \times Post + \alpha_2 Controls + \sum Year + \sum Ind + \varepsilon \quad (4)$$

从回归结果来看（见表9），定向增发事件对高杠杆上市公司当年创新投入的影响为正，能够显著提升高杠杆上市公司的创新投入（Research），表明对于成功实施股权再融资的高杠杆上市公司而言，正是因为自身杠杆率和财务状况的改善，使其可以获得长期资金来加大创新投入，提高了企业研发创新水平，有助于其谋求自身转型，从根本上改变高杠杆经营方式，且该影响具有持续性；无论解释变量为滞后一年还是滞后两年的创新投入，高杠杆企业的定向增发事件对企业研发创新的促进作用依然显著。这进一步验证了实施"增权"式"去杠杆"（周茜等，2020）[2]，是对高杠杆企业较为有效，也较为持续的"去杠杆"方式（许晓芳等，2020）[1]。

表9　　进一步研究结果

变量	$Research_t$	$Research_{t+1}$	$Research_{t+2}$
$Treat \times Post$ (DID)	0.202**	0.187**	0.298***
	(2.41)	(2.00)	(2.67)
Size	0.227***	0.182**	0.183**
	(3.57)	(2.46)	(2.05)
Roa	-2.040**	2.722***	6.139***
	(-2.53)	(2.63)	(5.17)

续表

变量	$Research_t$	$Research_{t+1}$	$Research_{t+2}$
$First$	-0.282 (-0.77)	-1.748*** (-4.08)	-0.376 (-0.74)
$Tato$	-0.151 (-1.57)	-0.212* (-1.94)	-0.014 (-0.11)
Exp	11.084*** (15.93)	6.420*** (7.35)	3.616*** (3.63)
Rca	0.135 (1.64)	0.021 (0.23)	-0.200* (-1.95)
$Ndts$	1.882 (0.54)	4.107 (1.02)	-10.426** (-2.17)
Vcf	1.444** (1.99)	1.256 (1.59)	-1.665* (-1.82)
Etr	-0.084 (-0.64)	-0.080 (-0.58)	-0.060 (-0.36)
$Dual$	-0.215** (-2.51)	-0.096 (-1.01)	-0.046 (-0.39)
$Boardsize$	-0.196 (-0.78)	0.001 (0.00)	-0.050 (-0.15)
$Supsize$	0.014 (0.05)	-0.032 (-0.11)	0.600* (1.71)
Bm	-1.114*** (-5.20)	-0.776*** (-3.18)	-0.946*** (-3.25)
Eps	-0.164** (-2.00)	-0.289*** (-2.99)	-0.512*** (-4.49)
$Riskdis$	-16.580 (-0.75)	20.366 (0.84)	-42.432 (-1.49)
Soe	0.174 (1.11)	-0.140 (-0.72)	-0.149 (-0.62)
常数项	-3.478** (-2.45)	-2.133 (-1.29)	-2.845 (-1.43)
观测值	8658	6387	5408
公司	Yes	Yes	Yes
年份	Yes	Yes	Yes
R2	0.190	0.170	0.140

七、研究结论、启示与展望

(一) 研究结论

本文以 2006—2020 年 A 股上市公司股权再融资事件为研究对象,对高杠杆企业的股权再融资实施行为进行了实证研究,并讨论外部审计质量在其中的作用。本文的研究结果发现,高杠杆企业更不容易实施股权再融资,会受到一定"限制",表现为高杠杆企业的股权再融资审批通过率更低,股权再融资规模更小;而外部审计质量这一重要的外部治理机制,则能在一定程度上改善高杠杆企业所受到的这种"限制",表现为外部审计质量越高,高杠杆企业与股权再融资规模之间的负相关程度越低。本文的研究结论经过控制省份固定效应、采用工具变量法检验、仅选用第一次实施股权再融资样本等方法在排除内生性后依旧成立,并能通过替换测度指标、更换回归样本等稳健性检验。进一步研究发现,实施股权再融资后的高杠杆企业也有着更高水平的创新投入,一定程度上证明了"去杠杆"带来的积极效应。

(二) 研究启示

本文以上市公司实施股权再融资这一独特视角,直接刻画了高杠杆企业的"增权"式"去杠杆"行为,丰富和深化了上市公司股权再融资的影响因素和中国式"去杠杆"的文献。本文的研究发现也有着重要的政策启示,能够为企业降低杠杆率和资本市场股权再融资监管提供一定的政策参考。根据研究结论,本文提出以下三点政策建议:(1) 对于高杠杆企业而言,要积极争取通过增加股权资本来降低自身杠杆率。要想打破囿于自身高杠杆率而受到的监管部门与资本市场的"限制",争取更多融资机会,就要从改善自身财务报告质量入手,向外界释放"说真话"的信号。在申请股权再融资时聘任更高水平的审计师、提供更高质量的财务报告,对高杠杆企业来说是行之有效的办法。(2) 对于监管部门而言,要统筹考虑上市公司实施股权再融资时的财务因素和公司治理因素。对于通过提升自身外部治理水平以寻求实施股权再融资、降低杠杆率的高杠杆上市公司,可以考虑给予一定的政策倾斜,发挥好资本市场作用,降低企业杠杆率,并改善公司资本结构与治理结构。本文的经验证据也发现这对于公司有着长期正向的影响,即持续增加创新投入,谋求自身转型升级、改变原本高杠杆经营方式。(3) 对于资本市场而言,可以多关注致力于改善公司治理的高杠杆上市公司。机构投资者等各类投资者在参与上市公司股权再融资项目时,要将上市公司所聘任的审计师列为重要的考察要点,对敢于聘任高水平审计师并有着良好财务报告质量的高杠杆上市公司多加留意,可以一定程度上发掘出好的投资项目与投资机会。

(三) 研究不足及展望

本文也存在一定的局限性:(1) 指标测量方式单一。审计质量有着多种测度方法,本文主要选用是否"十大"会计师事务这一现有文献采用较多的指标,作为外部审计质量的代理变量,未来可以考虑构建综合性的指标来测量外部审计质量。(2)对外部治理机制的作用考察还显简单。公司外部治理机制有多种,部分机制可能还存在一定替代作用,本文仅在实证研究中考虑了外部审计治理的作用,未来可以综合考虑其他外部治理因素是否也会对股权再融资实施产生影响。

参考文献:

[1] 许晓芳,周茜,陆正飞. 过度负债企业去杠杆:程度、持续性及政策效应——来自中国上市公司的证据 [J]. 经济研究,2020,55 (8):89 – 104.

[2] 周茜,许晓芳,陆正飞. 去杠杆,究竟谁更积极与稳妥? [J]. 管理世界,2020,36 (8):127 – 148.

[3] 杨星,田高良,司毅,等. 所有权性质、企业政治关联与定向增发——基于我国上市公司的实证分析 [J]. 南开管理评论,2016,19 (1):134 – 141.

[4] 陈小悦,肖星,过晓艳. 配股权与上市公司利润操纵 [J]. 经济研究,2000 (1):30 – 36.

[5] 毕金玲,邱新元,刘越. 定向增发公司会进行盈余操纵吗? [J]. 投资研究,2016,35 (9):67 – 81.

[6] 张红,汪小圈. 避免亏损与公开增发盈余管理的识别与估计:来自聚束设计的实证证据 [J]. 金融研究,2021 (4):187 – 206.

[7] 朱红军,何贤杰,陈信元. 定向增发"盛宴"背后的利益输送:现象、理论根源与制度成因——基于驰宏锌锗的案例研究 [J]. 管理世界,2008 (6):136 – 147.

[8] 叶陈刚,王孜,武剑锋,等. 外部治理、环境信息披露与股权融资成本 [J]. 南开管理评论,2015,18 (5):85 – 96.

[9] 曹书军,刘星,杨晋渝. 审计质量特征、客户规模与公司权益资本成本 [J]. 山西财经大学学报,2012,34 (8):117 – 124.

[10] 朱丹,李琰. 审计质量、媒体报道与企业权益资本成本——来自中国上市公司经验证据 [J]. 产业经济研究,2017 (6):65 – 74 + 126.

[11] 陆正飞,何捷,窦欢. 谁更过度负债:国有还是非国有企业? [J]. 经济研究,2015,50 (12):54 – 67.

[12] Leary M T, Roberts M R. Do firms rebalance their capital structures? [J]. The Journal of Finance, 2005, 60 (6): 2575 – 2619.

[13] 姜付秀,屈耀辉,陆正飞,等. 产品市场竞争与资本结构动态调整 [J]. 经济研究,2008 (4):99 – 110.

[14] 郑曼妮,黎文靖. 中国过度负债企业去杠杆——基于资本结构动态调整视角 [J]. 国际金融研究,2018 (10):87 – 96.

[15] 郑曼妮,黎文靖,柳建华. 利率市场化与过度负债企业降杠杆:资本结构动态调整视角 [J]. 世界经济,2018,41 (8):149 – 170.

[16] 王红建,杨筝,阮刚铭,曹瑜强. 放松利率管制、过度负债与债务期限结构 [J]. 金融研究,2018 (2):100 – 117.

[17] 李志生,苏诚,李好,等. 企业过度负债的地区同群效应 [J]. 金融研究,2018 (9):74 – 90.

[18] Drobetz W, Wanzenried G. What determines the speed of adjustment to the target capital structure? [J]. Applied Financial Economics, 2006, 16 (13): 941–958.

[19] 綦好东, 刘浩, 朱炜. 过度负债企业"去杠杆"绩效研究 [J]. 会计研究, 2018 (12): 3–11.

[20] 马草原, 朱玉飞. 去杠杆、最优资本结构与实体企业生产率 [J]. 财贸经济, 2020, 41 (7): 99–113.

[21] DeAngelo H, Gonçalves A S, Stulz R M. Corporate Deleveraging and Financial Flexibility [J]. The Review of Financial Studies, 2018, 31 (8): 3122–3174.

[22] 雒敏, 苏文兵, 聂文忠. 宏观经济政策与公司资本结构动态调整路径研究——基于我国上市公司的经验证据 [J]. 南京社会科学, 2013 (11): 14–20.

[23] 汪勇, 马新彬, 周俊仰. 货币政策与异质性企业杠杆率——基于纵向产业结构的视角 [J]. 金融研究, 2018 (5): 47–64.

[24] 黄继承, 朱冰, 向东. 法律环境与资本结构动态调整 [J]. 管理世界, 2014 (5): 142–156.

[25] 王连军. 金融发展、财务柔性与公司去杠杆——来自我国上市公司的经验研究 [J]. 当代财经, 2018 (6): 50–62.

[26] 谭小芬, 李源, 王可心. 金融结构与非金融企业"去杠杆"[J]. 中国工业经济, 2019 (2): 23–41.

[27] 林慧婷, 何玉润, 王茂林, 等. 媒体报道与企业资本结构动态调整 [J]. 会计研究, 2016 (9): 41–46.

[28] 陈达飞, 邵宇, 杨小海. 再平衡: 去杠杆与稳增长——基于存量–流量一致模型的分析 [J]. 财经研究, 2018, 44 (10): 4–23.

[29] 马惠娴, 耀友福. "去杠杆"政策压力下企业偿还债务还是隐藏债务? [J]. 经济评论, 2021 (4): 145–162.

[30] 李彬. 非理性投资行为、债务稳健性与资本结构动态调整 [J]. 经济科学, 2013 (4): 103–115.

[31] 顾研, 周强龙. 宏观经济不确定性、融资环境预期与企业杠杆 [J]. 金融评论, 2018, 10 (1): 11–27+124.

[32] 王正位, 王思敏, 朱武祥. 股票市场融资管制与公司最优资本结构 [J]. 管理世界, 2011 (2): 40–48+187.

[33] 黄少安, 张岗. 中国上市公司股权融资偏好分析 [J]. 经济研究, 2001 (11): 12–20+27.

[34] Chen K C W, Yuan H. Earnings Management and Capital Resource Allocation: Evidence from China's Accounting—Based Regulation of Rights Issues [J]. The Accounting Review, 2004, 79 (3): 645–665.

[35] 章卫东. 定向增发新股与盈余管理——来自中国证券市场的经验证据 [J]. 管理世界, 2010 (1): 54–63+73.

[36] 吴育辉, 魏志华, 吴世农. 时机选择、停牌操控与控股股东掏空——来自中国上市公司定向增发的证据 [J]. 厦门大学学报 (哲学社会科学版), 2013 (1): 46–55.

[37] Babenko I, Tserlukevich Y, Wan P. Is market timing good for shareholders [J]. Management Science, 2020, 66 (8): 3542–3560.

[38] 徐辉, 周孝华, 周兵. 研发支出费用化与定向增发新股定价 [J]. 管理学报, 2021, 18 (2): 297–305.

[39] 彭韶兵, 王玉, 郑伟宏. 政府补贴是否间接助推了定增"盛宴"? [J]. 财经研究, 2018, 44

(1): 87-99+127.

[40] 吴水亭, 徐扬. 发行管制下政治关系对民企再融资择时行为的影响 [J]. 系统工程, 2010, 28 (2): 55-62.

[41] Cheng C S, Collins D, Huang H H. Shareholder rights, financial disclosure and the cost of equity capital [J]. Review of Quantitative Finance and Accounting, 2006, 27 (2): 175-204.

[42] 曾颖, 陆正飞. 信息披露质量与股权融资成本 [J]. 经济研究, 2006 (2): 69-79+91.

[43] 刘冰, 方政. 公司内部治理机制与股权融资成本——股权性质差异条件下的影响因素分析 [J]. 经济管理, 2011 (12): 12.

[44] 沈艺峰, 肖珉, 黄娟娟. 中小投资者法律保护与公司权益资本成本 [J]. 经济研究, 2005 (6): 115-124.

[45] 姜付秀, 支晓强, 张敏. 投资者利益保护与股权融资成本——以中国上市公司为例的研究 [J]. 管理世界, 2008 (2): 117-125.

[46] 蒋琰, 陆正飞. 公司治理与股权融资成本——单一与综合机制的治理效应研究 [J]. 数量经济技术经济研究, 2009 (2): 60-75.

[47] Botosan C A. Disclosure level and the cost of equity capital [J]. Accounting review, 1997: 323-349.

[48] 姜付秀, 黄继承. 市场化进程与资本结构动态调整 [J]. 管理世界, 2011 (3): 124-134+167.

[49] 祝继高, 陆正飞. 融资需求、产权性质与股权融资歧视——基于企业上市问题的研究 [J]. 南开管理评论, 2012, 15 (4): 141-150.

[50] 杜兴强, 赖少娟, 杜颖洁. "发审委"联系、潜规则与IPO市场的资源配置效率 [J]. 金融研究, 2013 (3): 143-156.

[51] 戴亦一, 潘越, 陈静. 双重保荐声誉、社会诚信与IPO过会 [J]. 金融研究, 2014 (6): 146-161.

[52] 郑蓉, 干胜道, 段华友. 半强制分红政策下的股权再融资与分红决策研究——来自A股民营上市公司的经验证据 [J]. 证券市场导报, 2014 (1): 48-52.

[53] 饶艳超, 胡奕明. 银行信贷中会计信息的使用情况调查与分析 [J]. 会计研究, 2005 (4): 36-41+94-95.

[54] 谭小芬, 李源, 王可心. 金融结构与非金融企业"去杠杆" [J]. 中国工业经济, 2019 (2): 23-41.

[55] 马永强, 张志远. 资本市场开放与过度负债企业去杠杆: 来自"沪深港通"的经验证据 [J]. 世界经济研究, 2021 (10): 55-68+135.

[56] 张博, 扈文秀, 杨熙安. 定向增发对上市公司财务绩效影响的研究 [J]. 管理工程学报, 2019, 33 (3): 93-100.

[57] 易会满. 努力建设中国特色现代资本市场 [N]. 证券日报, 2022-08-02: A01.

[58] 王建军. 统筹稳增长防风险 保持资本市场平稳运行 [N]. 人民日报, 2022-05-11: 004.

[59] 朱希伟, 沈璐敏, 吴意云, 等. 产能过剩异质性的形成机理 [J]. 中国工业经济, 2017 (8): 44-62.

[60] 钟宁桦, 刘志阔, 何嘉鑫, 等. 我国企业债务的结构性问题 [J]. 经济研究, 2016, 51 (7): 102-117.

[61] 刘晓光, 刘元春. 杠杆率、短债长用与企业表现 [J]. 经济研究, 2019, 54 (7): 127-141.

[62] 黄少卿, 俞锦祥, 许志伟. 杠杆率与企业生产率: 基于信贷误配的视角 [J]. 中国工业经济,

2022 (9): 159-177.

[63] 张继勋, 韩冬梅. 标准审计报告改进与投资者感知的相关性、有用性及投资决策——一项实验证据 [J]. 审计研究, 2014 (3): 51-59.

[64] 雷宇. 财务会计的信任功能 [J]. 会计研究, 2012 (3): 26-30+94.

[65] 曹国华, 鲍学欣, 王鹏. 审计行为能够抑制真实盈余管理吗? [J]. 审计与经济研究, 2014, 29 (1): 30-38.

[66] 杨德明, 林斌, 王彦超. 内部控制、审计质量与大股东资金占用 [J]. 审计研究, 2009 (5): 74-81.

[67] 吴先聪, 罗鸿秀, 张健. 控股股东股权质押、审计质量与债务融资成本 [J]. 审计研究, 2020 (6): 86-96.

[68] 张纯, 吕伟. 机构投资者、终极产权与融资约束 [J]. 管理世界, 2007 (11): 119-126.

[69] 甄红线, 王谨乐. 机构投资者能够缓解融资约束吗?——基于现金价值的视角 [J]. 会计研究, 2016 (12): 51-57+96.

[70] 唐玮, 夏晓雪, 姜付秀. 控股股东股权质押与公司融资约束 [J]. 会计研究, 2019 (6): 51-57.

[71] 吕长江, 韩慧博. 业绩补偿承诺、协同效应与并购收益分配 [J]. 审计与经济研究, 2014, 29 (6): 3-13.

[72] 李善民, 黄志宏, 郭菁晶. 资本市场定价对企业并购行为的影响研究——来自中国上市公司的证据 [J]. 经济研究, 2020, 55 (7): 41-57.

[73] 雏敏, 麦海燕. 审计意见、审计质量与债务期限结构——基于我国上市公司的经验证据 [J]. 经济管理, 2011, 33 (7): 121-130.

[74] 朱松. 债券市场参与者关注会计信息质量吗 [J]. 南开管理评论, 2013, 16 (3): 16-25.

[75] 朱丹, 李琰. 审计质量、媒体报道与企业权益资本成本——来自中国上市公司经验证据 [J]. 产业经济研究, 2017 (6): 65-74+126.

[76] 饶艳超, 胡奕明. 银行信贷中会计信息的使用情况调查与分析 [J]. 会计研究, 2005 (4): 36-41+94-95.

[77] Harford J, Klasa S, Walcott N. Do firms have leverage targets? Evidence from acquisitions [J]. Journal of Financial Economics, 2009, 93 (1): 1-14.

[78] 刘文军, 米莉, 傅倞轩. 审计师行业专长与审计质量——来自财务舞弊公司的经验证据 [J]. 审计研究, 2010 (1): 47-54.

[79] 邢秋航, 韩晓梅. 独立董事影响审计师选择吗?——基于董事网络视角的考察 [J]. 会计研究, 2018 (7): 79-85.

[80] 翟淑萍, 顾群, 霍欣欣. 慈善捐赠、融资约束与股权再融资——基于A股上市公司面板数据的经验分析 [J]. 中南财经政法大学学报, 2015 (2): 134-142+160.

[81] 王文姣, 廖雯茜, 杨丽冰. 产品市场竞争地位、行业竞争程度与审计师选择 [J]. 中国审计评论, 2022 (1): 85-104.

[82] 解维敏, 方红星. 金融发展、融资约束与企业研发投入 [J]. 金融研究, 2011 (5): 171-183.

[83] 毕金玲, 蒋睿, 杨雨婷. 定向增发能促进企业创新吗?——来自中国上市公司的经验证据 [J]. 投资研究, 2018, 37 (12): 31-44.

Can the Audit Quality Help the Implementation of Equity Refinancing of Highly Leveraged Enterprises?

Li Yuanzhen[1,2]　Li Meng[3,4]　Qu Liang[1]

(1. School of Business and Administration, Zhejiang Gongshang University, Hangzhou　310018;
2. Zheshang Research Institute, Zhejiang Gongshang University, Hangzhou　310012;
3. School of Accounting, Tianjin University of Finance and Economics, Tianjin　300222;
4. Collaborative Innovation Center for Intangible Asset Evaluation, Tianjin　300222)

[**Abstract**] Seasoned Equity Offerings (SEO) is the most direct and important way for listed companies to supplement equity capital in the capital market, and it also provides a unique perspective for testing the implementation of highly leveraged enterprises (HLE) to deleverage by increasing shares (DIS). This paper takes the SEO events of A-share listed companies from 2006 to 2020 as the research object, testing the highly HLEs' implementation behavior of SEO and its influencing factors empirically. The results found that HLEs are more likely to implement SEO, which will be subject to certain "restrictions", because the SEO approval rate of HLEs is lower and the scale of SEO is smaller; as an important external governance mechanism, External Audit Quality (EAQ) can improve the "restrictions" imposed by HLEs to some extent, which shows that the higher the EAQ, the lower the negative correlation between HLEs and the scale of SEO. Further research found that, after SEO, the HLEs can also support long-term innovation investment, which to some extent proves the positive effect of deleveraging brought by deleveraging. The research conclusions of this paper enrich and deepen the influencing factors of the SEO of listed companies and the research of Chinese-style "deleveraging", it can also provide a certain policy references for enterprises to reduce the leverage ratio and the capital market SEO supervision.

[**Key words**] highly leveraged enterprises (HLE); deleverage by increasing shares (DIS); Seasoned Equity Offerings (SEO); External Audit Quality (EAQ)

审计师与高管之间的社会网络关系影响审计重要性吗?

郑石桥　胡欣怡

(南京审计大学　政府审计学院，江苏　南京　211815)

【摘　要】围绕签字注册会计师与公司高管的社会网络关系对审计重要性水平的影响这一主题，结合股权性质的调节作用，运用人际关系理论、差序格局理论和社会认同理论提出理论框架，选取2016—2021年沪深A股上市公司的数据作为研究样本进行实证检验。结果显示，签字注册会计师与公司高管存在社会网络关系会导致审计重要性水平的宽松现象。如果被审计单位是民营企业，该正相关关系会更为显著。以上结论表明，社会网络关系会影响审计重要性水平，这为会计师事务所保障审计质量和相关部门监管提供参考。

【关键词】社会网络关系；审计重要性水平；股权性质；审计风险；审计独立性

一、引言

审计重要性水平是审计人员为发现被审计单位财务报表中的重大错报、结合职业判断和具体审计环境而确定的一个可接受的具体标准，它是重要性的数量化表示。由于日趋复杂的企业经济业务，审计难度不断提升。基于审计的成本效益原则，审计人员并不需要审计全部业务[1]，因此，确立审计重要性水平成为注册会计师审计业务的一大关键问题。合理的审计重要性水平，有利于帮助签字注册会计师判别审计重点，合理支配审计资源，还能够规避一定的审计风险，增强审计结论的合理性，提高审计质量[2]。审计重要性水平的分析和判断，贯穿于整个审计过程之中。确定合理的审计重要性水平要求

基金项目：国家社会科学基金重点项目（项目编号：20FJYA001）。

作者简介：郑石桥（1964—），男，湖南耒阳人，南京审计大学政府审计学院教授、博士生导师，主要研究方向为审计理论与方法；胡欣怡，女（2000—），江苏镇江人，南京审计大学政府审计学院2022级硕士研究生，主要研究方向为审计理论与方法。

审计人员能够在整个过程中保持客观、公正，保证独立性。深入探讨签字注册会计师与公司高管的社会网络关系与审计重要性水平相关问题，有助于发现可能存在的问题，规范审计人员行为，提高执业水平，提升整体审计质量。

受中国儒家伦理文化影响，中国是一个重视人际关系的国家，较为注重基于血缘、地缘和业缘而形成的关系。根据2021年4月中国注册会计师协会印发的《注册会计师行业发展规划（2021－2025年）》，行业标准化建设成为近五年发展的主要目标，要求不断加强审计职业道德建设，严格独立性要求。签字注册会计师与公司高管存在社会网络关系一般会从两种路径影响审计行为：一种是合作效应，能够提高沟通效率，减少信息不对称带来的审计风险，提升审计质量；另一种是合谋效应，会使审计师与公司高管形成情感联盟或利益联盟，损害审计独立性，降低审计质量。因此，本文旨在研究签字注册会计师与公司高管的社会网络关系是否会受这两种路径影响，导致较宽松的审计重要性水平。

现有文献对审计师社会关系相关研究主要集中在校友关系、同乡关系与审计质量和企业治理等方面，缺乏对社会网络关系与审计重要性水平间关系的研究。本文围绕签字注册会计师与公司高管社会网络关系影响审计重要性水平这一命题，考虑股权性质的调节效应，并将公司所在地对其的影响做进一步分析，构建模型并用沪深A股上市公司的数据进行统计检验。本文的贡献在于为签字注册会计师与公司高管社会网络关系影响审计重要性水平提供了理论分析和实证研究依据，丰富了现有研究，并为会计师事务所保障审计质量和有关监管部门完善相关监督工作以及制度规范提供参考。

二、文献综述

（一）审计重要性水平的影响因素

国内外学者就审计重要性水平的影响因素问题做了诸多探究，发现的影响因素可以分为以下五类：

1. 被审计单位性质及财务经营状况。一些文献发现，公司所在行业类型、当期经营状况、特定会计科目占利润的比例及政府审计监管会影响审计重要性水平[3-5]。

2. 审计师特征。一些文献发现，审计师经验、性别、在事务所所担任的职务、审计师行业专长等是影响审计师对审计重要性水平的判断的关键因素[6-7]。

3. 审计费用。一些文献研究发现，审计费用特别是异常收费会显著影响注册会计师对审计重要性水平的判断[8-9]。

4. 会计师事务所情况。一些文献研究发现，不同资质和文化以及不同规模的会计师事务所对审计重要性水平的确定和执行会存在差异[10-12]。

5. 财务报表使用者需求。一些文献研究发现，审计师在判断审计重要性水平时，会考虑报表使用者的知识水平以及差错是否会影响客户判断[13-14]。

（二）签字注册会计师与公司高管社会网络关系对审计的影响

研究签字注册会计师与公司高管社会网络关系的文献不多，只有少量文献涉及签字注册会计师与公司高管的社会网络关系对审计的影响。

少量文献涉及签字注册会计师与公司高管的社会网络关系对审计质量和审计意见的影响。一方面，上市公司高管与注册会计师存在校友关系能够增加合作效应，提高沟通效率，从而提高审计质量[15]，审计师在签发审计意见时更易出具标准审计意见[16]；另一方面，高管与签字会计师存在校友关系时，两者存在合谋风险，可能导致签字注册会计师的独立性受损，使得审计质量降低[17-18]，此时被审计单位也更易得到标准无保留审计意见[19-20]。

个别文献涉及签字注册会计师与公司高管的社会网络关系对审计费用的影响。胡明霞和罗珊梅[21]研究发现，审计委员会与公司高管存在社会关系能够降低沟通成本和审计成本，从而降低审计费用。俞俊利和金鑫[22]研究发现，企业高管与签字注册会计师存在社会网络关系会导致审计意见购买，增加审计费用。

综上所述，有关审计重要性水平的影响因素已有较为丰富的研究成果，但研究签字注册会计师、公司高管社会关系对审计影响的文献较少，更鲜有专门研究签字注册会计师、公司高管的社会网络关系与审计重要性的关系的文献。现有研究揭示了签字注册会计师、被审计单位高管的社会网络关系与审计质量、审计意见、审计费用等的关系，本文扩展至研究签字注册会计师与公司高管的社会网络关系对审计重要性水平的影响。因此，本文拟通过理论分析和经验数据检验，揭示签字注册会计师与公司高管的社会网络关系对审计重要性水平的影响机理。

三、理论分析和研究假设

企业财务报表造假行为、国内外审计失败案例频出，表明传统审计方法已难以满足签字注册会计师开展审计业务工作的现实需要，因此开始转变为风险导向审计模式。现代风险导向审计是指注册会计师通过评估被审计单位风险，采取进一步审计程序，将审计风险降至可接受水平。这要求签字注册会计师独立、客观地从战略以及系统的高度对企业运营可能存在的风险进行全面的分析、测试和评价[23]。综合《独立审计具体准则第10号——审计重要性》、美国财务会计准则委员（FASB）、国际会计准则理事会（IASC）等相关解释，审计重要性水平是影响使用者判断及决策的财务报表错误误差的临界值。在风险导向审计过程中，确定审计重要性水平是重要的环节之一，签字注册会计师需要将审计风险降低至可容忍的水平之下。较低的审计重要性水平，签字注册会计师需要进行进一步审计程序来搜集更多审计证据，一定程度上，这能保证审计质量，但同时会增加审计成本；审计重要性水平宽松，会相对减少进一步审计程序中的细节测试，审计成本也会降低。因此，要在保证审计质量的前提下，确定适当的审计重要性水平。由于现代风险导向审计主要以风险分析和风险应对为中心,注册会计师在进行审计时应具备与客户所在行业相适应的知识结构,审计执业中,注册会计师必须保持职业怀疑,严格执行审计程序。

20世纪初,Mayo[24-26]提出的人际关系理论认为,人是作为社会人存在的,不仅有追求金钱方面的动机,还有社会方面的需要,社会关系会影响工作决策。费孝通[27]的差序格局理论认为,在亲属关系、地缘关系等社会关系中,存在以自己为中心像水波纹一样推及开,越推越远、越推越薄的社会格局,且随自己所处时空的变化而产生不同的圈子。根据社会认同理论,社会人会偏好自己所处的群体,对其他群体产生偏见,这种偏见使得有着相似背景特征的个体更易相互理解,互相间的评价与信任水平也更高[28-29]。校友关系、同乡关系、前同事关系包含在社会关系的概念中,校友们因为共同的求学经历、教育背景和相似的文化熏陶,同乡们因为出生地相同、地缘的联系,前同事们因为共同的工作经历、有交集的社会阅历,会很自然地形成一种社会网络关系,影响相互之间的行为。对于校友关系,在相同时期进入同所大学的,可能会因为学校的各类活动而产生接触,从而建立联系。在不同时期进入同所大学的,可能会通过校友会产生联系。对于同乡关系,一些公司高管和签字注册会计师背井离乡,在另一个城市进行发展,此时在他乡遇到"老乡",很容易产生情感上的共鸣,形成情感联盟,会通过文化认同、利益机制影响审计[30]。对于前同事关系,部分高管会具有事务所的从业经历,人在拥有相似经历或特点时,会更加容易互相理解与信任,从而影响审计人员判断。当签字注册会计师与被审计单位存在社会网络关系时,基于社会学理论,会产生两种效应:一种是合作效应,会提高审计沟通效率,将审计重要性改善至较宽松的水平,提高成本效益[31];另一种是合谋效应,会影响审计独立性,导致宽松的审计重要性水平。对上述分析进行归纳,本文研究框架如图1所示。

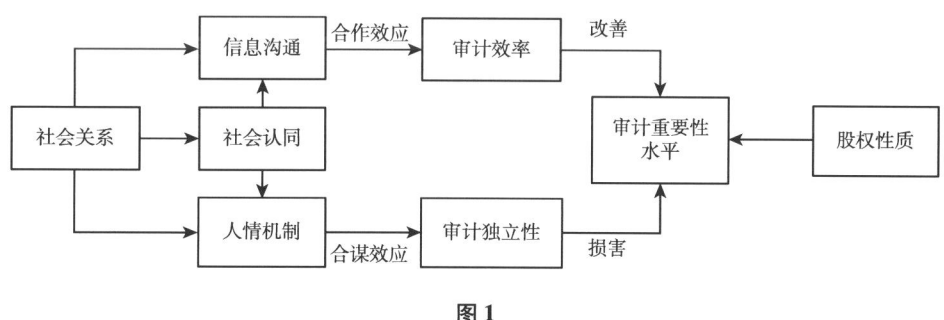

图1

(一)路径一:签字注册会计师与公司高管之间的社会网络会产生合作效应

部分研究认为,签字注册会计师与公司高管存在社会网络关系会激发合作效应。合作效应会通过以下两个方面影响审计:一是会提高沟通效率[32]。由于审计实务中对于审计时间有严格要求,审计人员与被审计单位高管间的沟通,包括对审计重要性水平判断标准的有效沟通至关重要。社会关系代表双方互识,对彼此的沟通习惯可能更为了解,双方信任度更高，能使双方的信息沟通更为通畅，降低获取信息的成本，有助于提高审计师专长，确定较宽松的审计重要性水平[7]；二是签字注册会计师与公司高管处于相同"圈子"，有助于审计师获得更多专有信息，如前文所释的差序格局理论，对于管理层特征、风险偏好等信息可能在相同"圈子"中才能获取，能够减少信息不对称。因此，签字注册会计师和公司高管存在社会网络关系，即在相同的"圈子"中，审计师能更有效地进行风险评估，确定适当的重要性水平。

（二）路径二：签字注册会计师与公司高管之间的社会网络会产生合谋效应

独立性是审计人员的基本原则，现代风险导向审计依赖审计师的职业判断。因此，独立性很大程度上影响审计人员能否确定适当的审计重要性水平。由于审计市场竞争激烈，签字注册会计师为了获取客户资源可能会与存在社会关系的上市公司高管进行合谋而影响独立性。原因有如下两点：其一，董事长、总经理、财务总监等高管与签字注册会计师的接触非常紧密，这些高管有权力决定聘请哪家会计师事务所审计。如果权力较大的高管与签字注册会计师之间存在社会关系，其被雇佣的概率更高。作为回报，他们之间会触发"人情机制"，形成利益联盟进行合谋，影响审计独立性。其二，"圈子"文化会让审计师获取更多审计相关信息，也可能导致圈子中的成员抱团，在维护彼此利益的潜规则下共享资源。潜规则下潜在的合谋风险，会损害审计人员独立性，使签字注册会计师维护被审计单位高管的利益，放弃应坚持的原则，采取宽松的审计重要性水平，执行不恰当或不充分的审计程序，从而难以发现客户财务报告中存在的错误和舞弊，最终对被审计单位财务报告发表标准审计意见[33]。基于以上两条路径分析，提出如下假设1：

H1：当签字注册会计师与公司高管之间的存在社会网络关系时，会导致审计重要性水平宽松。

（三）股权性质对签字注册会计师与公司高管之间的社会网络与审计重要性水平的影响

考虑到国有企业和民营企业由于企业规模差异及公司运转方式不同等，会对审计风险有一定的影响，股权性质也可能对审计重要性水平产生影响。民营企业的高管利益和企业利益密切相关，更易触发社会关系网络产生的两种效应。其一，民营企业的企业业绩与高管薪酬直接挂钩，呈显著正相关关系[34]。民营企业高管更为注重审计的成本效益，因此更易与存在社会网络关系的签字注册会计师合作，提高审计沟通效率。审计人员也会因此采取较宽松的审计重要性水平，提升成本效益。其二，股票市值会对民营上市公司高管产生直接影响。股民对企业业绩有一定要求，如果财务报表显示经营业绩不佳，股票会遭到投资者冷遇。若上市公司连续三年亏损，甚至会面临退市风险。民营上市公司高管一般都是公司股东，股价下跌以及公司退市会直接导致其财富大幅缩水。在这种情况下，可能会使存在社会网络关系的签字注册会计师与公司高管进行合谋，采取宽松的审计重要性水平。

反观国有企业，由于企业性质的原因，国有企业需兼顾更多社会责任，企业业绩与高管薪资关联度相对较低，薪资较为稳定。同时相比于非国有企业，国有企业掌握着更加丰富的政治、社会、经济资源。因为有政府资金扶持，即使连年亏损，也很少被勒令退市。国有企业为了维护公众和国家的企业形象，也通常不会过分追求成本效益，压低审计费用，因此签字注册会计师也并不会采用更宽松的审计重要性水平，或减少一些审计程序而使审计质量可能受损[23]。基于上述理论分析，本文提出如下假设2：

H2：在其他条件不变的情况下，如果被审计单位是民营企业，签字注册会计师与公司高管之间的社会网络与审计重要性水平的正相关关系更显著。

四、研究设计

（一）样本选择与数据来源

本文选取2016—2021年披露内控缺陷认定标准的沪深A股上市公司作为研究样本，且剔除以下样本：（1）ST或*ST类公司；（2）金融业公司；（3）相关数据缺失的样本。本文对所涉及的连续变量按照1%和99%的水平进行了Winsorize缩尾处理。内控缺陷认定标准所依据的审计重要性水平的数据来源于迪博数据库，并通过手工Excel整理计算得到被解释变量审计重要性水平；解释变量以国泰安（CSMAR）数据库中上市公司高管以及签字注册会计师背景资料为原始数据，并通过中国注册会计师官方网站中的行业管理信息系统对个别缺失信息进行补缺，通过Python中的Pandas工具包对注册会计毕业院校以及高管毕业院校进行读取，再将两者进行遍历比较，得到签字注册会计师与公司高管社会网络关系的数据，确定了签字注册会计师与公司高管之间存在社会网络关系的样本；其余变量数据来源于CSMAR数据库。

本文采用倾向得分配对法，在删除（1）、（2）、（3）类观测值的基础上进行配对，为存在公司高管与签字注册会计师社会网络关系的公司配对一家同一行业、同一年份、相近规模的公司作为研究样本[2]。最终获得的配对样本包含1890个观测值，包括945个存在社会网络关系的观测值和945个不存在社会网络的观测值。本文配对依据的行业为证监会2012年新版行业分类，规模数据为总资产取自然对数。

（二）变量定义

1. 被解释变量：审计重要性

审计重要性水平是对审计重要性的数量化表示，是审计重要性原则在实务中的细化。我国的《独立审计具体准则第10号——审计重要性》和《中国注册会计师审计准则第1221号——审计重要性》都未给审计重要性水平提供量化标准。在我国，大部分的会计师事务所会采用总资产百分比法、净资产百分比法、税前利润百分比法、营业收入百分比法来确定审计重要性水平[2,8]。由于审计准则中没有审计重要性水平的量化标准，并且会计师事务所审计被审计单位的审计重要性水平的具体数据并不披露，本文选取上市公司披露的内部控制重大缺陷认定标准中的相关数据来确定审计重要性水平[7]。依据的理由如下：目前上市公司的内部控制重大缺陷、重要缺陷、一般缺陷的认定标准通常依据审计重要性水平来划分。大部分企业在披露内部控制缺陷认定标准时明确指出当内部控制缺陷对财务报表产生的潜在影响金额超过审计重要性水平时，该缺陷被认定为重大缺陷。例如，中国农业银行股份有限公司内部控制评价报告指出："本行内部控制缺陷认定的定量标准是指就缺陷所导致的严重程度进行量化，并与财务报表审计重要性水平进行比较，根据其严重程度来决定缺陷的等级。"北京银行内部控制缺陷认定标准规定，"重大缺陷指一项内控缺陷单独或连同其他缺陷具备合理可能性导致不能及时防止或发现并纠正财务报告中的重大错报，误报金额已经接近甚至超过重要性水平及其他导致本行财产、声誉发生重大损失的控制缺陷""重要缺陷指一项内控缺陷单独或连同其他缺陷具备合理可能性导致不能及时防止或发现并纠正财务报告中虽然未达到和超过重要性水平但仍应引起董事会和管理层重视的错报，或误报金额已接近或达到重要性水平的5%－50%的控制缺陷及其他导致本行财产、声誉可能发生较大损失的控制缺陷""一般缺陷指未造成或造成财务报告较小的误报，误报金额低于重要性水平的及未造成本行财产、声誉损失或造成损失较小的控制缺陷"。由此可以得出，企业内控缺陷评价等级的划分与审计重要性水平有极大的关联性。因此，本文以企业披露的内部控制重大缺陷评价指标的临界值来确定企业审计重要性水平。

具体计量方法如下：将公司财务报表定量的内部控制重大缺陷评价指标包括总资产、净资产、营业收入、税前利润等分别和它对应的内部控制重大缺陷定量指标临界值所依据的审计重要性水平的百分比相乘得到临界值，在这些临界值中取其中的最小值。由于公司可能存在规模效应，将上述最小值和公司总资产进行比值来消除规模效应，最终得到本文的被解释变量MT。

2. 解释变量：签字注册会计师与公司高管的社会网络关系

对于社会网络关系的度量，本文借鉴张宏亮等[35]、王洋洋等[33]的研究，定义签字注册会计师与高管之间的社会网络关系为校友关系、同乡关系和前同事关系。高管主要包括上市公司的董事长、CEO、CFO、监事、董事会秘书等，不包括独立董事。当签字注册会计师与公司高管毕业于同一所大学或其中一方现在或者曾经在另一方毕业的大学任教，我们定义两者之间存在校友关系；当签字注册会计师与公司高管的出生地一样时，我们定义两者之间存在同乡关系；当签字注册会计师与公司高管现在或曾在同一会计师事务所工作时，我们定义两者之间存在前同事关系，签字注册审计师与公司高管间存在校友关系或同乡关系或前同事关系其中一种社会关系时，R取1；否则取0[36]。

3. 控制变量

本文参考现有研究[2,7,19,23,30]，选取总部所在地区（AREA）、资产负债率（LEV）、资产收益率（ROA）、两权分离度（SEP）、上年度非标准审计意见（LASTOP）、审计费用

(LNFEE)、是否"四大"(BIG4)和股权制衡度(EQU)作为控制变量。本文主要变量及定义如表1所示。

表1 变量定义表

类型	名称	符号	定义
被解释变量	审计重要性	MT	内部控制重大缺陷定量指标临界值所依据审计重要性水平的最小值/资产总计
解释变量	社会网络关系	R	签字注册审计师与公司高管间存在校友关系、前同事关系、同乡关系其中一种社会关系时,R取1;否则取0
调节变量	实际控股人性质	SOE	若为民营,SOE取值为1;否则取值为0
控制变量	总部所在地区	AREA	若公司总部在三四线城市,AREA取值为1;否则取值为0
	资产负债率	LEV	总资产负债率,负债总额/资产总额
	资产收益率	ROA	净利润/平均总资产
	两权分离度	SEP	实际控制人的控制权减所有权
	上年度非标准审计意见	LASTOP	上一年为非标准审计意见取1,否则为0
	审计费用	LNFEE	审计费用取自然对数
	是否四大	BIG4	若会计师事务所为国际四大,Big4取值为1;否则取值为0
	股权制衡度	EQU	Z指数(第一大股东持股比例/第二大股东持股比例)

(三) 模型构建

为了检验H1和H2,本文构建了如下的模型(1)和模型(2):

$$MT = \alpha_0 + \alpha_1 \times R + \alpha_2 \times Area + \alpha_3 \times LEV + \alpha_4 \times ROA + \alpha_5 \times SEP \\ + \alpha_6 \times Lastyear + \alpha_7 \times LNFEE + \alpha_8 Big4 + \alpha_9 EQU + \varepsilon \qquad (1)$$

$$MT = \alpha_0 + \alpha_1 \times R + \alpha_2 \times SOE \times R + \alpha_3 \times SOE + \alpha_4 \times Area + \alpha_5 \times LEV \\ + \alpha_6 \times ROA + \alpha_7 \times SEP + \alpha_8 \times Lastyear + \alpha_9 \times LNFEE \\ + \alpha_{10} Big4 + \alpha_{11} EQU + \varepsilon \qquad (2)$$

五、实证结果与分析

(一) 描述性统计

表2为所有变量的描述性统计结果。MT的均值为0.005,标准差为0.006,最小值为$8.82e-05$,最大值为0.038,说明各公司的审计重要性水平存在异质性,较适合后续的回归分析。解释变量R的均值为0.5,方差为0.5,最小值为0,最大值为1,说明各上市公司社会关系有异质性。SOE的平均值为0.7,最小值为0,最大值为1,表示股权性质为民营上市公司占全部样本上市公司的70%,上市公司股权性质也存在差异。其他所有控制变量也都显示了合理和符合经济实质的描述性统计指标。

表2		描述性统计		
Variable	Mean	Std. Dev.	Min	Max
MT	0.005	0.006	8.82e-05	0.038
R	0.500	0.500	0	1
SOE	0.700	0.458	0	1
AREA	0.191	0.393	0	1
LEV	0.421	0.210	0.057	0.905
ROA	0.039	0.067	-0.274	0.233
SEP	3.847	6.656	0	28.31
LASTOP	0.028	0.165	0	1
LNFEE	14.05	0.830	12.77	16.95
BIG4	0.061	0.239	0	1
EQU	5.968	8.319	1.001	47.50

（二）相关性分析

表3列示了主要变量之间的Pearson系数。可以得出，各变量系数均小于0.5，可以得出模型整体不存在严重的多重共线性问题。

表3				相关性分析							
	MT	R	SOE	AREA	LEV	ROA	SEP	LASTOP	LNFEE	BIG4	EQU
MT	1										
R	0.311***	1									
SOE	0.144***	0.020	1								
AREA	-0.045*	-0.064***	-0.034	1							
LEV	-0.154***	-0.005	-0.285***	-0.046**	1						
ROA	0.062***	0.076***	0.069***	0.035	-0.349***	1					
SEP	0.025	0.016	-0.029	0.030	0.078***	-0.025	1				
LASTOP	0.011	-0.003	0.083***	-0.001	0.125***	-0.259***	-0.014	1			
LNFEE	-0.130***	0.024	-0.298***	-0.090	0.473***	-0.117***	0.064***	0.024	1		
BIG4	-0.050**	-0.015	-0.162***	0	0.071***	0.016	0.040*	-0.043*	0.236***	1	
EQU	-0.018	-0.041*	-0.224***	0.086***	0.039*	0.024	0.085***	-0.061***	0.028	-0.011	1

注：*$p<0.1$，**$p<0.05$，***$p<0.01$。

（三）多元回归分析

本文运用Stata15.0软件进行回归分析。模型（1）和模型（2）的多元回归结果如表4所示。列（1）报告了模型（1）的回归结果，显示审计重要性水平（MT）与签字注册会计师与公司高管之间的社会网络关系（R）的系数在1%的水平上显著为正，说明若签字注册会计师与公司高管存在社会网络关系，会导致审计重要性水平的宽松，H1得到验证。列（2）报告了模型（2）的回归结果，检验公司股权性质在签字注册会计师与公司高管之间若存在社会网络关系对审计重要性水平的影响中的调节作用。其中，审计重要性水平（MT）与签字注册会计师与公司高管之间若存在社会网络关系（R）的系数仍然在1%的水平上显著为正，交乘项系数也显著为正，说明如果被审计单位为民营企业，签字注册会计师与公司高管之间的社会网络与审计重要性水平的正相关关系更显著，H2得到验证。

表4　　　　　　　　　　　　　　　　多元回归结果

VARIABLES	(1) MT	(2) MT
R	0.0028*** (11.30)	0.0016*** (3.45)
SOE		0.0003 (0.74)
SOE × R		0.0017*** (3.24)
AREA	−0.0006 (−1.52)	−0.0005 (−1.44)
LEV	−0.0022*** (−2.90)	−0.0020*** (−2.58)
ROA	−0.0037** (−2.14)	−0.0038** (−2.18)
SEP	0.0000** (2.17)	0.0000** (2.26)
LASTOP	0.0010 (1.57)	0.0009 (1.41)
LNFEE	−0.0004* (−1.89)	−0.0003 (−1.27)
BIG4	−0.0005 (−0.98)	−0.0005 (−0.85)
EQU	−0.0000 (−0.22)	0.0000 (0.29)
Constant	0.0098*** (3.53)	0.0076*** (2.67)
年份	控制	控制
行业	控制	控制
Observations	1890	1890
adj. R^2	0.1232	0.1363

注：*p<0.1，**p<0.05，***p<0.01；括号内为t值。

（四）稳健性检验

本文通过如下稳健性检验来验证结论的可靠性：第一，保持样本不变，改变被解释变量的衡量方法。以各上市公司内部控制重大缺陷定量指标的最小值与营业收入总计的比值衡量被解释变量 MT，表 5 中列（1）和列（2）为回归结果，仍能表明主要结论。第二，保持各变量不变，考虑更多财务分析指标对审计重要性水平的影响，增加控制变量流动比率（CR）、速动比率（QR），表 5 中列（3）和列（4）为回归结果，仍能表明主要结论。

表 5　　稳健性检验

VARIABLES	(1) MT	(2) MT	(3) MT	(4) MT
R	0.0042*** (8.06)	0.0026*** (2.73)	0.0028*** (11.30)	0.0016*** (3.47)
SOE		-0.0001 (-0.09)		0.0003 (0.73)
SOE×R		0.0023** (2.05)		0.0017*** (3.21)
AREA	-0.0013 (-1.32)	-0.0013 (-1.30)	-0.0006 (-1.47)	-0.0005 (-1.41)
LEV	-0.0074*** (-4.24)	-0.0073*** (-4.14)	-0.0022** (-2.35)	-0.0021** (-2.18)
ROA	-0.0221*** (-6.31)	-0.0222*** (-6.35)	-0.0037** (-2.14)	-0.0038** (-2.18)
SEP	0.0001** (1.99)	0.0001** (2.07)	0.0000** (2.13)	0.0000** (2.23)
LASTOP	0.0028** (2.21)	0.0027** (2.19)	0.0010 (1.52)	0.0009 (1.38)
LNFEE	-0.0013*** (-2.71)	-0.0012** (-2.45)	-0.0004* (-1.93)	-0.0003 (-1.31)
BIG4	-0.0010 (-0.89)	-0.0010 (-0.87)	-0.0005 (-1.00)	-0.0005 (-0.87)
EQU	-0.0000 (-0.72)	-0.0000 (-0.59)	-0.0000 (-0.18)	0.0000 (0.31)
CR			-0.0003 (-0.94)	-0.0002 (-0.75)
QR			0.0003 (0.95)	0.0002 (0.72)

续表

VARIABLES	(1) MT	(2) MT	(3) MT	(4) MT
Constant	0.0314 *** (4.73)	0.0297 *** (4.36)	0.0100 *** (3.52)	0.0079 *** (2.70)
年份	控制	控制	控制	控制
行业	控制	控制	控制	控制
Observations	1890	1890	1890	1890
Adj. R^2	0.1206	0.1217	0.1242	0.1370

注：* $p<0.1$，** $p<0.05$，*** $p<0.01$；括号内为 t 值。

（五）进一步分析

进一步地，考虑到不同城市，人情味存在浓淡差异，本文按企业的总部所在地进行分组回归，将样本分为一二线城市和三四线城市两组，通过组间差异性检验进行进一步分析。根据城市化进程现阶段的发展，三四线城市的人口会因为工作等不断向一二线城市流入。相较于三四线城市普遍是同乡关系或校友关系的情况，在一二线城市认识同乡或校友更为难得，更容易触发人情机制，导致审计人员采用更宽松的审计重要性水平。由此，设置总部所在地（AREA）变量，当公司总部在一二线城市时，AREA 取值为 0，否则取值为 1。如表 6 所示，由组间差异性检验得到 P 值小于 0.001，表明在 1% 的水平上显著。同时，当被审计单位是一二线城市时，签字注册会计师与公司高管间的社会网络关系与审计重要性水平的系数更大，显著性水平更强。因此，社会网络关系对审计重要性水平的正向影响更显著。

表 6　　　　进一步分析

VARIABLES	(1) AREA = 0 MT	(2) AREA = 1 MT
R	0.0043 *** (6.56)	0.0032 *** (4.84)
LEV	-0.0092 *** (-4.65)	-0.0092 *** (-4.05)
ROA	-0.0269 *** (-6.41)	0.0093 * (1.87)
SEP	0.0001 * (1.80)	-0.0000 (-0.13)
LASTOP	0.0026 * (1.69)	0.0032 ** (1.96)

续表

VARIABLES	(1) AREA = 0	(2) AREA = 1
	MT	MT
LNFEE	−0.0001 (−0.38)	−0.0004 (−1.32)
BIG4	−0.0017 (−1.15)	0.0003 (0.26)
EQU	−0.0000 (−0.53)	−0.0000 (−0.00)
Constant	0.0157*** (3.13)	0.0168*** (3.90)
年份	控制	控制
行业	控制	控制
Observations	1529	361
Adj. R^2	0.0988	0.1733
组间回归系数差异性检验	$Chi^2(1) = 23.32$ $Prob > chi^2 = 0.0000$	

注：*、**、*** 分别表示在10%、5%、1%的水平上显著，括号内为t值。

六、结论和政策建议

本文选取 2016—2021 年沪深 A 股上市公司的数据作为研究样本，结合股权性质的调节作用，并进一步分析公司所在地的影响，研究签字注册会计师与公司高管社会网络关系对审计重要性水平的影响。结果显示，签字注册会计师与公司高管之间的社会网络关系会导致审计重要性水平的宽松，如果被审计单位是民营企业，该正相关关系会更为显著。进一步研究发现，公司所在地在一二线城市，社会网络关系与审计重要性水平的正相关关系也会更加显著。具体而言，社会网络关系的签字注册会计师和公司高管存在社会网络关系，会从两种路径影响审计行为：一种是合作效应，能够提高沟通效率，减少信息不对称，提升审计师行业专长，改善审计质量；另一种是合谋效应，会使得审计师与公司高管形成情感联盟或利益联盟，损害审计独立性，降低审计质量。因此，社会网络关系能够改善审计重要性水平，但同时必须关注，社会网络关系可能产生的合谋效应对审计独立性和审计质量的损害。因为民营企业可能存在更大的压力和动机使高管提高审计成本效益，注册会计师与公司高管之间可能更易产生合作效应或合谋效应，而采用较宽松的审计重要性水平，因此，正相关关系更加显著。除此之外，地区的发展有时会伴随人情关系之间的联结进一步发展，在一、二线城市认识同乡或校友更为难得，更容易触发人情机制。因此在一、二线城市，签字注册会计师与公司高管的社会网络关系与审计重要性水平的正相关关系也会更加显著。

本文为签字注册会计师与公司高管社会网络关系影响审计重要性水平这一命题提供理论与实证支持，丰富了现有研究，并为会计师事务所保障审计质量以及有关监管部门完善相关监督工作和制度规范提供参考。本文提出以下建议：（1）增加对审计重要性水平的披露，使上市公司的审计过程可以更加透明化，避免签字注册会计师与公司高管的合谋。（2）会计师事务所在任命与被审计单位存在社会网络关系的签字注册会计师对该公司开展审计工作时，要综合考量签字注册会计师的审计师专长等特征，确保签字注册会计师的独立性。（3）对于存在社会网络关系的签字注册会计师和企业高管，相关监管部门要采取更严格的监管手段，检查是否存在与被审计单位实际情况不相符的审计重要性水平。例如，对规模较小，财务报表可能存在较大重大错报风险的企业采用宽松的审计重要性水平，有效的监管有利于保证公平、健康的市场环境。

参考文献：

[1] 徐玲俐，郑石桥. 关联交易是否会影响审计重要性水平？——以经营风险为中介变量 [J]. 财会通讯，2022（13）：31-35+41.

[2] 田高良，陈匡宇，齐保垒. 会计事务所有基于关键审计事项的审计风格吗——基于中国上市公司披露新版审计报告的经验证据 [J]. 会计研究，2021（11）：160-177.

[3] Daniel Vîlsanoiu, Simona Buzenche (Matei). Determining Audit Materiality in the Banking Industry——A Knowledge Based Approach [J]. Procedia Economics and Finance, 2014, 15（C）.

[4] Chewning Eugene G., Higgs Julia L.. What Does ? Materiality? Really Mean? [J]. Journal of Corporate Accounting & Finance, 2002, 13（4）.

[5] 周灵欣，郑石桥. 政府审计会影响财务审计重要性水平吗？[J]. 财会通讯，2021（19）：19-23+75.

[6] Estes R, Reames D D. Effects of personal characteristics on materiality decisions: A multivariate analysis [J]. Accounting and business research, 1988, 18（72）：291-296.

[7] 郑石桥，许玲玲. 审计师行业专长对审计重要性水平的影响——基于股权性质的调节作用研究 [J]. 审计与经济研究，2020, 35（4）：19-27.

[8] 陈丽英，陈琪. 重要性判断、审计费用与财务重述 [J]. 中国注册会计师，2016（8）：69-74.

[9] 邹艳红，郑石桥. 异常审计收费会影响审计重要性水平吗？——以事务所类型为调节变量 [J]. 财会通讯，2022（11）：26-31+43.

[10] H Blokdijk F Drieenhuizen D A Simunic et al. Factors affecting auditors' assessments of planning materiality [J]. Auditing: A Journal of Practice & Theory 2003, 22（2）：297-307.

[11] Carpenter B W, Dirsmith M W. Early debt extinguishment transactions and auditor materiality judgments: A bounded rationality perspective [J]. Accounting Organizations and Society, 1992, 17（8）：709-740.

[12] 王霞，徐晓东. 审计重要性水平、事务所规模与审计意见 [J]. 财经研究，2009, 35（1）：37-48.

[13] Ng TB-P, Tan H-T. Effects of Qualitative Factor Salience, Expressed Client Concern, and Qualitative

Materiality Thersholds on Auditors'Audit Adjustment Decisions [J]. Contemporary Accounting Research, 2007, 24 (4): 1171-1192.

[14] 陈武朝. 确定审计重要性水平需要考虑的因素 [J]. 财务与会计, 2004 (3): 44-46.

[15] 王德宏, 宋建波, 李洋. 签字审计师之间的校友关系对审计质量的影响研究 [J]. 会计与经济研究, 2017, 31 (5), 76-88.

[16] CESARE FRACASSI, GEOFFREY TATE. External Networking and Internal Firm Governance [J]. The Journal of Finance, 2012, 67 (1).

[17] Guan, YY (Guan, Yuyan) 1; Su, LX (Su, Lixin (Nancy)) 2; Wu, DH (Wu, Donghui) 3; Yang, ZF (Yang, Zhifeng) 1. Do school ties between auditors and client executives influence audit outcomes? [J]. Journal of Accounting & Economics. 2016, Vol. 61 (No. 2-3): 506-525.

[18] Liesbeth Bruynseels, Eddy Cardinaels. The Audit Committee: Management Watchdog or Personal Friend of the CEO? [J]. The Accounting Review, 2014, Vol. 89 (1): 113-145.

[19] Clive Lennox. Audit quality and executive officers' affiliations with CPA firms [J]. Journal of accounting & economics, 2005, 39 (2).

[20] 谢盛纹, 李远艳. 公司高管与签字注册会计师的校友关系对审计意见的影响——来自中国证券市场的经验证据 [J]. 当代财经, 2017, 391 (6): 109-119.

[21] 胡明霞, 罗珊梅. 社会关系、审计委员会独立性与财务报告质量 [J]. 会计之友, 2022 (6): 125-131.

[22] 俞俊利, 金鑫. 法律制度、高管网络与外部审计监督 [J]. 重庆大学学报(社会科学版), 2015, 21 (5): 82-93.

[23] 齐鲁光, 韩传模. 客户产权差异、审计收费和审计质量关系研究——基于风险导向审计理论 [J]. 审计研究, 2016 (2): 66-73.

[24] [美] 丹尼尔·A. 雷恩. 管理思想的演变 [M]. 李柱流等译. 北京: 中国社会科学出版社, 1997.

[25] [美] 梅奥. 工业文明的社会问题 [M]. 费孝通译. 北京: 商务印书馆, 1963.

[26] [美] 克劳德·乔治. 管理思想史 [M]. 孙耀君译. 北京: 商务印书馆, 1985.

[27] 费孝通. 乡土中国 [M]. 北京: 三联书店, 1948.

[28] Taijfel H. Experiments in intergroup discrimination. [J]. Scientific American, 1970, 223 (5).

[29] Ali M. Ahmed. Group identity, social distance and intergroup bias [J]. Journal of Economic Psychology, 2007, 28 (3).

[30] 袁德利, 许为宾, 陈小林, 刘小元, 刘广瑞. 签字会计师——高管乡音关系与审计质量 [J]. 审计研究, 2018 (2): 113-121.

[31] Xingqiang Du. Does CEO-Auditor Dialect Sharing Impair Pre-IPO Audit Quality? Evidence from China [J]. Journal of Business Ethics, 2019, 156 (3).

[32] 宋健, 张俊民. 关系文化与独立审计质量研究: 研究框架与文献综述 [J]. 中国注册会计师, 2019 (8): 48-50.

[33] 张蕊, 王洋洋. 公司高管与签字注册会计师的校友关系对盈余管理的影响——来自中国上市公司的经验证据 [J]. 当代会计评论, 2018, 11 (1): 41-60.

[34] 任广乾, 周雪娅, 石晓倩. 国有控股、高管薪酬与企业业绩 [J]. 郑州大学学报(哲学社会科学版), 2019, 52 (4): 46-51+159.

[35] 张宏亮,王瑶,王靖宇. 外部审计师与独立董事之间的社会关系是否影响审计质量 [J]. 审计研究,2019 (4):92–100.

[36] 何开刚,刘莹阁,王勇. CEO 与 CFO 间社会关系与企业投资效率 [J]. 上海财经大学学报,2021,23 (5):37–49+152.

Does the Social Network Relationship Between the CPA and Executives Affect Audit Materiality?

Zheng Shiqiao　Hu Xinyi

(School of Government Audit, Nanjing Audit University, Nanjing　211815)

[**Abstract**] Focusing on the theme of the impact of the social network relationship between the CPA and corporate executives on the audit materiality level, combined with the regulatory role of the nature of equity, this paper proposes a theoretical framework using interpersonal relationship theory, differential pattern theory and social identity theory. Selecting the data of A – share listed companies in Shanghai and Shenzhen from 2016 to 2021 as the research sample, this paper further analyzes the impact of the company's location for empirical testing. The results show that the social network relationship between the CPA and the company's senior executives will lead to a loose audit materiality level. If the entity is a private enterprise, the positive correlation will be more significant. The above conclusions indicate that the social network relationship will affect the audit materiality, which provides reference for accounting firms to ensure audit quality and the supervision of relevant departments.

[**Key words**] social network relationship; audit materiality level; the nature of entity; audit risk; audit independence

美国联邦监察长制度的发展及启示

江振春　邰丽玉

(南京审计大学　法学院，江苏　南京　211815)

【摘　要】 依据美国1978年《监察长法》，美国在联邦行政部门及其他部门设立了美国监察长办公室。它是美国专门行政监察机关，属于联邦行政分支的内部监督机构，承担了行政机关内部的审计、监察、调查和项目评价等若干职能。监察长制度的设立有特定的原因和历史背景，基于分权与制衡的美国宪法基础而成立，具有监审功能合并、全面性、独立性和制衡性等特点；联邦监察长办公室和国会审计署进行分工协作，共同构建了严密的网状监察体系。然而，行政分支时常挑战监察长办公室的权威性，因而维持监察长办公室独立性任重道远。监察制度真正发挥作用依赖于良好的政治体制与机制。监察制度的稳步运行有赖于问责制有效落实。

【关键词】 美国监察长办公室；监察长；监审合并；全面性；独立性；制衡性；美国审计署

一、引言

根据《1978年监察长法》(Inspector General Act of 1978)，美国国会在联邦一些行政部门设立了监察长办公室，它们是美国专门行政监察机关，属于联邦行政分支的内部监督机构，承担了行政机关内部的审计、监察、调查和项目评价等若干职能。美国审计署和联邦监察长办公室分工协作，共同构建了严密的网状监察体系。

然而，随着时代发展，美国激烈的党争与政治极化，监察长的独立性也时常受到挑战，特别是特朗普总统主政时期未经法定程序随意解聘多名监察长，此举严重损害了美

基金项目：本文系南京审计大学国家审计研究院一般课题"世界主要国家审计法翻译与研究"(21XSJB06) 的阶段性成果。

作者简介：江振春 (1971—)，男，安徽安庆人，南京审计大学法学院教授，历史学博士，研究方向为美国政治史、美国宪法史；邰丽玉 (1999—)，女，安徽滁州人，南京审计大学法学院法学硕士，研究方向为宪法学与行政法学。

国政府问责制度,"威胁到了监察长监督职责所赋予的诚信、透明及问责等价值观[1]"。2020年6月,美国审计署呼吁,有必要对监察长制度进行改革,增强监察长的独立性[2]。中国国内学界对美国审计署的关注比较多,研究成果丰硕,但联邦监察长制度的研究还未引起足够重视,本文旨在对美国监察长制度的起源、历史发展以及遇到的难题进行梳理、评价与分析,同时对中国的监察制度提供一些启示。

二、美国联邦监察长制度介绍

(一)监察长制度草创时期

"监察长"这个名词不是一个新词。从历史看,监察长这一职位最初出现于美国早期军方。早在美国独立解放战争时期的1777年,为了确保大陆军把有限的资金恰如其分地用于军需品和其他装备,大陆会议特任命大陆军少将康威(Conway)作为监察长。但因为康威和总司令华盛顿不和,他在这个岗位上时间并不长。1778年,大陆军少将施托伊本(Steuben)被大陆会议任命为陆军监察长。尽管施托伊本在开始时遭到大陆军一些官兵的反对,但是他卓越的工作业绩不久就赢得军方的普遍尊重,他因此也赢得了"监察长制度之父"(Father of the Inspector General system)的称号[3]。自此之后的200多年中,美国军方一直保留了监察长岗位,并为联邦其他行政部门实施这项制度提供了借鉴。

第二次世界大战之后,为了约束行政权力的扩张,美国监察长制度进一步发展。1959年美国国会在国务院内设立了"监察长和主计长"(Inspector General and Comptroller)这个职位;1962年美国农业部由于发生了重大腐败也设立了监察长这一岗位,这为以后监察长制度提供了两种不同模式:独立型模式和非独立型模式。国务院监察长属于独立型,能起到制衡国务卿的作用,而农业部的监察长属于非独立型,该岗位的功能主要是为向农业部部长提供建议与咨询,没有独立性[4]。20世纪70年代初,美国国会已经意识到联邦机构存在严重的缺陷,于是成立了以众议员方廷(Fountain)为主席的调查委员会(以下简称"方廷委员会")调查联邦行政机构内部存在的问题。1976年,联邦卫生、教育和福利部受到方廷委员会等其他部门联合的全面调查。方廷及委员会成员开始着手设计一个联邦机构,建立行之有效的协同机制去识别和减少欺诈和浪费,将现有的审计和调查两个功能整合在一起,加强内部控制,监察长办公室的雏形开始出现。1976年国会通过《联邦卫生、教育和福利部监察长法》(Department of Health, Education and Welfare Inspector General Act of 1976),这是美国国会第一次尝试采用系统的方式对联邦行政机构进行内部监控。卡特总统提名托马斯·莫里森(Thomas Morris)为监察长,莫里森成为美国历史上第一位由美国总统提名的监察长。

(二)监察长制度建立与改革

1978年美国第95届国会通过了《1978年监察长法》,正式推广监察长制度,标志着美国现代意义上的监察长制度正式确立。在这一年，在一片非议中，国会在联邦 12 个行政部门设立了监察长办公室。自 1978 年以来，《1978 年监察长法》在 1988 年、2002 年、2008 年和 2016 年进行过四次大的修订。《1988 年监察长法修正案》(Inspector General Act Amendments of 1988) 在行政机关监察长中增设了第二类监察长，即联邦实体监察长。联邦实体监察长同第一类行政机关监察长一样拥有相当的权威和职责。但是，他们的任命与解聘由行政部门的领导决定，而不是总统决定，也无须得到参议院确认。"9·11 事件"爆发后，美国国会在 2002 年通过了《国土安全法》，同时该法对《1978 年监察长法案》进行了修正，授权 24 名由总统任命的监察长行使执法权，包括携带枪支和执行逮捕等。《2008 年监察长改革法》是对《1978 年监察长法》的一次重大修改，在监察长的任职资格、离职条件、薪酬、监察长的法律顾问等方面进行了规定，同时成立了"监察长公平与效率执行委员会"(Council of the Inspectors General on Integrity and Efficiency，以下简称"监察长委员会")。2016 年，奥巴马总统颁布了《2016 年监察长授权法》(Inspectors General Empowerment Act of 2016)。该法确认了监察长有权充分而及时地接触行政机关的文件材料，从而消除了对行政机关是否被合法授权向监察长披露潜在敏感信息的任何疑问。

（三）监察长办公室的职责

行政权的有效监督必须通过他律（外部监督）和自律（内部监督）两个机制相互制衡、相互配合才能实现。美国审计署是美国外部监督体系中最重要的一环，承担了行政权外部监督的功能，而监察长办公室承担了内部监督功能。监察长的职责是执行、监督和协调所在行政机关的项目和日常工作有关的审计和调查；监察长可以雇用审计师、刑事调查人员以及其他专业人员等；监察长办公室可以审核现有的和提议的立法、政策，并就这些立法和政策的经济性、有效性提出建议，预防和侦察欺诈和滥用权力的行为等。监察长办公室遵循的主要工作规范有以下五个：《监察长办公室工作质量准则》《调查工作质量准则》《监察和评价工作质量准则》《政府审计准则》《数字取证工作质量准则》。

监察长制度自实行以来，发挥了重要作用。据美国"监察长委员会"统计，仅 2021 财年，监察长办公室共发布审计、监察和评价报告 3024 份，完成调查 17789 项，处理了 1433736 项举报，发现了 4297 条线索和犯罪信息，暂停和取消项目 2436 起，成功进行了 1058 项民事诉讼及 3389 项人事调整的处罚决定，共实现潜在节约 747 亿美元（其中通过审计节约 627 亿美元，通过调查收回拖欠款、回收联邦资金达 120 亿美元），投入产出比为 1∶22[5]。可见，美国监察长制度在推进反腐败治理过程中发挥了不可或缺的作用。

三、设立监察长制度的原因及法制基础

政府腐败是世界各国政府面临的系统难题。监察长制度是美国建立现代政治问责制度的要求，也是美国现代国家治理、监督制度变革的必然产物。自建国伊始，美国在分

权与制衡的原则之下构建反腐机制，打击舞弊、浪费与滥权，但是，毋庸置疑，在这漫长的反腐败斗争与制度建设中，监督制度不断完善、不断改进，监察长制度是美国进入20世纪下半叶之后改革监督制度的重要成果。

(一) 监督日益膨胀的官僚机构、建立道德政府的需要

美国联邦政府拥有庞大的官僚机构，每年使用大量的财政资金。联邦总开支发生了戏剧性的增长。1962年，联邦开支只有920亿美元，到了2009年，支出总额达到了4万亿美元，联邦支出以年20%的速度平稳增长，2010年之后，增幅甚至达到了24%[6]。联邦政府财政收入主要来自纳税人（45%）和社会保障工资税（36%）[6]。维持庞大的官僚机构高效、清廉的运转以及财政资金的合理使用，维护纳税人切身利益，需要一套行政监督系统。美国已构建了全方位、立体的监督体系，包括国会监督、行政内部监督、司法监督和社会监督等。

在联邦政府扩张过程中，腐败问题也始终困扰着美国联邦政府，美国通过文官制度改革以及进步主义城市改革运动等一系列社会和政治改革运动，改变了行政部门内部结构，完善了公共事务管理方式，努力构建了全方位监督体系，打造高效、廉洁政府。第二次世界大战之后，美国经济繁荣腾飞，新腐败层出不穷，如何"构建联邦政府的道德标准成为一个持久问题"[7]。特别是进入20世纪七八十年代之后，美国经济、政治和国际地位的衰退与下降，以"水门事件"为代表的一系列政治丑闻的出现，使美国联邦政府陷入了全面危机，美国行政改革势在必行。这时期美国行政改革最突出的特点是，强调官员的职业道德，建立和修订政府道德标准，打造"道德政府"①。在这个大的历史背景下，美国国会通过了一系列法律，如《公务员改革法》（Civil Service Reform Act）、《政府道德法》（Ethics in Government Act）和《1978年监察长法》等。监察长办公室就是执行行政部门道德标准的机构之一，其重在事先预防，而非事后惩罚。监察长办公室"作为美国议会在行政系统内设立的自我监督与控权机制，充分表明议会希望在行政系统内设立一个专门性的机构，以彻底解决当时联邦政府项目实施中已经普遍存在的无效率与腐败浪费等问题[8]"。

(二) 既有监察制度不能对腐败做出有效回应，构建新型监察制度势在必行

1978年监察长制度建立之前，美国联邦行政机关监察主要依赖于美国审计署（当时叫"美国会计总署"）。然而随着时代的发展，国会的行政监督捉襟见肘，亟待改革。

首先，随着联邦政府规模的扩大和项目的增多，美国国会对行政分支监督的任务越

---

① 20世纪美国联邦政府行政改革经历了四个阶段：19世纪末到20世纪初，"效率政府"是这一时期改革所追求的目标；20世纪中期，联邦行政改革的重点是"忠诚政府"；20世纪七八十年代，追求的是"道德政府"；20世纪90年代之后，行政改革的重点是"重塑政府"。见石庆环："20世纪美国联邦政府行政改革的历史考察"，《史学集刊》2008年第6期，第50-59页。

来越重。"自从第二次世界大战结束以来,国会用于聘用专业职员和调查的经费急剧增加[9]。"由于需要监督40多万个不同的账户以及亿万美元计的开支,它的劳动量和员工数量急剧增加,美国审计署也不堪重负,职能得不到有效发挥。美国审计署的职能已逐渐转变为评估政府项目效能以及政府运行中经济的总体表现。加强行政机构内部控制,构建内部的监察制度是监督制度改革的方向。它不仅可以释放审计署的压力,发挥它应有的功能,同时也是建立现代问责政府体制的需要。

《1950年会计和审计法案》(Accounting and Auditing Act of 1950)的通过标志着国会开始改变原有监督模式。根据该法,联邦行政机构不再把文件送到美国审计署进行审计,而是在现场接受审计;联邦行政机构负责人成为联邦资金会计和控制的第一责任人;根据美国审计署所设定的准则建立内控系统,包括内审。实际上,自《1950年会计和审计法案》通过之后,美国审计署的功能就发生了根本性改变,它由曾拥有15000名员工的庞大的国会监督机构减小到只有4000人小而精的机构,"1950年的法律抛弃了项目审计,该法认为这是内部审计的职责。除对特别的事项可以进行项目审计或抽样审计之外,总审计署(总会计总署)的职责是进行一般的、大范围的审计,即审核机关的财务管理制度是否健全","总审计署的职责是制定原则、审核机关的财务管理制度、对机关提供指导和帮助"[9]。

由于行政机关内部并没有形成严格、统一的监察制度,导致既有监察制度不能预防和阻止腐败的发生。20世纪50年代之后,行政机关内部控制机制(包括内部审计)还是出现了很大漏洞,发生了两起严重的联邦行政机关腐败案件,这直接导致了监察长制度的成立。第一个案件是涉及美国农业部的"埃斯蒂斯(Estes)丑闻"。20世纪五六十年代,埃斯蒂斯的公司精心策划骗局,通过联邦农业部的项目诈骗了联邦上千万元美金。国会举行的听证会不仅表明农业部存在大量舞弊行为,而且也暴露了联邦项目的行政监督严重缺失。1965年,农业部部长弗里曼(Freeman)为此提出了多项计划,其中就包括成立监察长办公室。第二起案件发生在20世纪70年代初,美国健康、教育和福利部也发生了严重腐败。国会特别调查委员会对该部进行全面审计和调查,发现了一系列重大问题:健康、教育和福利部由于管理不善、滥用权力,以及浪费或舞弊,导致了医保和医保项目每年损失达到3亿美元,占比这些项目整体支出的10%……

方廷委员会经过大量的调查,总结过去监察制度存在以下问题:一个行政机构之内存在多个审计或调查部门,力量分散,缺乏高效的集中统一领导;审计人员和调查人员只向那些负责项目或审核项目的官员报告,或者只对那些部分履行审计和调查职责的官员报告;另外,缺乏积极的规划去发现可能存在的舞弊或滥用权力行为,有些行政机构甚至都不要求员工报告违规行为的证据;有些事例反映了有人阻止调查人员调查可疑违规行为或者有人干脆命令调查人员中止调查;有些舞弊嫌疑案件竟然没有上送到司法部进行诉讼;审计人员和调查人员人手严重不足,而有的行政机关审计人员或调查人员有富余,他们甚至承认只需要1/5到1/3的调查人员或审计人员。

面对原有监察体制的监管缺位,国会改革了监督模式,让联邦行政部门加强内部监督,自身去承担更大监督责任;在提升财政管理水平的同时,国会对行政分支的监督强化,"立法机关在当代形势逼迫下,不得不授予行政机关广泛的权力。立法机关的补救措施是加强对行政部门的监督,实行严密控制[9]"。《1978年监察长法》策略是,设立专门的、独立的监察机构,依靠内部监察,通过诸如监察长双重报告制度形式和现代政府问责制度,提高立法监督水平,实现国会外部监督的权威。《1978年监察长法》重新界定了国会和行政的全新关系,体现了国会监督行政官僚体系的权威性。

美国南北战争之前,美国联邦政府弱小,官僚体系相当不完善。然而,美国内战之后的50年,美国联邦政府开始第一次大面积扩张。20世纪30年代"大萧条时期"美国联邦政府迎来了第二次大扩张时期;到了20世纪六七十年代,美国联邦政府又进行了第三次大扩张。如今美国联邦政府是一个以总统为核心的庞大机构,是世界上最大规模的政府之一[10]。尤其是第二次世界大战之后,联邦政府机构的扩张,行政事务的专业化、多样化、复杂化程度提高,同时行政事务变化无常,单纯依赖于国会和司法机关对行政机关的外部监督有些捉襟见肘。另外,美国国会将很多自由裁量权赋予了行政机构,"随着国会继续将权力下放给行政机关,内部监督职能越来越重要"[10]。为了约束权力日益膨胀的行政机关,监察权开始成为司法系统之外对行政机关进行监控的另一个有效的机制。当代西方发达国家在国家治理过程中,越发重视行政内部监督体制的建设与完善,主要依靠行政内部监督体系来保障行政行为的有效性和合法性[11]。

(三) 设立监察长制度的法制基础

美国监察长制度的宪法基础是分权与制衡原则。根据美国宪法,国会的任务包括立法、制定预算、代表职能、监督联邦行政机关、调查、弹劾、解决冲突和公共教育职能等。按照制衡原则,确保行政机关在管理联邦项目中执行国会意图是国会的重要责任。至于国会的监察功能,美国联邦宪法并未明确界定,但国会可以在立法、征税、拨款以及对行政提名给予"建议与赞同"等其他权力中隐含地引申出这一职能[10]。监察的目的有很多,但其中有三个是极为重要的:一是与行政分支实现权力制衡;二是明确法律的实施情况,并决定是否需要调整或优化;三是引导公众关注重要的行政决策与活动[10]。然而,监察制度的建立是一个漫长的过程并且在不断进行着修正。

在三权分立、互相制衡的原则下,行政部门和立法部门为保护自己的权力而竞争。"在这种竞争中,随着政治情况的不同,主导地位时有变化。例如,在第二次世界大战期间及战争结束后的一段时间,行政部门在政府中居于主导地位。在20世纪六七十年代,由于行政部门的一些政治失误,丧失威信,国会在政府中居于主导地位。"[9]而这一段时期是构建美国监察制度的重要时期。根据美国宪法,国会对行政机关具有组织权力、授予进行活动的权力、给予活动经费的权力,以及监督行政活动的权力[9]。国会对行政的控制可以分为正式的控制和非正式的控制,其中设定行政机关就是正式控制的一种。"国会在制定一项新计划时,可以创设一个执行机构,也可以规定由已经存在的某一机构执行。从理论来说,国会的组织权力不仅包括创设机构的权力,也包括规定机关内部组织的权力。"[9]由此可见,国会为了高效地监督联邦行政部门,根据宪法规定,可以在联邦行政部门内部设立监察长办公室，这是行使组织权力的一部分。

四、联邦监察长制度特点分析

联邦监察长制度有以下四个显著特点：一是监审功能合并；二是监察全面性；三是独立性；四是相互制衡性。

（一）监审功能合并

首先，《1978监察长法》明确规定了调查和审计等功能合并一处。其中该法第二条第一款就规定了设立监察长办公室的目的就是要开展行政机关项目和日常工作有关的审计和调查。为了实现上述目标，该法第三条第四款还规定了监察长可以任命一名监察长审计助理和监察长调查助理，分别负责监督行政机关的项目和日常工作有关的审计和调查活动执行情况。联邦政府成立专门监察机关，实行监察合一，这是基于检讨过去监察制度后所做的改进。1974—1978年，美国国会调查后发现联邦行政机关内部监督缺失，监察组织架构不科学、程序不合理，不仅没有预防和调查出舞弊和滥权等行为，而且还造成人力资源浪费。

其次，在监察组织架构方面，有些联邦行政机关或机构内部存在两支队伍：审计队伍和调查队伍。面对同一问题时，他们有时重叠、交叉，但要向不同的官员报告，而不是统一领导之下彼此相互配合；有的联邦机构内部甚至没有设置审计处室或没有调查权限。另外，有的联邦官员甚至抵制审计或调查他们所负责的项目，行政机关缺乏有效机制要求他们配合审计或调查，不得已最后只能诉诸法律[12]。可见，这样的监察组织模式导致了监察效率与权威性双重低下。

再次，国会联邦行政已有的审计和调查机制中存在大量程序问题。很多联邦部委和机构主要依赖于投诉去发现欺诈或滥权的问题，而不是主动、积极、有计划地去发现。有些行政机构的规章甚至没有要求员工报告不良行为的证据[12]。因此，已有的审计和调查程序很难主动发现问题，导致很多腐败问题发生。

最后，国会听证会也暴露了联邦行政机关审计和调查时缺乏针对性和计划性，导致联邦行政机关或机构的大量活动都要被审计，时间拖得太久，战线拉得太长，致使审计和调查人力资源严重不足[12]。

针对上述行政监察所暴露的问题，国会认为非常有必要重新设计行政监察制度，把审计和调查的权威统一"扎口"到一个特定监察部门，即通过把审计和调查两项功能融合到监察长办公室，让这两种功能相互支持、相互帮助、形成合力，取得最优效果。审计人员确定通行的会计原则、标准和技术是否得到正确遵循，而调查人员则负责抓舞弊者及其他违法者。审计人员监督行政机关在体制框架内是否正确运行，这个框架确保避免行政机关内各种各样机能失调的发生，不仅包括犯罪行为甚至也包括不起眼的违反绩效的行为。调查人员通过抓获和曝光不诚实的行为阻止那些潜在的不法分子，确保让公众放心纳税人所交的税是受保护的[4]。

(二) 监察全面性

联邦监察长办公室对联邦政府实现全方位、多部门的监督。截至2021年，美国联邦共设立了74个监察长办公室（军队系统除外），聘用大约13000名雇员，其中绝大部分设立在行政机构①。监察长分不同种类，一般分为行政机关监察长、国会部门监察长②、特别监察长、其他联邦机构监察长以及军队监察长等。其中，联邦行政机构监察长人数最多，达到了60个左右，可见，监察长制度主要针对对象是联邦行政机关和机构。行政机关监察长又分为一般行政机关（establishments）监察长以及指定联邦实体（designated federal entities）监察长③。一般行政机关监察长由总统提名，而指定联邦实体监察长是由他们所在行政部门的首长提名。目前74名监察长中大约有一半监察长是由总统提名、参议院确认的。联邦监察长办公室和美国审计署共同构成了"二维联邦审计制度"，"实现了联邦政府机构内审和外审的有机统一，有效地平衡了审计独立性和行政效率性，也实现了审计权在立法机关和行政机关之间的共享"[13]。

(三) 独立性

1978年《监察长法》第六条第四款规定，每一个监察长办公室都是一个相对独立的机构。从性质上来说，监察长办公室是设立在行政机关内部的独立机构。一般来说，联邦行政分支中独立机构的作用，大都是为了控制某一方面的经济活动或社会活动，需要执行公平的政策，不受政治的影响，所以法律给予它们一定的独立的地位[9]。行政部门中监察长办公室具有特殊的功能与定位，不受政治与党派影响，从制度层面保障监察长独立行动，具有一定的独立性。

首先，监察长人格具有独立性。为了保证审计和调查的客观性和公正性，任用监察长标准是唯才是举，不考虑党派因素，而是根据他们的廉政无私，以及他在会计、审计、财务分析、法律、管理分析、公共行政管理或调查工作等方面表现出来的能力。

其次，审计和调查工作中的独立性。为了确保监察长办公室的独立性，确保能够客观地开展工作，《1978年监察长法》规定，各个监察长应当只接受有关行政机关负责人的全面监督并向他报告工作，或者在其授权范围内，也可以接受比该负责人低一级官员的监督并向其报告工作；任何人都不得阻止监察长办公室的审计和调查，也不能阻止其发

---

① 美国除了在联邦行政部门和机构设立监察长办公室之外，在国会一些部门也设立了监察长办公室，如国会图书馆、美国国会警察局、美国政府印刷（出版）局、美国审计署和国会建筑师管理办公室等；同时，针对特定项目还设立特别监察长办公室，如阿富汗重建特别监察长办公室，不良资产救助项目特别监察长办公室（Troubled Asset Relief Program）。

② 国会图书馆、美国国会警察局、美国政府印刷（出版）局、美国审计署和国会建筑师管理办公室等国会部门也设有监察长办公室。

③ "联邦实体"是指任何政府公司（按照《美国法典》第5篇第103条第（一）项的解释）、任何政府控制公司（按照《美国法典》第5篇第103条第（二）项的解释）、政府行政机关中的其他任何实体或任何独立的监管机关等。

布报告或传票；监察长办公室有权查阅本行政机关内的所有的记录和文件，对于本行政部门以外的文件也有权以传票方式取得。

最后，监察长聘用工作人员的自主性。监察长办公室有自己的用人权，有权聘用或解雇其办公室的职员，可以为自己聘用法律顾问。还有很重要的一点，《1978 年监察长法》明确要求监察长办公室的财政预算（涵盖全部预算以及培训资金）直接由国会拨款，独立于其所在的行政机关。所以，监察长办公室即使在审计和调查其所隶属的部门的问题时也能保持独立性，不受本部门的掣肘。监察长办公室真正做到了"人""财""物"的独立，不受制于本行政部门及其首长，这样的制度设计保证了监察长办公真正的独立性。

（四）制衡性

监察长制度通过双重报告制度、监察长撤职特别报备制度等安排确保了国会对行政部门的有效制衡，同时监察长办公室也会受到监督。

首先，监察长双重报告制度是指监察长不仅对本行政部门首长进行报告，同时也必须向国会报告。监察长最重要的工作之一就是在每年的 4 月 30 日和 10 月 31 日之前，编制两份半年度报告，汇总 3 月 31 日和 9 月 30 日前 6 个月内的活动情况。然后，监察长把这两份半年度报告提交给有关行政机关负责人，该负责人应当在收到报告之后的 30 天以内，将该报告呈送国会各个有关委员会或小组委员会。行政机关负责人无权修改报告，但可以对报告附加自己的评论。严格来说，该监督本身具有外部性特征，向国会报告就杜绝了内部无约束的自我监察模式的存在。这一制度安排也使行政机关内部审计的重要性凸显，审计功能在本单位中非常重要，确保审计人员免受本部门内部压力，审计人员才能客观地审计，如实地报告审计结论，而不再害怕谴责或报复。更为重要的是，国会强化了对行政机关的外部监督。

其次，由于监察长办公室具有独立性，总统不能随意罢免监察长，"罢免官员是总统控制行政的一项重要武器，总统对独立机构最高成员的罢免和对一般高级行政官员的罢免不一样，只在有正当理由时才能罢免独立行政机构的最高成员"，因此"总统对独立行政机构的控制受到很大限制"[9]。而且 1935 年联邦最高法院修订了总统的官员撤免权，指出总统可以罢免他任命的从事纯管理型工作的官员，但是不能罢免那些具有准立法和司法职责的官员[14]。为了保证监察长不受总统或行政首长的罢免权的影响，防止因为政治原因被调离或者仅仅因为他们在确认欺诈、浪费和滥用权力等工作方面卓有成效遭人打击报复而被调离。总统应当在撤换或调任该监察长前 30 日内以书面形式向国会参、众两院说明作出任何此类撤换或调动的理由。可见，国会通过特殊的人事制度保障了监察长的权益，制约了行政机关领导的恣意行为。

最后，监察长必须受到两个部门的监督和制约：一是"监察长委员会"，每个监察长都是该委员会的必然成员。该委员会"致力于通过发布政策、制定准则等举措以提高整个监察长群体的专业水平和能力，进而助益于实现总监察长在促进政府活动和项目实施的廉洁度、经济性和效果性的基本追求"，从而实现对监察长的工作形成有效监督[8]。另外，该委员会定期召开会议，通报工作，沟通情况，交流经验，并且每3年组织成员单位进行一次相互审计，评估各监察长办公室的工作，提出改进的意见和建议。事实上，这让监察长办公室之间也形成了相互监督和制约。二是为了实现对总监察长的监督与问责，该法案又在总监察长廉洁与效益委员会内设立了廉洁委员会（Integrity Committee）。廉洁委员会的负责人由美国联邦调查局的人担任，成员包括政府道德委员会（Office of Government Ethics）的主任以及美国特别检察官办公室（Office of Special Counsel）的特别检察官。廉洁委员会受理专门受理针对总监察长以及总监察长办公室的高级成员所涉的违法失当行为的举报、调查，并向国会定期报告调查结果。

五、监察长制度的评价分析

（一）美国审计署与监察长办公室的关系

1978年国会创立监察长办公室的时候并不受欢迎，连美国审计署最初也反对建立监察长办公室。审计署认为，该机构会和自己的职能形成竞争。为此，美国审计署甚至向国会提交了三份报告，强调监察长办公室需要改正的三个弱点：一是联邦行政机关缺乏大量的审计人员和预算；二是缺乏足够的审计技术与方法；三是针对所负责的项目，完全不能胜任年度财务审计的任务。直到提交第三次报告后，审计署才逐渐改变态度，支持国会成立特定机构，前提是机构的名称中应该有"审计长"字眼，如"审计长和监察长办公室"。但是，最终机构的名称仅仅保留了"监察长办公室"去掉了"审计长"，不过审计的功能依旧是立法的重点，同调查功能一样具有重要作用[4]。

美国审计署与监察长办公室之间没有领导和被领导的关系，但是，它们之间有紧密的联系。它们各自分工，相互配合。美国审计署的国家审计权的首要目标已由主要对政府财政财务活动真实性、合法性审查向主要对政府进行绩效审核、项目评估与政策分析转变。此外，审计署主要负责制定标准和规范，引导行政系统的内部控制建设，而监察长办公室主要负责对行政部门内部控制进行日常监督和审查[15]。根据《1978监察长法》第四条第二款规定，每位监察长应当遵循美国审计长为对联邦行政机关、组织、项目、活动和职能进行审计所制定的准则。

另外，为了监督审计署，2008年国会在美国审计署内部也设立了审计署监察长办公室，所有适用于行政机关监察长办公室的法律规定同样也适用于美国审计署监察长办公室。"政府责任署（美国审计署）监察长办公室的设立有效地解决了谁来审计最高审计机关的问题，其扮演着政府责任署的内部审计机构和内部监察机构的双重角色，从而确保政府责任署依法履行审计监督职责，避免了审计权力的滥用[13]"。这样的举措是为了推进美国审计署自身的改革和发展。美国审计署监察长办公室通过开展独立客观的审计和评价、调查、监察，指出美国审计署内部运行中存在的问题并且有针对性地提出建议和意见，在促进美国审计署加强管理和提高资源使用效率，努力成为"公认的""可信赖的"

"典范机构"方面,发挥了重要作用。

由此可见,监察长办公室在审计时,必须遵循审计署所指定的审计标准,审计署有权检查各监察长办公室履行审计标准的情况,检查监察长所提出的审计报告。当美国审计署对行政部门进行审计时,该部门的监察长办公室须向美国审计署提供审计材料,配合审计署审计与调查,甚至彼此可以协同审计。监察长办公室与审计署在业务上有交叉,但由于相互配合,较好地避免了重复审计、资源浪费以及审计监督不到位的情况。

(二)联邦监察长制度受到挑战

美国联邦监察长制度是应对美国式反腐倡廉的产物,而且这个制度一直在不断"打补丁"之中。该制度侧重于内部监督、外部制衡。从目前西方各国普遍建立的立法、司法与行政三权相互制约的权力框架来看,虽然立法与司法等外部行政监督方式起着不可忽视的作用,但由于行政事务的广泛、多样、复杂,而且不断变化的特性,"即使是西方法治发达国家,立法、司法机关对行政行为的外部监督也只占行政行为总数的很小比例,绝大部分行政行为的有效和合法性需要依赖行政内部监督来保障"[11]。然而,作为行政内部监督机制一部分的监察长制度如今却受到以下两大挑战:

1. 监察长的独立性受到挑战。例如,1981年,里根总统利用职权一口气将15名监察长免职,引起国会一片哗然;2020年特朗普总统仿效里根总统,在没有给出具体理由的情形下,解雇了4名监察长,此举"严重破坏了美国联邦政府问责制度"[16]。根据1978年《监察长法》第三条第二款的规定,"总统可以撤换监察长。如果某位监察长被撤换,或者被调往某一行政机关内另一个职位或地点时,总统应当在撤换或调任该监察长前30日内以书面形式向国会参、众两院说明作出任何此类撤换或调动的理由。"由于总统滥用免职权和任职权,使得超然于政党的监察长办公室制的独立性受到威胁[1]。美国总统没有法定理由任意撤换监察长的行为不仅破坏了行政监察体制,同时也违反了美国联邦最高法院相关判例。无论是1935年的"汉弗莱遗嘱执行人诉联邦贸易委员会案"(Humphrey' Executor v. FTC)还是1958年的"威纳诉美国案"(Wiener v. United States)①,总统只有找到法定正当理由才能罢免特殊行政部门的官员,特别是具有"准司法性质的官员"不能任意罢免。

2. 监察长办公室报告得不到尊重,问责无法实现。20世纪20年代以来,美国行政权增加过快,在三权分立与制衡的体制中,国会以三种方式调整自己位置以适应时代发展:一是把行政机构视作实现立法功能的助手;二是国会改造自己,提高立法和监督能力;三是在行政决策中,国会提高自己的斡旋能力以促进议员所在选区的特殊利益[17]。在美国制衡大原则下,放权与问责相辅相成,国会依赖行政机关作为自己的"助手",依靠行政机关内部监察,通过双重报告制度形式和现代政府问责制度,提高立法监督水平,实现国会的外部监督的权威。然而,在政治极化的背景下,美国联邦审计制度的基础受到冲击,"审计成果甚至审计制度本身都面临着被政治化理解、工具化运用的风险,制衡力

---

① Humphrey' Executor v. FTC, 295 U. S. 602 (1935); Wiener v. United States, 357 U. S. 349 (1958).

严重削弱，审计权威性和公信力的基础被动摇"[18]。

（三）联邦监察长制度改革

目前监察长制度面临的最大的问题就是监察长独立性受到威胁。"对监察长独立性的威胁包括由总统、机构负责人和其他行政官员的干预或报复，从而危及监察的客观性、合法性和有效性[1]"。为了维护监察长办公室的独立性，美国国会议员提交几个议案，修改相关法律，对总统的监察长的任命和免职做出修改。2021年美国第117届国会通过了《2021年监察长独立和授权法案》（Inspector General Independence and Empowerment Act of 2021），该法案设立了监察长"免职理由条款"（removal for cause provision），该条款规定，必须基于以下法定理由才能将监察长免职：监察长永久丧失工作能力、玩忽职守、渎职、涉及道德败坏的重罪或犯罪行为、违反法律或法规、严重管理不善、造成大量资金浪费、滥用职权以及工作低效率等，且这些行为必须记录在案、有据可查[1]。然而，"当前美国政治和体制受到的严重挑战是，政治极化严重削弱了美国政府的治理能力"[19]，美国监察长制度真正发挥作用任重道远。

六、监察长制度对我国的启示

自1978年以来，美国联邦监察长制度在推进腐败治理中发挥重要作用，为其他国家构建监察和审计并行的监督体系提供了借鉴。"在全世界的政府和国际组织都在发展和实施反腐败改革的时候，思考和借鉴美国联邦、州和各级地方政府实施的监察长制度和概念是十分有益的"[20]。然而，随着时代的发展，美国的监察长制度遭遇发展困境，审计权威性也遭受怀疑，"同历史上的权威性危机相比，此次审计权威性危机最大的区别在于政治环境的变化"[18]。从美国监察长制度的历史变迁和发展困境可以得到以下启示。

（一）监察制度真正发挥作用依赖于良好的政治体制与机制

"各国实现治理体系的现代化，推进腐败治理目标的实现，主要是循着'机制创新'与'体制完善'两个维度展开的[21]。"美国创立监察长制度可谓是一种机制创新，然而，随着时代发展，由于美国政治体制得不到及时完善，政治极化加剧，"削弱了美国政府的治理能力"，"溶蚀了美国的民主体制"[19]。在政治极化中，监察长很难超脱于美国两党激烈的党争，无法保持其独立性，"从美国审计制度危机事件来看，在政治经济环境整体陷入分裂和对抗时，其制度设计和立法智慧并不能让其'独善其身'保持独立、客观的第三方立场[18]。"中国在中国共产党的领导下，不断完善和发展中国特色社会主义制度、推进国家治理体系和治理能力的现代化，党内监督与国家监察有机统一，彰显了中国特色的治理之道。

（二）监察制度稳步运行有赖于问责制有效落实

在美国两党制以及政治极化的环境下，美国的行政问责制很难落实。以阿富汗重建特别监察长办公室为例，该办公室自2008年成立至现在，出具的绩效审计报告、财务审计报告、评估报告和监察报告等近千份，双重报告制度在政治极化背景下，根本无法实现有效问责。2021年8月1日，阿富汗重建特别监察长办公室发布《我们需要吸取什么：阿富汗重建20年的教训》（What We Need to Learn：Lessons from Twenty Years of Afghanistan Reconstruction），总结了过去20年阿富汗重建失败的11条教训。然而，在这份报告里，阿富汗重建共花费1450亿美元，存在众多欺诈舞弊，造成极大浪费，对于这样的"战略失误"，联邦政府无人问责，也无法问责，最大的政治问责就是被选民选下来。在美国选举成为一项"最主要甚至是唯一的政治问责制度"，然而"选举完成后，当选人在整个任期内的权力使用都不是选举制度本身能有效约束的，即使官员不负责任，人民也只能等到任期结束时才能再次通过选举对官员进行惩罚[22]"。中国经过多年的问责实践，已构建了行之有效的问责制度与问责制度体系建设，"中国问责制度的实践以授权和问责合一为依托，在党政领域共同发力，由此突破了以竞争性选举为中心的问责实现路径"[23]。

参考文献：

[1] Brunsden A. Inspectors general and the law of oversight independence [J]. William & Mary Bill of Rights Journal, 2021, 30: 1-59.

[2] Inspectors General: Independence Principles and Considerations for Reform [EB/OL]. (2020-07-08). https://www.gao.gov/assets/gao-20-639r.pdf.

[3] Clary D, Whitehorne J. The Inspectors General of the United States Army 1777-1903 [M]. Washington D.C: U.S Center of Military History, 1985.

[4] Feldman D, Eichenthal D. The art of the watchdog: fighting fraud, waste, abuse, and corruption in government [M]. Albany, New York: State University of New York Press, 2013.

[5] Annual Report to the President and Congress (Fiscal Year 2021) [EB/OL]. https://www.ignet.gov/sites/default/files/files/992-011CIGIEAnnualReport-Full508.pdf.

[6] 托马斯·戴伊等. 民主的反讽：美国精英政治是如何运作的 [M]. 林朝晖译. 北京：新华出版社，2016.

[7] 周琪. 美国的政治腐败和反腐败 [J]. 美国研究，2004（3）：45-68+4.

[8] 曹鎏. 美国专门问责机构研究 [J]. 行政法学研究，2013（3）：129-137.

[9] 王名扬. 美国行政法（下）[M]. 北京：北京大学出版，2016.

[10] 楚树龙，荣予. 美国政府和美国政治 [M]. 北京：清华大学出版，2012.

[11] 廖原. 法治视野下行政内部监督研究 [M]. 北京：中国政法大学出版社，2015.

[12] Muellenberg K, Volzer H. Inspector General Act of 1978 [J]. Temp. l. q, 1980.

[13] 朱殿骅，伍学进. 美国二维联邦审计制度聚焦：历史沿革和启示 [J]. 江汉学术，2018，37（4）：82-95.

[14] 罗杰·H. 戴维森等. 美国国会：代议政治与议员行为 [M]. 刁大明译. 北京：社会科学文献出版社，2016.

[15] 李璐. 美国财政资金的协同审计监督研究：以ARRA法案资金为例 [J]. 财政研究，2013（9）：

77 - 79.

[16] 江振春. 特朗普解雇监察长：挑战联邦政府问责制度 [J]. 世界知识, 2020 (12): 49 - 51.

[17] Rosenbloom D. Reevaluating executive - centered public administration theory [C] //Durant R. Oxford Handbook of American Bureaucracy. Oxford: Oxford University Press, 2010: 114.

[18] 刘誉泽. 美国政治极化环境对其联邦审计制度的影响探析——近期美国审计机构负面影响事件的政治学分析 [J]. 财政研究, 2018 (3): 4.

[19] 周琪. 政治极化正在溶蚀美国的民主 [J]. 美国研究, 2022, 36 (2): 9 - 34 + 5.

[20] （美）F. 丹尼尔·小艾赫恩, 胡仙芝. 美国的总监察长办公室：一种反腐败机构的模式 [J]. 中国行政管理, 2002 (1): 38 - 42.

[21] 魏昌东. 《监察法》与中国特色腐败治理体制更新的理论逻辑 [J]. 社会科学文摘, 2018 (6): 73 - 75.

[22] 马骏. 实现政治问责的三条道路 [J]. 中国社会科学, 2010 (5): 103 - 120 + 222.

[23] 宋艳玲, 夏飞朋. 权力制约：中国问责制的形成与演变 [J]. 学术交流, 2021 (9): 19 - 29 + 191.

The Development of Office of Inspector General and Its Implications

Jiang Zhenchun　Tai Liyu

(School of Law, Nanjing Audit University, Nanjing　211815)

[**Abstract**] According to *Inspector General Act of 1978*, Office of Inspector General was established in every important branch of federal administration. Office of Inspector General has the power of auditing, inspecting, investigating and evaluating and so on. Office of Inspector General was established on the basis of the principle of check and balance, which has some characteristics such as combination of auditing and inspecting, independence and balance and so on. Because of the corporation of Office of Inspector General and Accountability Government Office, the tight system of administrative supervision is established so well. However, the authority of Office of Inspector General has been challenged by the executive branch. To maintain the independence of the Office of Inspector General remains arduous task. The function of the supervision system depends on a good political system and mechanism. The steady operation of the supervision system depends on the effective implementation of the accountability system.

[**Key words**]　Office of Inspector General Inspector General; Auditing and Inspecting; Full Coverage of Audit; Independence and Balance; Accountability Government Office; Independence of the Office of Inspector General